金朝往事系列
耿元骊 主编

武文君 著

正隆南伐

图治之君的"疯狂"选择

辽宁人民出版社

© 武文君　2025

图书在版编目（CIP）数据

正隆南伐：图治之君的"疯狂"选择 / 武文君著. 沈阳：辽宁人民出版社，2025. 7. --（金朝往事系列 / 耿元骊主编）. -- ISBN 978-7-205-11546-3

Ⅰ. K246.09

中国国家版本馆 CIP 数据核字第 2025KE2429 号

出版发行：辽宁人民出版社
　　　　地址：沈阳市和平区十一纬路 25 号　邮编：110003
　　　　电话：024-23284191（发行部）　024-23284304（办公室）
　　　　http://www.lnpph.com.cn
印　　刷：清淞永业（天津）印刷有限公司
幅面尺寸：145mm×210mm
印　　张：10.25
字　　数：174 千字
出版时间：2025 年 7 月第 1 版
印刷时间：2025 年 7 月第 1 次印刷
责任编辑：姚　远　赵维宁
封面设计：乐　翁
版式设计：一诺设计
责任校对：吴艳杰
书　　号：ISBN 978-7-205-11546-3
定　　价：78.00 元

总 序

金朝：自树唐宋之间

9—13世纪的欧亚大陆东端，在大唐王朝逐渐走向衰败消亡的同时，北方各族群勃兴未艾，契丹人、女真人、党项人与中原汉人族群形成了广泛而激烈的对抗。辽、宋、西夏、金几大势力反复争夺，最终形成了对峙之局，开启了第二次南北朝时期。群雄争霸之时，生长于白山黑水之间的女真人，由完颜阿骨打带领，成为其中极耀眼的一支，并最终成为东北亚霸主，建立"金朝"。征战中金朝维持近一百二十年，成为中国历史上一个极为重要的朝代，置身唐宋之间，自有独特地位。

全盛之时的金朝，北达外兴安岭－库页岛，南到淮河－大散关，东到日本海，西至今呼和浩特－延安－兰州一线更西，面积约360万平方公里，与此对照，南宋面积约200万平方公里。南宋人口高峰期约6000万，金朝人口也有4800万。虽然在文化创造、经济开发上略输一等，但无论是军事实力还是当时周边威望，在南北多方对峙当中，金朝都更占上风。"辽主见获，宋主

正隆南伐：图治之君的"疯狂"选择

被执"，是它的高光时刻；"大定民兴咏，明昌物适宜"，是它的全盛之际；"跨辽宋而比迹于汉唐"是后世史官的高调褒扬。

宋政和四年（辽天庆四年），也就是公元1114年，完颜阿骨打兴兵宁江州，开启了反辽征程，随后在出河店赢得第一次大捷，第二年就开启自立之途，定国号大金。辽天祚帝亲率70万大军，想在黄龙府一举剿灭只有2万人的女真军。不想女真军勇猛剽悍，以少胜多，大败辽军，战绩辉煌，由此开启了兵锋威震天下之势。随后一路南下，攻占了辽上京、中京、西京、南京，天祚帝出逃被俘，被封为海滨王，居于长白山东。而宋徽宗不知己方军事实力，更对天下局势没有准确判断，妄想恢复燕云，建立超迈祖宗的不世功业。在马植等人建议下，派人过海到辽东与女真结盟。但宋军战力不强，独自面对失势且无后援的辽军，仍不能取胜，两次攻打燕京均告失败，最终还是由金军攻占燕京。面对军事无能的局面，宋方还要招纳降将，贻人口实，被指责为"渝盟"。1125年，金军南下攻宋，而徽宗应对失当，一味想逃跑避敌，匆忙传位给太子，是为钦宗。金军一路向南，直抵开封城下。一年多时光里，在后方局势占优的情况下，北宋君臣采取种种匪夷所思应对策略，终致败局，二帝被俘，被封为昏德公、重昏侯，迁居东北，北宋灭亡。自起兵到灭辽灭宋，十余年而已，所谓"金之初兴，天下莫强"的局面得以一气呵成。

金朝近一百二十年历程当中，"海内用兵，宁岁无几"，但是

总序　金朝：自树唐宋之间

就在年年征战，高层矛盾持续不断，纷争无日无之的局面下，却出现了世章之治的国泰民安光景。耶律楚材说，"大定民兴咏，明昌物适宜"，也算和杜甫名句"忆昔开元全盛日"一样的追忆名句了。金世宗熟悉中原文化，提倡以史为鉴，认为历史很重要，特别是认真通读过《资治通鉴》《汉书》等汉文典籍，还能评论一二，足见其吸收能力。世宗下令翻译"五经"，完善科举制度，专门开设女真进士科，多管齐下，金朝出现了"国朝文派"。儒学事业在金朝达到了鼎盛状态，"声明文物出中天"。世宗也被《金史》称赞为"小尧舜"，"金源大定始全盛，时以汉文当世宗"。世宗之后，由皇太孙章宗继位，赓续以文治国道路，继续扩大推广儒家文化，完善礼乐制度，推动国家礼制形成体系，编成《大金集礼》。加强法律体系建设，制定了《泰和律》。史家褒奖说章宗统治时期，"宇内小康，乃正礼乐，修刑法，定官制，典章文物粲然成一代之治规"。章宗在位之时，南宋主动进攻，发动了"开禧北伐"，金朝实力仍在，最终在大幅度消耗国力的前提下，取得了"嘉定和议"的胜利。金朝声望在泰和年间的东北亚达到了顶峰状态，大定明昌，成为金朝历史上的一段绝唱。

金史学界将金朝主体文化归纳为"金源文化"，称其是以女真文化为基础，融合了中原文化和其他北方文化，最终形成的一种新北方文化。也有学者认为，金源文化吸纳和融汇多民族文化，成为一种东北区域文化，在交往交流交融当中，最终成为中

正隆南伐：图治之君的"疯狂"选择

华文化支脉。女真早期完颜部，基本没有什么典籍，没有文字，无官府，大体处于部落联盟阶段。在辽统治下，逐渐学习到了契丹人的文化知识，掌握了建立统治体系的办法。完颜阿骨打建政不久，就由完颜希尹创设了所谓女真大字，然后又创设了女真小字。有了文字，就有了记录、交流的精密工具，说明女真文化水平在逐步提高。不过，从现存金代高水平作品来看，大多数还是汉文作品。攻破开封之时，金军大量索取医人、艺人、工匠迁往北方，也说明北方能工巧匠还不多，水平还不是足够高。但是以此为基础，金朝工艺水平有了很大提升，在建筑、纺织、艺术等方面都呈现了自己的特点。金熙宗这样狂暴的君主也亲自到孔庙祭拜，以后各代也都重视尊孔，提倡儒家教育。金朝在太宗时期，就开始学习中原王朝，编纂国史、实录，建立了修史制度，甚至还修成了一部《辽史》，成为元修《辽史》的基础。金人在几番争论之后，还采用了五德终始之说，主动纳入中国历史谱系，自称是"中华"正统继承者。元代郝经就说，"金源氏有天下，典章法度几近及汉唐"，史称其"跨辽宋而比迹于汉唐"。

到金代末期三帝，面对来自蒙古高原的强敌，虽然自身决策并无较大失误，但是"形势比人强"，局部可抵抗蒙军势力，全局上还是节节败退。宣宗畏敌如虎，蒙古大军兵临中都城下，竟然如徽、钦二帝一样相信术士可作法取胜，幸而蒙古大军议和妥协暂退。在重重压力之下，宣宗决定将首都从中都（今北京）迁南

总序　金朝：自树唐宋之间

京（今河南开封）。哀宗继位后，被迫迁归德（今河南商丘），再迁蔡州（今河南汝南），最终在蔡州亡国。但是败亡之际，金哀宗还算是有英雄气概，自杀殉国，所谓"图存于亡，力尽乃毙"。

金朝历史一路走来，波澜壮阔，悲壮沉浮。在金、西夏、南宋的对峙当中，金朝基本占据上风，但是面对蒙古大军，也难逃溃败命运，自然让人更加唏嘘。如果想了解女真人百年历程，观察辽、宋、西夏、金四方五政权彼此角力的精彩斗法，自然要读"金朝往事"。与往事系列其他朝代撰写思路相同，孟浩然"人事有代谢，往来成古今"最能代表我们的心声。没有人，没有事，也就没有历史。见人，见事，方见历史。考虑到史料局限性，我们选择了五事来进行描绘，各书仍然是尽力做到文字流畅，线索清晰，分析准确精当，且可快速读完。希望读者朋友能和我们一起思考金朝，思考第二次南北朝的对峙之局，回首"金朝往事"。

女真初起，完颜部源于按出虎水，即今黑龙江哈尔滨东阿什河，女真语"金"即"按出虎"，传说由此得大金之名。无论是经济社会发展程度，还是军事装备技术，甚至是后勤财政支援，辽的实力都是远远高于女真。但是就是这样一支没有财政支援，没有后勤力量，只凭一个杰出头领，由不世出的英雄豪杰完颜阿骨打带领，一群白山黑水之间的精兵猛将，运筹帷幄，十余年间，吞辽灭宋，功勋卓著，伟业足以震古烁今。女真人如何兴起，不由得让人长思。故有《女真崛起：辽朝后方的强大部族》

正隆南伐：图治之君的"疯狂"选择

一部，探析辽朝后方如何生成了如此强大的部族且如何成长为辽之大患。

金人只用十余年征战，就俘虏天祚帝，歼灭立国二百年的辽朝。先与宋结成海上之盟，但是在战争中发现宋军实力不济，军纪不整，指挥失灵，逐渐起了觊觎之心。正好宋方投机取巧，多次违反盟约，给了金军借口。1125年，金军西路军由云中（今山西大同）攻太原，东路军由平州（今河北卢龙）攻燕京（今北京）。东路军长驱直入，宋军将领郭药师投降，转而带领东路军绕过保州（今河北保定）等有重兵把守的军事关隘，直奔开封而来，兵临城下。东京城内，举措失当，最终二帝北狩，北宋灭亡。故有《吞辽灭宋：金朝建立初期的"壮举"》一部，详细解说金军军事路线、进攻谋略、征战经过，足为鉴戒。

金朝与南宋之间，常有征战，也常有议和，每一次金朝都能得到超额利益。自绍兴和议之后，双方息兵20余年。到1161年，海陵王完颜亮征集60万大军，号称百万雄师，兵分四路，企图饮马长江，一统天下。这一年是正隆六年，史称"正隆南伐"。南宋朝廷上下，再次惊慌失措，不知道如何应对。宋高宗仍然想先行逃跑，令人不齿。恰在此时，一位智勇双全的文官虞允文视察前线，主动承担了防务指挥工作，虽然仓促迎敌，但是组织得法，赢得大胜。完颜亮败退扬州，仍想一鼓作气，攻克临安，再回师消灭发动政变的完颜雍。不过军情骚动，完颜亮被杀，大军

总序　金朝：自树唐宋之间

北返。故有《正隆南伐：图治之君的"疯狂"选择》一部，梳理海陵王南征败亡历程，介绍完颜雍东京政变经历，双线索理解世宗上台的全过程。

完颜雍政变上台，开启了金朝全盛之时，消除了熙宗造成的混乱局面，金朝国力得到全面恢复。世宗将治国重点转入文治，与民休息，整顿吏治，提出各种文教措施，制定礼法，推动文学发展。"不折腾"在任何时代，都是发展民生的好办法，于是出现了社会稳定，百姓基本能安居乐业的新状态。世宗推崇孝道，模仿汉地治国办法，减少对外征伐，保境安民，和安邻国。章宗继位，继续推广以文治国，扩大科举，制定国家礼乐制度。而且取得了反击开禧北伐的成功，重开和议，宣告金朝是天下共主，威望在东北亚达到了顶峰。故有《世章之治：盛世下的危机》一部，详细介绍两位皇帝统治时期，如何追求文治并取得成功的过程。

盛世之后，就是败亡，此为恒久不变的历史规律。到卫绍王和金宣宗时期，虽然帝王昏庸无能，统治腐败，但也看不出有什么重大的过格之举。但是两位帝王如宋钦宗一样倒霉，无论怎么做，都难逃失败命运。全新外部力量，蒙古势力已然在草原崛起。面对再次新兴的北方势力，曾经雄霸北方的女真人在衰落。对蒙古铁骑，女真人几无还手之力。内忧外患加剧了金朝衰败，哀宗虽然积极抵抗蒙古进攻，却无力回天，金朝在蒙古和南宋联合夹击下灭亡。故有《金朝覆灭：北宋悲剧的重演》一部，详细

正隆南伐：图治之君的"疯狂"选择

介绍金朝灭亡历史，思考金朝灭亡原因。

以上就是"金朝往事"总体设计。与其他往事系列一样，再抄写我们的基本设想：希望以明晰框架，建设具有整体感的书系。既有主线，又可分立；既有清晰流畅的语言，足够的事实信息，也有核心脉络可以掌握。提供给读者既不烧脑，又不低俗的"讲史"，以学术为基础，但又不是满满脚注的学究文。专业学者用相对轻松的笔调来记录和阐释，提供不一样的阅读感受。这个目标做到与否还很难说，但是我们正在向此努力。我们6人用一年多时光，共同打造的5部小书，请读者诸君阅后评判！

感谢陈俊达（吉林大学）、刘晓飞（辽宁师范大学）、齐伟（辽宁大学）、武文君（吉林大学）、张宝珅（内蒙古大学）等辽金史学界青年翘楚（以上按姓名音序）接受我的邀请，参与撰写"金朝往事"。感谢辽宁人民出版社蔡伟编辑及其所带领编辑团队，细致加以审校，使本书能与"唐朝往事""宋朝往事"以同样优美状态呈现出来。

现在，亲爱的读者，请您展卷领略金朝往事，我们一起思考金源文化与中华文化，探索女真人融入中华民族，长期交往交流交融的历史走向！

耿元骊

2025年5月18日于金之南京开封府

目录

总　序　金朝：自树唐宋之间	001
引　言	001
第一章　蛟龙潜匿隐沧波，且与虾蟆作混和	006
一、完颜亮之父完颜宗干	007
二、完颜亮生母大氏	023
三、完颜亮与嫡母徒单氏	029
四、完颜亮早年的成长经历	036
第二章　一朝扬汝名天下，也学君王著赭黄	049
一、金熙宗即位与治国	050
二、谋弑集团与完颜亮篡位	066
三、完颜亮的屠杀与封功	075
四、美色与政治：得天下绝色而妻之	089

正隆南伐：图治之君的"疯狂"选择

第三章　大柄若在手，清风满天下　　110

　　一、改革官制，中央集权　　110

　　二、迁都燕京，南向战略　　120

　　三、发展科举，重用士人　　134

第四章　提兵百万西湖侧，立马吴山第一峰　　142

　　一、皇统和议后的金宋友好往来　　143

　　二、金宋交聘制度与榷场贸易　　151

　　三、自古帝王混一天下，然后可为正统　　159

　　四、完颜亮的扩军备战，横征暴敛与各地反抗　　170

第五章　断锁机谋，垂鞭方略，人事本无今古　　182

　　一、秣马厉兵，兵分四路　　183

　　二、西路入散关，中路攻荆襄，海路下临安　　205

　　三、精兵在淮东，重兵入淮西　　215

目录

第六章　不知何处片云来，做许大通天障碍　　226

　　一、后院起火，契丹起义　　227

　　二、变起肘腋，东京政变　　236

　　三、采石之败，瓜洲身死　　245

第七章　世称小尧舜，可为后世师　　260

　　一、世宗即位，镇压起义　　261

　　二、反对伐宋，主动求和　　268

　　三、战事再起，隆兴议和　　279

结　语　　298

后　记　　311

引　言

　　女真源自我国古老的民族肃慎，两汉魏晋时期称作挹娄，南北朝时期称作勿吉，隋唐五代时期称黑水靺鞨。契丹建立的辽朝获取渤海国之地后，黑水靺鞨附属于辽朝。著辽朝籍者，称熟女真，不著辽朝籍者，则称为生女真。完颜部即属生女真，世居白山黑水之间。被辽朝统治的百余年里，女真部落间经过不断地冲突与整合，逐渐由血缘组织转变为地缘组织，演变为有共同利益的政治共同体。在一代又一代杰出首领的带领下，女真走向建国之路。

正隆南伐:图治之君的"疯狂"选择

公元1114年,辽朝天祚帝天庆四年九月,女真领袖完颜阿骨打会集2500人,于涞流水畔誓师,以辽朝不归还女真罪人阿疏为理由,起兵发动反辽战争。辽天庆五年(1115),取得反辽战争的系列胜利之后,完颜阿骨打正式登极,定国号为大金,建元收国(一称天辅元年建国)。自此之后,金朝对辽朝发起全面进攻,于金天会三年(辽保大五年,1125)俘获天祚皇帝,灭亡辽朝。灭辽当年,金朝太宗下令攻打宋朝,至天会五年(1127)攻下汴京城,废除北宋徽、钦二帝,灭亡北宋。随后,宋徽宗第九子康王赵构,在宋境南京应天府(今河南商丘)称帝建立政权,是为宋高宗,史称南宋。至此,以完颜部为统治中心的女真人,仅仅用了13年的时间,就由区区蕞尔部族,一跃成为与南宋共同主导东亚秩序的强有力政权。

金朝自1115年建国至1234年亡国,共传10帝,享国119年。金太祖完颜阿骨打统一女真众部,联合北宋围攻辽朝,称帝建国,有肇基之大功。金太宗完颜晟灭辽亡宋,开疆拓土,奠定了金朝的统治疆域。金熙宗完颜亶废除刘豫伪齐政权,倚仗完颜宗弼(金兀术)鏖战四方,光大祖宗伟业。其间,金朝与宋朝之间历经多次战与和,每一次和议金朝都能从中获取相应的利益与身份地位。金熙宗皇统元年(南宋绍兴十一年,1141),金宋两朝

引 言

签订"皇统和议"（又称"绍兴和议"）。此后20年金宋之间基本保持和平状态。至第四位皇帝海陵王完颜亮统治时期，金宋双方维持多年的和平被再次打破。

公元1161年秋十月，海陵王完颜亮集合境内60万大军，号称百万雄师，兵分四路发动进攻南宋王朝的大规模战争，企图饮马长江，统天下混而为一。时值海陵王正隆六年，史称"正隆南伐"。

为了发动对宋战争，完成统一大业，完颜亮千方百计地铲除异己，毫无节制地压榨底层民众。正是这场战争令他走到众叛亲离的地步，最终身死异乡，匆忙间结束了疯狂而又短暂的一生。或许有人替海陵王完颜亮不值，一场战争失去了所有，甚至身家性命。也或许有人会认为完颜亮过于疯狂，只妄图统一天下，全然不顾强兵过境留下万般枯骨。然而，当命运的齿轮转动之时，我们常常不由自主地作出选择，受到周围的环境、人物影响塑造出的独立个体，皆自有所选。未登基之前，完颜亮就曾说过，他有三大志向：其一，国家大事皆由自己做主；其二，率军讨伐别国，抓获其君主向他问罪；其三，得天下绝色美女做妻子。完颜亮三大志向所出，离不开先祖父辈赫赫战功的激励，更离不开舍我其谁的胸襟与抱负。这些无不敦促着他挥起三尺之剑，立下不世之功，留待日后名垂青史。

完颜亮被弑之后，金宋双方皆易主。完颜雍全面推翻完颜亮的统治，即位为金世宗。宋高宗赵构让位于赵昚，是为宋孝宗。经过反复交涉，金宋双方签订"隆兴和议"，恢复两朝和平。可以说，这次和议是金宋之间战争延续的结果，也是"正隆南伐"失败后的衍生物。不管如何，经过议和，金朝的地位再度提升。

克劳塞维茨在《战争论》中曾说过，战争的本质是一种政治手段，是追求利益和政治目标的一种极端形式。战争的残酷程度往往令人无法想象，常常以生灵涂炭为代价。我们不能违心地赞美作为极端形式存在的战争，但必须客观地认识战争的作用与影响。张博泉先生曾言，和与战是辩证的统一。在战时有和，和时有战，在和与战的交替中，"和"蕴育在战中，"战"又蕴育在和中，和战在一定条件下具备着同一性，又在一定条件可以互相转化。和战史有它发展的规律性，研究它不能凭人们的主观愿望和个人的好恶随意进行解释。如果我们客观地审视历史就会发现，如同完颜亮的正隆南伐，意图饮马于长江，南宋名将岳飞也曾一度征战至黄河南岸，二人都曾试图以战争形式完成统一大业，只不过皆未能如愿。

纵观古今，在历史发展的长河中，关键历史人物的选择，是

引　言

每一次浪潮推动的结果。反向地看，历史人物的选择，也是历史长河前进的动力。中国历史上的各个民族都是中华民族的一部分，各民族建立的政权都是中国的一分子。即使是中国历史上多民族政权并立时期，以中国自居的各民族政权，争相追溯自身为炎黄子孙，与中原政权争夺一统中国的权力，想要成为大一统王朝的主导者。10 至 13 世纪的中国正是处于这样一个时期，辽宋金多民族政权并存时期是我国古代统一多民族国家形成和发展的重要历史阶段。

历史地看，无论金宋并立时期是否具有统一全国的条件，中华民族大一统的历史趋势确已势不可当。揆之史实，金朝海陵王完颜亮作出正隆南伐的选择看似"疯狂"，实则顺应历史发展趋势。一场混一天下，一统中国的战争势在必行。

第一章

蛟龙潜匿隐沧波,且与虾蟆作混和

蛟龙潜匿隐沧波,且与虾蟆作混和。

等待一朝头角就,撼摇霹雳震山河。

这首《书壁述怀》出自金朝第四位皇帝海陵王完颜亮之手,此时他尚为人臣。短短数句,完颜亮将潜龙的志向与抱负表现得淋漓尽致。他自信有朝一日,能够历经劫难化为真龙,干出一番惊天动地的事业。完颜亮有如此追求与抱负,得益于祖宗父辈的

第一章 蛟龙潜匿隐沧波，且与虾蟆作混和

长期积累，更离不开父母的言传身教。

一、完颜亮之父完颜宗干

完颜亮的父亲完颜宗干，本名斡本，是金太祖完颜阿骨打的庶长子。完颜宗干的母亲是金太祖的第二任妻子裴满氏，金熙宗天会十三年（1135）被追谥为光懿皇后。裴满氏、徒单氏、拿懒氏、唐括氏、蒲察氏、纥石烈氏、仆散氏皆为女真贵族姓氏，起初是与完颜部通婚的世婚家族。后来除了拿懒氏之外，其他姓氏群体发展成为女真后族人选。完颜宗干的正妻就出自其中的徒单氏家族。完颜宗干虽然未曾继任皇位，但身份地位与历史功绩非一般人可及，有定策之功，曾辅佐过三朝皇帝。

时间追溯至金太祖完颜阿骨打起兵伐辽之初。当时女真的经济发展水平较低，军队武器装备十分简陋，还没有后来远近闻名的铁浮屠、铁面具、投石机等精良装备和武器。女真军队使用的多数是骨朵、铁刀、铁斧之类的武器，甲胄也十分稀少，甚至行军指令的上传下达也只能依靠专人口口相传。女真军起兵时其军事实力与辽朝军队比起来，简直是天壤之别。身处这样窘迫的境遇，完颜宗干的内心毫无畏惧，反倒是多次作为军队先锋，冲在

正隆南伐：图治之君的"疯狂"选择

战争第一线。

女真与辽朝的首次正式战役在宁江州打响。宁江州初为辽朝的防御州，始置于辽道宗清宁四年（1058），兵事隶属于东北路统军司，天祚帝天庆四年（1114）前后，升为混同军观察州，治今吉林省松原市北的伯都乡伯都村古城。宁江州地处辽朝边境地带，民族成分混杂，驻扎在这一带的军队，除去契丹、奚等部族军，更多的是渤海军。渤海军是辽朝征调的重要兵源之一，分散屯驻在辽境，作战十分勇猛。可以想象得到，女真军想要攻取宁江州并非易事。

女真统治者完颜阿骨打也明白起事的难度和失败后的代价，但箭在弦上，不得不发。女真大军刚刚到达辽朝边界，还未顾得上休息，完颜阿骨打便命完颜宗干监督士卒抓紧填充沟堑，以引领大军顺利过境。尽管女真军已经争分夺秒地想要占领战争主动权，却还是在过境后不久，就遇到了辽朝的渤海军突袭女真左翼军。击退辽朝的第一次进攻后，辽军又把作战目标转向女真中军，重新打响战斗。混乱中完颜宗干与数骑深陷辽朝军队的包围圈。完颜阿骨打远远望见爱子被敌人围困，难以脱身，千钧一发之际，他奋不顾身地冲入包围圈将其营救出来。双方都没有来得及说话，完颜宗干就又率领军队投入到作战中。斜阳夕照，绯红

第一章　蛟龙潜匿隐沧波，且与虾蟆作混和

的晚霞染满了天空，照映在大地上，洒在宁江州伫立的城墙之上。此刻，分不清到底是天色，还是血色。喊杀声、兵器碰撞声，和着萧萧马鸣，不绝于耳。终于，经过女真众将领的协力拼杀，顺利拿下了宁江州。

宁江州之战，是女真人第一次起兵反辽的胜利战争，极大地鼓舞了女真军队士气，为金朝立国奠定了基础。数十年之后的海陵王完颜亮，于天德四年（1152）二月，安置金太祖画像于武德殿的同时，下诏建国之初曾跟随太祖攻破宁江州有功者176人加宣武将军，赐酒帛。由此便知，宁江州之战在金朝统治者心目中具有特殊的意义。

宁江州之战后，女真与辽朝之间又历经几次规模不等的战争。完颜阿骨打在众人劝说下称帝，建国号大金，改元收国。

虽然女真已建国，但战争仍在继续。不久，辽朝派遣行军都统耶律讹里朵、左副统萧乙薛、右副统耶律张奴、都监萧谢佛留，率领骑兵20万、步兵7万戍守边境。

"都统"作为领兵将官最早出现于十六国时期，唐朝后期开始设置行营都统或招讨都统等，五代因袭唐朝，行军的统帅亦有都统之称。辽朝自太宗朝开始，行军官称谓开始出现都统，文献中明确出现行军都统的称谓则是在辽穆宗时期。大概在辽穆宗朝

正隆南伐：图治之君的"疯狂"选择

以后，行军统帅称为行军都统便基本固定下来。辽朝行军一般会为行军都统配置副帅和都监，共同组成行军指挥体系。在战时，行军都统需与副都统、都监共同商议作战方针。针对不同规模的战争，辽朝的行军指挥体系完整程度颇有差异。一般在战争规模不大的情况下，可仅设两军，副统和都监只设一人。此次作战，辽朝以一名主帅、两名副帅、一名都监组成行军的指挥体系，来指挥27万大军，严防死守边境的州、城、堡、寨，是在向女真军传达若要来犯必败无疑的危险信息。

面对辽军强大的武备防守，完颜宗干等一众女真将帅在完颜阿骨打的带领下并未显出一丝慌张。考虑到当前敌强我弱的局势，众将领经过商议，准备出奇兵制胜。在随后的达鲁古城（治今吉林松原土城子村）之战中，由完颜宗干负责率小部分兵力迷惑辽军，配合完颜宗翰、完颜宗雄领导的左、右两翼部队作战。金军多方协作作战，逐一突破，辽军很快败下阵来，溃不成军。

女真军采用两翼夹击的战术，即在战斗中主力骑兵被置于左、右两翼，利用其高机动性和强冲击力突袭敌军侧翼。女真军的这种两翼战法曾多次应用于灭辽伐宋的战争中。辽朝的大规模战争通常也按左、中、右两翼三军布阵。辽朝圣宗时期，东京地区大延琳叛乱，辽朝以萧孝穆为都统、萧匹敌为副都统、萧蒲奴

第一章 蛟龙潜匿隐沧波，且与虾蟆作混和

为都监镇压叛乱。萧孝穆居中军，萧匹敌和萧蒲奴则以左、右两翼军对叛军进行夹击。辽朝左、中、右三路的行军编制至辽兴宗重熙年间对西夏的征伐、与女真军作战时依旧延续。从兵力和军事部署上来看，女真军似乎并无胜算。

然而完颜阿骨打带着完颜宗干一众女真军，充分发挥自身优势，凭借敏捷的反应能力先发制人。女真军趁着辽军未列队整军之时就已经发动攻击，掌握战争的主动权。

达鲁古城之战后，金军一路凯旋，顺利攻下辽朝的军事重镇黄龙府。辽朝前期本有龙州黄龙府，为原渤海扶余府，今吉林四平之地。辽景宗保宁七年（975）因燕颇之乱废府。辽圣宗开泰九年（1020），再置龙州黄龙府，治今吉林省农安县。黄龙府是黄龙府兵马都部署司的治所，这一机构负责镇抚辽东京北部的渤海人，并管理兀惹、铁骊、女真等部。

拿下黄龙府令女真军士气大振，完颜阿骨打也想乘胜攻下辽朝的长春州。辽朝长春州韶阳军节度，始置于辽兴宗重熙八年（1039），治今吉林省白城市德顺蒙古族乡四家子古城。长春州是辽帝春捺钵之地，置有长春州钱帛司。长春州的兵事隶属于东北路统军司。东北路统军司辖区内有出自突吕不室韦部、涅剌拏古部、图鲁部、术哲达鲁虢部、河西部、达马鼻骨德部、伯斯鼻骨

正隆南伐：图治之君的"疯狂"选择

德部的部族军镇戍。东北路统军司治下三个重镇宁江州、长春州、泰州中的宁江州已失守，若是长春州再失守，辽朝东北部的防线将会面临崩溃的边缘。

完颜宗干也考虑到长春州对辽朝的重要性。他思忖着现在金军已经攻下了宁江州和黄龙府，接下来就是向哪个方向进攻的问题，辽朝投入如此大规模的军队接连失败，心中定有不甘，更何况对于辽朝来说，长春州失守，就等于敌人快要打到自己内地（西拉木伦河、老哈河流域）去了。完颜宗干认为此事不可操之过急，便婉言规劝完颜阿骨打辽朝肯定早已有所防备，暂时不要攻打长春州，与其以卵击石，不如息战养兵。完颜阿骨打深知完颜宗干一向谨慎周全，便听从其建议，下令军队短暂休息。

果然，与此同时的辽朝一方，天祚皇帝听闻黄龙府失守，几十万的步骑军队吃了败仗，气得将手中的酒盏摔碎在地，发誓必定要雪今日之耻。天祚帝紧急召开南北臣僚会议，准备亲自带兵讨伐女真。随后，天祚帝下令征召宗室、外戚、豪族年轻男子和四方勇士能上阵打仗者，一律参军投入作战。可惜此时辽军士气低迷，兵力上的优势也无法改变失败的结果。

其间，完颜宗翰曾偶然擒得辽朝降人，降人称此时辽朝长春州和泰州皆没有守备，可以放心攻城。经过统治集团商议，由完

第一章 蛟龙潜匿隐沧波，且与虾蟆作混和

颜杲率军直接攻取长春州，完颜宗干与完颜宗雄、完颜娄室等人则率军拿下附近的金山县。

完颜杲，本名斜也，金世祖完颜劾里钵第五子，金太祖完颜阿骨打的同母弟，金朝的开国功臣。金朝建国后，完颜杲任国论昃勃极烈。金太宗即位，为谙班勃极烈，与完颜宗干同治国政。天会三年（1125），任都元帅，统筹伐宋，天会四年（1126）伐宋，擒获徽、钦二帝。天会八年（1130）去世。皇统三年（1143），追封辽越国王。正隆年间，追封辽王。大定十五年（1175），追谥智烈。

完颜宗雄，本名谋良虎，康宗乌雅束之子，金太祖完颜阿骨打之侄。完颜宗雄在宁江州、出河店、达鲁古城等战中皆立战功。金初，与完颜宗干共同立法定制。

完颜娄室，字斡里衍，七水部长完颜白达之子，是金朝开疆拓土的名将。跟随完颜阿骨打起兵抗辽，参与宁江州、出河店、达鲁古城等战，攻破辽中京、西京等地，招降天德、云内、宁边、东胜等州城。攻宋战争开始，曾先后督师取陕西、延安府、晋宁军等地，随从完颜宗辅参加富平之战，击溃宋将张浚所部。天会八年（1130）十二月，病逝。累赠开府仪同三司、金源郡王，谥号壮义，配享金太宗庙廷。

正隆南伐：图治之君的"疯狂"选择

金朝大军行进至白鹰林，完颜宗干一众抓获辽朝7名侦察兵。为了制造恐慌，达到不战而屈人之兵的目的，金军将其中一名侦察兵放归金山县城，县内人惊闻金朝大军将至，崩溃四散。完颜宗干等人遂轻松占据金山县，随之，与完颜杲共同攻取泰州，顺利会师。武力进攻的同时，完颜宗干选择当地有才干的土著作为代表，招降没有降服的其他部落和军队。这一招果然起到了效果，在这些土著的说服下，辽朝的女固（女古）、脾室（皮室）四部和渤海人纷纷投降金朝。

金朝与辽朝之间曾多次想达成和议，皆未谈妥，双方反复起战。金军先后败辽军于蒺藜山，攻下辽朝的显州、乾州、懿州、徽州、成州、白川州、惠州等地。辽朝的双州、通州、祺州、辽州等不少民户也归降金朝。

辽朝为求得喘息之机，假装先与金朝和谈，但言语间充满傲慢语气，仍以居高临下的姿态对待金朝。金太祖天辅三年（辽天庆九年，1119）六月，辽朝派遣大册使、太傅习泥烈以册玺到金上京册封金朝皇帝。册文没有按照金朝的意向书写，其中不称金朝为兄，也未称大金而称东怀国。金朝自然不会接受辽朝这种傲慢的态度。金太祖首先直接拒绝册封，又与完颜宗干、完颜宗翰、完颜宗雄、完颜希尹细细商讨册文的具体含义，猜测辽朝究

第一章 蛟龙潜匿隐沧波，且与虾蟆作混和

竟是何意图。由于辽朝谈判的出发点就不真诚，这次和谈依然未能达成，双方继续战争状态。

天辅四年（辽天庆十年，1120），金朝攻取辽朝的上京临潢府。当时正值酷暑，加上金军孤军深入至辽上京，早已人马疲惫，若再继续行军恐怕粮草不继。大军行至沃黑河时，事事周全的完颜宗干进谏金太祖考虑到粮草、军力各方面后续不足的问题，莫如先班师回朝。太祖听从完颜宗干之言，撤离辽上京。

天辅五年（辽保大元年，1121）十二月，金太祖任命弟弟完颜杲为内外诸军都统，完颜宗翰、完颜宗干、完颜宗望等人为副都统，以辽朝降将耶律余睹为向导，攻打辽朝的中京。

耶律余睹，又名余都姑，本出自辽朝宗室。他的妻子是辽朝天祚帝文妃的妹妹。文妃生有皇子晋王敖卢斡，为人最是贤明，来日继承大统是众望所归。当时的权臣萧奉先之妹为天祚帝元妃，生皇子秦王。萧奉先担心秦王不能被立为皇储，又忌惮耶律余睹，便诬陷耶律余睹结交朝中大臣，企图谋立晋王，逼天祚帝退位太上皇。听有人意图谋反，天祚帝顿时神经紧绷，不经调查便赐死文妃。可叹他全然忘了自己的父亲耶律浚，当初也是被人诬陷谋反含冤而终。耶律余睹得到文妃被赐死的消息，自知不能明哲保身，遂引兵千余投奔女真。在女真灭辽战争中，耶律

正隆南伐：图治之君的"疯狂"选择

余睹怀着对天祚帝一众人等的仇恨，率军充当前锋，一路捉拿天祚帝。天会十年（1132），耶律余睹约燕京统军萧高六举兵反金，被云内州节度使耶律奴哥告发，后投奔西夏、鞑靼。鞑靼将耶律余睹父子杀死，并献首级给金。

天辅六年（1122）正月，金军继攻克高州、恩州、回纥城后，辽军皆不战而溃，遂获取中京。此时，辽朝天祚帝已经逃至鸳鸯泺。完颜宗翰建议诸军都统完颜杲抓住机会，活捉辽帝。完颜杲恐大军疲惫，无力追讨，十分犹豫。完颜宗干则认为此时距离天祚帝的行帐不是太远，一鼓作气方可成功，力劝完颜杲不可错失良机。经过思索完颜杲决定与完颜宗翰相约会师奚王岭，商讨具体作战方针。是时，辽天祚帝已转移至草泊，完颜杲便决定派完颜宗干与完颜宗翰率6000精兵袭击辽帝，逼得辽帝一路狂奔西逃。

完颜宗干和完颜宗翰未抓获辽帝，又与辽将耿守忠在西京城东40里的地方进行了一场大战，耿守忠败走他处。辽帝被金军追得藏进阴山一带，盘踞在西南面招讨司和倒塌岭节度使司辖区，与金军对峙。金军缓师，天祚帝则率军出山，金军追击，则进山藏匿。

辽朝的西南面招讨司治丰州（今内蒙古自治区呼和浩特），

第一章 蛟龙潜匿隐沧波，且与虾蟆作混和

下辖云内州、宁边州、东胜州、金肃州、河清军等州军。镇戍于此的有涅剌部、迭剌迭达部、品达鲁虢部、乌古涅剌部、涅剌越兀部、梅古悉部、斡突盌乌古部、颉的部、匿讫唐古部、鹤剌唐古部的军队。倒塌岭节度使司以今乌兰察布草原为核心区域，驻戍与此的部族有特里特勉部等。天祚帝逃往之地为游牧区，镇戍着大量的部族军，兵力雄厚，且可以与位于北部的西北路招讨司、位于东南部的西京联合，方便与西夏和北宋沟通。即使辽朝灭亡后，这里也一直是契丹人的聚居地。天祚帝盘踞此地，打算与金军展开持久战。

金朝与辽朝之间的拉锯战持续至天辅七年（辽保大三年，1123）六月。是时，已经55岁的完颜阿骨打历经近10年的南征北战，身体渐渐吃不消，准备返回金上京休养。同年八月，大军行至浑河北停歇时，完颜阿骨打崩于部堵泺行宫。完颜阿骨打终究没能亲眼看到大军灭亡辽朝。在他去世两年后的天会三年（辽保大五年，1125），金朝才将天祚帝活捉，灭亡辽朝。

随着金太祖完颜阿骨打的离世，金朝一时间陷入群龙无首之境。所谓，国不可一日无君。为了江山稳固，完颜宗干、完颜杲等人率领群臣百官请太祖的弟弟，时任金朝谙班勃极烈的完颜吴乞买继承大统，是为金太宗。金太宗即位之后，任命完颜杲为谙

班勃极烈，完颜宗干为国论勃极烈，共同辅政。

勃极烈女真语意为官长，完颜阿骨打以都勃极烈嗣位，并以都勃极烈为核心，发展建立起金朝初期中央的最高统治机构，形成勃极烈制。金朝皇帝之下设若干勃极烈共掌国事，有谙班勃极烈、国论勃极烈、阿买勃极烈、国论乙室勃极烈、昃勃极烈，等等。其中，谙班勃极烈之"谙班"是"尊大之称"，通常是实际的皇位继承人，金太宗、金熙宗皆以此登宝位。国论勃极烈，则成为事实上的宰相。

自完颜宗干担任国论勃极烈以来，不负金太宗所托，一边忙着部署追捕辽天祚皇帝，一边主持开启多方面的改革。

政权初兴，完颜宗干等人商议制定新的礼仪制度、改革官制，规定服色等级，兴办学校、设立科举、明确历法。天会四年（1126），此时距离天祚帝被擒，辽朝灭亡已满一年。金朝在完颜宗干和完颜杲的主持下建立以尚书省为中心的三省制，由尚书省总揽金朝政务，开启变革政治制度之路。

金朝尚书省的建立固然是仿照中原制度，是随着金朝不断取得与辽、宋两朝战争的胜利，疆域范围的扩大且逐渐向中原发展而受到影响的结果，但更多的还是金朝皇帝为了加强皇权，对抗勃极烈制度的手段。金太宗即位后曾由于花销过度，私自挪用国

第一章　蛟龙潜匿隐沧波，且与虾蟆作混和

库银钱作为外出作战的经费，被以谙班勃极烈为首的诸勃极烈重责20廷杖。金太宗选择继承人时，本属意于自己的儿子，但是在诸勃极烈虎视眈眈之下，碍于祖宗旧制，只能将自己的儿子排除在外，不情愿地选择了完颜亶。勃极烈制度约束了皇帝的个人专制和为所欲为，廷杖皇帝与立皇储两件事，使金太宗感到勃极烈权力的掣肘，遂产生废除勃极烈制度的想法。由于勃极烈制度根深蒂固，金太宗不可能在短期内将其废除，只能逐渐裁减勃极烈人数。

勃极烈人数的减少并不会从根本上影响身处权力中心的完颜宗干。天会八年（1130）谙班勃极烈完颜杲病死，金太宗犹豫许久，最终在诸方势力角逐下，选择以完颜亶为谙班勃极烈。完颜宗干由国论勃极烈降为国论左勃极烈，金太宗的长子完颜宗磐为国论忽鲁勃极烈，位在完颜宗干之上。完颜亶虽然是金太祖的嫡长孙，但同时也是完颜宗干的养子，本质上完颜宗干还是政治斗争的获利者，这在此后诸事的发展方向上也有所印证。

天会十三年（1135）正月，金太宗完颜吴乞买去世。谙班勃极烈完颜亶即位，是为金熙宗。此时熙宗17岁，完颜宗干成为金廷实际的掌权者和各项政策的制定者，以太傅身份与太保完颜宗翰、太师完颜宗磐并领三省事。金熙宗非常依赖完颜宗干，为

了稳定巩固政权，打压窥伺皇权的狂妄之徒，完颜宗干帮助金熙宗相继铲除了完颜宗翰、完颜宗磐及其势力，改升为以太师身份领三省事，并进封梁宋国王。完颜宗干诛杀完颜宗磐集团，也间接地导致完颜亮即位后对金太宗子孙的猜忌与大肆诛杀。

完颜宗干在任期间，帮助熙宗完全废除了勃极烈制度，继续推行官制改革。天眷元年（1138）八月，金熙宗颁布新官制，更换官格，规定勋、封、食邑入衔。改革官制，铲除部分掌权势力等一系列举动，加强了皇权，形成以金熙宗为最高统治者的中央集权模式。

为了维护金熙宗的统治，完颜宗干竭尽自己所能。完颜宗干的付出得到了金熙宗的无限礼遇，集荣宠于一身。熙宗免去年事已高的完颜宗干入朝的跪拜礼节，赏赐其拐杖，允许挂拐入殿。为便于完颜宗干上朝，金熙宗还专门在大殿设置座位，供完颜宗干坐奏朝政。随着完颜宗干身体愈加不好，熙宗又专赐完颜宗干辇舆上殿，赐予制诏不名的殊荣。

天眷三年（1140），完颜宗干陪同熙宗游幸燕京。完颜宗干突然患疾，熙宗得知后，亲临榻下探视。从燕京返回上京途中，至野狐岭时，完颜宗干的病情加重，熙宗再次亲自探望。完颜宗干内心明白自己将不久于人世，断断续续地向熙宗嘱咐了许多

第一章 蛟龙潜匿隐沧波，且与虾蟆作混和

话，念及军国大事时尤为语重心长。熙宗听罢，不舍与悲伤之情涌上心头。第二天，熙宗和皇后裴满氏一同探望完颜宗干。皇后还亲自给完颜宗干喂食，以表重视。两人在完颜宗干榻处待到太阳落山才肯离开。

为了给完颜宗干除病禳疾，熙宗又下令赦免囚犯。可惜天不遂人愿，几天之后，完颜宗干还是永远地离开了熙宗。金熙宗一时间无法接受完颜宗干去世的事实，撕心裂肺地痛哭起来。为了表示对完颜宗干的尊重，熙宗下令辍朝7天。由此，开启了金朝重臣去世皇帝不上朝的惯例。服丧期间，金熙宗念及完颜宗干的养育之恩和教谕之功，常常不由自主地哭泣。太史官见状，出言阻止也被熙宗挡回。即便到了自己生日，熙宗也不许奏乐庆祝。等到完颜宗干的遗体运回上京，金熙宗又出门亲自迎接，送至埋葬地。

完颜宗干对于金熙宗来说，既是股肱之臣，也是亲生父亲般的存在。没有完颜宗干主持朝政大局，金熙宗仿佛失去了主心骨，性格也逐渐地变得偏激。

完颜宗干能够有见地帮助金帝推动金朝的改革，得到诸帝的认可，与其重视任用有才识的汉族知识分子有很大关系。作为"衍庆功臣"之一的韩企先就是当中的佼佼者。"衍庆功臣"指画

像放置在中都（今北京）太庙衍庆宫圣武殿的著名有勋业的金朝开国功臣。金世宗首定21人，齐国公韩企先为其中之一。韩企先是辽朝大臣韩知古的九世孙，在金太宗时官至尚书右丞相。为相时，韩企先注重为金朝培养人才，每每培植奖励后辈，不吝惜推荐有识之士，有阙漏之处，必定与完颜宗干等人商议后再定夺。尚书省一时间多有识之士，君子之风，政治颇为清明。

金太宗天会四年（1126），尚书省初建之时有工部侍郎、兼六部事张通古者，在担任职务不久即因新设的磨勘之法被免官。完颜宗干与张通古素来相识，深知其才能，出面为张通古求得中京副留守一职。之后，张通古曾先后几次出使宋朝，打探宋朝境内情况，回京后一一报给完颜宗干，建议完颜宗干攻打南宋。这一建议恰符合完颜宗干的心意，张通古当即被授予参知行台尚书省事。攻打南宋之前，张通古又被派去打探消息。完颜宗干与张通古的密切关系造福于完颜亮。完颜亮为相时，张通古暗自站在其一方，完颜亮称帝时张通古被赐行台左丞相，进拜平章政事，封王。完颜亮称帝后对其他亲王大臣态度十分严厉，相反，见张通古则温和礼貌待之。

完颜宗干发掘的另一位汉族知识分子即张用直。张用直是临潢人，年纪轻轻就以学行闻名境内。完颜宗干听说张用直的大名，便将其求置于自己门下，请其为自己的两个儿子完颜亮和完颜充教学。完颜亮登基之后仍然感恩张用直的教导之恩，召其为签书徽政院事、太常卿、太子詹事，继续教导自己的儿子。张用直去世之后，完颜亮给予了其足够的荣誉。

完颜宗干一生历仕三朝，有开国之功、稳基兴邦之力、除旧革新之劳、慧眼识才之能，为金朝的百年基业作出了无可替代的贡献。完颜宗干的文治武功、远见卓识深深影响着完颜亮，为完颜亮夺得皇位积累了雄心抱负与人脉关系。完颜亮也正是借着父亲的肩膀，一步一步踏上了皇帝的宝座。

二、完颜亮生母大氏

完颜亮的生母为渤海大氏，是其父完颜宗干的侧室，公元1122年生下完颜亮。因为庶妻身份，大氏在正妻徒单氏面前多数时候都既小心翼翼，又不卑不亢。

完颜亮自小受到母亲大氏的呵护，大氏对他疼爱有加，遇事也时时教诲。完颜亮登基的次年，天德二年（1150）同尊大氏和嫡母徒单氏为皇太后，大氏安居永宁宫，徒单氏居永寿宫。完颜亮关心母亲大氏，常常嘘寒问暖。天德三年（1151）正月十六

正隆南伐：图治之君的"疯狂"选择

日，时值海陵王完颜亮生辰，在武德殿宴请宗室百官。大氏真心地为儿子高兴，不免贪酒多喝了几杯，醉意甚浓。第二天，完颜亮便派内官转达劝言，言称："母亲年事已高，平日里饮酒不过数杯而已，昨日饮酒致沉醉，儿子贵为天子固然可乐，如若母亲圣体违和，当儿子的内心实在难以自安，乐自然也无所在，所谓乐在心里，不必在酒里是也。"

大氏宽容待人，为人和善，即使后来贵为太后，与完颜宗干的正室徒单氏平起平坐，也从未母凭子贵，目中无人，反倒常常为徒单氏解围。有一次，徒单皇太后生辰，众人皆为其祝寿，饮至酣畅处，大氏起身为徒单氏敬酒，当时徒单氏正好与旁座客人说话，未注意到，大氏在原地等待许久，场面十分尴尬。海陵王完颜亮看到母亲如此受辱，又不好当场发作，只能怒气冲冲地夺门而出。完颜亮越想越生气，心想此事绝不能善罢甘休。第二天，他将前一天与徒单后说话的公主和宗妇召集到一起，下令一律赐廷杖，方能解气。大氏听闻消息，立刻劝说完颜亮不可如此冲动，以免伤了和气。完颜亮则淡定地对大氏说："我们今时已不同于往日，无视我们的人必须得到应有的惩罚，才能起到杀鸡儆猴效果。"或许是因为庶子身份，完颜亮生性敏感，不允许别人对大氏有丝毫不敬，反观大氏则与人为善，识得大体。

第一章　蛟龙潜匿隐沧波，且与虾蟆作混和

贞元元年（1153）四月，大氏身体抱恙，完颜亮十分着急，下诏以10万贯钱广征方药。不承想，大氏的病情日益加重。在弥留之际，大氏依然不忘叮嘱完颜亮一定要善待徒单氏，称明白完颜亮恐自己受委屈，不让徒单氏到中都的良苦用心，如今自己将要驾鹤西去，必定要接徒单氏来中都，像对待自己一样对待她。大氏死后，完颜亮将其与完颜宗干合葬于大房山（今北京房山区金陵），尊为慈宪皇后。

大氏一生行稳，虽然看起来不起眼，安分守拙，其背后实际上隐藏着的可能是渤海的贵族势力。海东盛国渤海国自从被辽朝太祖耶律阿保机灭国以后，渤海王族后裔大多迁至辽阳聚居。完颜亮生母就是渤海王族大氏的后裔。辽阳大氏在渤海遗民中具有举足轻重的影响，是金朝统治者重点笼络的对象。

这还要从女真与渤海的关系说起。从族属源流上追述，女真与渤海本为同源，皆出自靺鞨。女真源于黑水靺鞨，渤海则出于粟末靺鞨，二者有着自然的亲近感。

早在金太祖完颜阿骨打起兵反辽之初，就曾以女真和渤海本为一家为口号，拉拢渤海人共同对抗辽朝。渤海人在辽朝统治之下本就长期受到压迫，也曾反抗过几次辽朝，结果皆未能成事。此次完颜阿骨打振臂一呼，渤海人由感应召，遂决定了其与契丹

正隆南伐：图治之君的"疯狂"选择

人200年的纠葛，与女真组成坚定的反辽联盟。

渤海人坚定不移地跟随女真抗辽，二者之间的联盟使得渤海人在金朝建国后仍独居一席之地。除去重用渤海人，授予渤海人高官厚禄，金朝早在太祖完颜阿骨打之时，为了稳固与渤海的联盟关系，就已经开始选取辽阳渤海大族之女作为宗室的侧室。女真与渤海之间，以姻亲关系稳固统治的模式，成为有金一代的重要政策。金朝的9位皇帝中，至少有包括海陵王完颜亮在内的3位皇帝是渤海贵族之女所生。其他两位分别是金世宗和卫绍王。海陵王完颜亮的元妃也出自渤海世家。

完颜亮能够顺利发动政变，与其母大氏背后的渤海势力密不可分，否则也不会在即位之初，便忙着追赠母亲大氏一族：曾祖父坚嗣为司空，祖父臣宝为司徒，父亲昊天为太尉、国公，兄长兴国奴为开府仪同三司、卫国公。

借着渤海的势力，海陵王完颜亮迅速开始清除异己，对金朝宗室开启大肆屠杀，先后诛杀金太宗子孙70余人，完颜宗翰子孙30余人，完颜杲子孙百余人。其他宗室被诛者亦甚多。

可能是由于对宗室的杀戮太重，完颜亮担心遭到报复，愈加重视和信任渤海人。海陵王完颜亮统治的时间里，重用渤海官僚，其中最鲜明的代表人物即大抃和张浩。

第一章　蛟龙潜匿隐沧波，且与虾蟆作混和

大抃，本名挞不野，辽阳渤海人。大抃的祖上世代效命于辽朝，金太祖完颜阿骨打起兵反辽之时归降金朝。归顺金朝后，大抃曾先后跟随金将完颜阇母、完颜宗望、完颜宗弼南征北战，为金朝开疆拓土立下了汗马功劳。完颜亮登基后，大抃被任命为河南地区的行台尚书右丞相兼右副元帅，之后入朝拜尚书右丞相，封为神麓郡王。天德四年（1152），大抃为东京留守，贞元三年（1155），拜太傅，领三省事，累封汉国王。同年十二月，病逝。完颜亮为其大哭不已。金世宗时，大抃被列入衍庆宫亚次功臣之中。

大抃去世后，接任的是张浩。张浩为辽阳渤海人，张氏先人都曾在辽朝为官。其曾祖为辽金吾卫上将军、祖父为南海军节度使、父亲为右班殿直。张氏一族在辽太宗时随东丹国南迁而移居辽阳。金军天辅中攻占辽东，遂投奔金朝，被任命为承应御前文字。曾先后任秘书郎、大理卿、彰德军节度使、平阳尹、户部尚书等。田毂党案发生后，台省官员空缺，张浩负责主持六部事务，才干为人所信服。天德元年（1149）被召为户部尚书、参知政事。天德五年（1153）完颜亮迁都燕京，升燕京为中都。张浩以营建燕京有功，进拜平章政事。后拜尚书右丞相兼侍中、左丞相。完颜亮南征时，张浩留治尚书省事。大定二年（1162）金世

正隆南伐：图治之君的"疯狂"选择

宗即位后，张浩入京朝见，拜太师、尚书令、封南阳郡王。任尚书令期间，举荐纥石烈志宁等人才，说服金世宗坚持实行科举制度等。大定三年（1163），除判东京留守，因病无法赴任，请求致仕，不久去世。张浩从贞元三年（1155）至正隆六年（1161）独挑首相大梁期间，兢兢业业，任人唯贤，完颜亮对其也是言听计从，从无违背。

为了使自己安心，完颜亮宫中的近侍、护卫很多都换成了渤海人或者与渤海有特殊关系的人。直至完颜亮发动南伐战争，南下扬州遇弒时，守护在其身边唯一的保卫者就是渤海人大庆山。叛变发生的消息传出后，唯一整建制营救完颜亮的还是渤海人大磐。

完颜亮的生母大氏及其背后的渤海势力，增加了他夺取皇位的底气和稳固统治的力量。渤海人的政治势力，在海陵王完颜亮统治时期达到了一个新的高度。这就给了同样流着渤海人血液的金世宗完颜雍窃取皇位的机会。完颜雍的即位，反过来将渤海人的政治势力推上顶峰。一切事物发展自有定律，所谓"盛极而衰""月满则亏"，风光一时之后，渤海人又渐渐退出了金朝的政治舞台。

第一章　蛟龙潜匿隐沧波，且与虾蟆作混和

三、完颜亮与嫡母徒单氏

徒单氏是海陵王完颜亮的嫡母，完颜宗干的正室妻子。徒单氏一生无子，遂收养了完颜宗干侧室李氏所生长子完颜充，承欢膝下。这完颜充却是个不争气的家伙，与完颜亮同为熙宗皇帝的宰相，身居要职竟仍嗜酒如命，不顾身份体面。为此，徒单氏经常动怒，责骂完颜充不知深浅。相比之下，完颜亮则表现得恪尽职守，从不沉迷酒色，受到了徒单氏的喜爱。

尽管徒单氏颇偏爱完颜亮，素日温柔贤惠，对待下人多施以恩惠，与完颜亮生母大氏相处得亦十分融洽，但是，正妻与姜室的鲜明区别，使得完颜亮存在与生俱来的压迫感，内心常常不得自安，唯恐被徒单氏挑出一点错处。

徒单氏与海陵王完颜亮之间的芥蒂在完颜亮弑君登极之时便显现出来。完颜亮及其势力弑杀金熙宗，自立为帝的消息传到徒单氏居所时，她正在与金太祖的妃子萧氏闲谈。徒单氏与萧氏相顾愕然良久，只得感叹道，皇帝虽然失德，丧失民心，只是身为人臣又怎么能行弑君之事。后徒单氏入宫见完颜亮仍心存不满，并未进言祝贺新帝登基。由此，完颜亮开始记恨徒单氏，二人之间遂生嫌隙。

正隆南伐：图治之君的"疯狂"选择

使徒单氏与海陵王完颜亮之间的嫌隙加深的，就是徒单氏生日当天无视完颜亮生母大氏敬酒之事。这件事情之后，双方关系一直处于紧张状态。至天德四年（1152），完颜亮决定迁都至中都（今北京），带走了大氏和一众宗室、大臣，唯独把徒单氏留在了上京会宁府。徒单氏深知完颜亮依然记恨自己，独守内地的举动就是专门针对自己的，于是每每忧心恐惧，生怕有一天噩耗降临，不得保全性命。就这样日复一日地，每次完颜亮派遣使者探望，徒单氏必定重新更换衣服，静静等待命运的安排。

大概是徒单氏长居上京，不在完颜亮眼前，反倒缓和了两人的关系。其间，完颜亮曾在母亲大氏的劝解下，派遣秘书监纳合椿年前往上京为徒单氏贺寿。徒单氏本以为自己会这样一直孤身一人老死在上京，再也不用理会宫廷争斗，没想到大氏的临终遗言将她的命运彻底改写。

贞元元年（1153），完颜亮生母大氏病重，临终前叮嘱他徒单氏是嫡母，一定要将徒单氏接到中都，侍奉她就像侍奉自己一样才是正理。大氏去世后，完颜亮听从母亲遗言，于贞元三年（1155），趁右丞相仆散师恭和大宗正丞胡拔鲁前往上京迁陵之际，命二人接徒单氏至中都。行至广宁地界，完颜亮安排平章政事萧玉陪同徒单氏游览医巫闾山。行至沙流河，完颜亮迎谒梓宫

第一章　蛟龙潜匿隐沧波，且与虾蟆作混和

之后，谒见徒单皇太后，两人遂上演了一场母慈子孝的场面。

完颜亮令侍从准备杖棍跟随左右，至徒单氏面前扑通一声跪倒在地，以谢罪请罚。完颜亮说道：自己未能尽孝，与徒单氏之间久缺母子温情，请徒单氏痛笞自己，否则不能自安。一国之君亲自跪拜谢罪，徒单氏眼见完颜亮给足了自己面子，既然台阶已有，何不顺势而下。她立刻亲自扶起完颜亮，呵退那些持杖者。随后，徒单氏慈母般地对完颜亮说："平常人家有能继承家业的儿子，享百金之产，尚且疼爱不忍笞责，我有你这样的儿子，更不忍心笞责。"一时间前尘往事已去，二人多年的恩怨与隔阂似乎在这一刻烟消云散。

数日之后，徒单氏行至中都郊外，完颜亮率领文武百官早早恭候在此，迎接徒单氏入城居寿康宫。徒单太后入宫后休息片刻，完颜亮便率领后宫、大臣前来恭贺。众人不免畅饮一番，觥筹交错间，极欢才罢去。

自从徒单氏被完颜亮接到中都，母子二人起初和睦至极。完颜亮每日至徒单太后宫中请安，表现得十分恭顺。徒单氏起坐，他都亲自搀扶，徒单氏乘坐辇车，他就徒步跟随。完颜亮的行为受到了众人的一致称赞，连徒单太后都认为他是真的拿自己当亲生母亲来侍奉。时间一久，徒单太后全然忘记海陵王完颜亮的敏

感性格，欲以母亲的身份行教导之责。

其时海陵王完颜亮正在谋划南下攻宋，入徒单氏宫中告知自己的计划。完颜亮以为徒单氏一定会支持自己的谋宋大业，没想到她却一反常态力谏此事不可行。自此以后，完颜亮每次谒见徒单太后之后，回到住所都要大发雷霆。身边侍候之人皆不知其中缘由，也不敢询问太多。

徒单太后以为完颜亮对自己恭敬孝顺，就可以如大氏一般出言教导，全然不顾当初完颜亮将她接到中都也只是遵行大氏遗言，况且并不是专门行事，而是顺势而为。这样脆弱的母子之情，恐怕容不得一丝打击。如今徒单氏总是惹得完颜亮心情愤怒，可谓是引火上身，又回到整日战战兢兢，难以自安的状态。

及至完颜亮迁都汴京（今河南开封），徒单太后随居宁德宫。一日，徒单氏照常派侍婢高福娘到完颜亮处问起居，完颜亮竟然有意宠幸了高福娘。自此之后，高福娘成了完颜亮安插在徒单太后身边的眼线，凡事不论大小都要向他汇报。

说起高福娘，其实是有夫之妇，她的丈夫名叫特末哥，史书中对他的身份并没有详细的记载。特末哥是个无良之徒，不知是想修理徒单氏，还是要挑拨徒单氏母子关系，每每教唆高福娘将徒单氏的话添油加醋报告给完颜亮。他们夫妇二人，特别是高福

第一章 蛟龙潜匿隐沧波,且与虾蟆作混和

娘,格外受到海陵王完颜亮的青睐。后高福娘被封为郧国夫人,特末哥为泽州刺史。完颜亮将要出兵南征时,许诺高福娘等打仗归来必封其为妃,还不忘告诫特末哥喝酒之后不许殴打高福娘,否则回来就把他杀掉。完颜亮死后,夫妻二人也都伏诛。

自从得了高福娘,完颜亮能够时刻掌控徒单氏的一举一动。就这样度过许多日子,时逢金朝西北地区的契丹人揭竿反叛,形成以撒八为首的大规模反叛。完颜亮派枢密使仆散师恭出征平叛,出发前至徒单太后宫中辞行。徒单氏与仆散师恭谈论起时政,感慨道:"我大金朝世居上京,先是迁徙到中都,再迁至汴京,现今又要兴兵过江、淮,大肆伐宋,无异于疲弊我国家,我也曾劝谏过不能如此,奈何主上不听劝,眼下引发契丹人叛乱,我也是无可奈何呀。"这些话都被高福娘私下告知完颜亮。完颜亮听后怀疑仆散师恭与徒单太后有二心,杀意遂起,心里暗暗盘算起来。

思来想去完颜亮还是不放心,下定决心处死徒单氏,遂召见点检大怀忠、翰林待制翰论、尚衣局使虎特末、武库直长习失使入宁德宫执行任务,并派护卫高福、辞勒、蒲速翰率领兵士40人跟随。众人按照完颜亮的计划,借口皇帝有诏,令徒单太后下跪受命,趁机杀死徒单太后。单纯地杀死徒单氏仍然不能平息完

正隆南伐：图治之君的"疯狂"选择

颜亮的愤怒，又命人一把火烧了太后寝宫，把太后的尸骨扔到水里，其侍婢10多人也被一并处死。

徒单氏之死看似归咎于海陵王完颜亮对她的不满，实际却是各方势力纠缠其中的结果。先说与徒单太后频频见面的仆散师恭。仆散师恭本来出身微贱，是完颜亮的父亲完颜宗干慧眼识珠，经常周济他，提拔他为金熙宗的宿卫十人长。完颜亮谋逆时，拉拢仆散师恭入伙，正式行动的时间就选在他当值之日，众人得以直入熙宗寝殿。弑杀成功后，仆散师恭又首举完颜亮为皇帝。就算称仆散师恭为海陵登位成功的第一功臣也不为过。完颜亮也重用仆散师恭，其官至枢密使，就连迁至汴京的宅第，也赐在第一区，紧邻徒单太后的宁德宫。仆散师恭常常觐见太后徒单氏，自然会引起完颜亮的警惕。

总而言之，徒单太后与完颜亮的重臣交往甚密，再加上她早年过继的完颜宗干侧室之子完颜充的4个儿子都已经长大成人，都可以独当一面，作为继承人选。徒单氏平日又处处表现出对完颜亮的不满。诸多因素交织在一起，完颜亮再也不能坐视不理，必须除之而后快。

完颜亮以徒单氏之死为首发，接下来又进行了一系列的清除行动。紧接着，杀死完颜充的儿子檀奴、阿里白、元奴，只有耶

第一章　蛟龙潜匿隐沧波，且与虾蟆作混和

补儿逃至后来的金世宗完颜雍处。又借着镇压契丹反叛不利的时机，更换平叛主帅，召回仆散师恭，立即将其及族人处死。随后，完颜亮下令将与仆散师恭共同平叛的官员正法。

徒单氏作为女真贵族，同时作为完颜宗干的嫡妻，徒单太后的家族应该比侧室大氏的家族势力更强大。早在金朝建国之前，以徒单家族的地位，就已经独占鳌头。金昭祖完颜石鲁时期，开始与徒单氏联姻，其作为后妃家族也从此时慢慢登上金朝的历史舞台。有金一朝，统治者以政治联姻手段拉拢徒单氏家族，成为维护皇权的重要方式之一。

徒单氏部族中上自皇后、下至名臣，人数众多，显赫至极。海陵王完颜亮的皇后即为徒单家族成员。支持和参加海陵宫廷政变活动的骨干力量就是与完颜宗干有姻亲关系的徒单家族成员，一位是与完颜宗干家族世代联姻的徒单阿里出虎，另一位是海陵王的妹夫徒单贞。徒单太后嫁给完颜宗干为嫡妻，背后也是家族势力的影响。完颜亮登基初期尊徒单太后，接至身边尽孝也有对其家族势力的考量。徒单太后与完颜亮脆弱的关系纽带仅限于此，也命丧于此。

徒单氏作为一朝太后，有家族作靠山，膝下有可以扶植的新皇位候选人，又与完颜亮的重臣交往过密。件件桩桩叠加在一

起，不得不令完颜亮感觉皇权受到威胁。自古凉薄帝王心，无论徒单太后曾经是否真的起过废除海陵之意，猜忌一起，其走向死亡的归宿也只能是命运使然。

四、完颜亮早年的成长经历

海陵王完颜亮，字元功，本名为迪古乃，出生于金太祖天辅六年（1122）正月十六日。此时距离金朝建国仅仅7年，新生政权正充满活力，处于迅速发展阶段。金朝统治者忙着向南拓土的同时，也进行诸方面的改革。

完颜亮出生的前几年，金太祖曾于天辅二年（1118），下令广求博学雄才之士，由此开启了金朝的"借才异代"之路。此后，女真有了自己的文字，文化氛围逐渐浓厚起来，儒家思想和儒学教育成为统治者与宗室贵族的学习重点。

完颜亮的父亲完颜宗干颇有远见，为了保证子女教育水平，专程将当时有名的儒士张用直聘请回府中，给完颜亮兄弟授课。兄弟俩自小便受到良好的教育氛围熏陶。完颜亮在受教育方面比其他女真贵族多几分优势，亲生母亲大氏身为渤海皇族后人，知书达礼，教习完颜亮舞文弄墨也是常有的事。

第一章　蛟龙潜匿隐沧波，且与虾蟆作混和

完颜亮本人也酷爱读书，象棋、点茶等风流儒士的做派与品行一样都不曾落下。昔日有偶然见到完颜亮的人，无不夸赞其聪慧，旁人冷眼观其行事作风皆言日后必能成大器。等年纪稍长一些，完颜亮已出落成翩翩少年，神情闲静深远，举止、言语间大方得体，平易近人。

完颜亮年少时多次将自己的潜龙之志寄托于像《书壁述怀》之类的诗作中。皇统六年（1146）正月，金熙宗封太祖诸孙为王。最初被封为岐王的完颜亮，某日因事出使，至一处驿站歇脚，无意间瞥见一丛翠竹，诗兴大发。诗曰：

孤驿潇潇竹一丛，不同凡卉媚春风。
我心正与君相似，只待云梢拂碧空。

在完颜亮眼中，出使道路上孤零零的驿站内，野蛮生长着的这丛坚毅的劲竹，不同于那些平凡的花卉谄媚东风，随风摇摆。夸赞完竹子，他又自顾自地对竹子鼓励道：我的心和你是一样的，让我们都静静等待云梢拂空的时机到来吧。

完颜亮自小接受汉文化教育，在女真贵族之中属实称得上才华横溢。热爱诗赋的他，将自己的心声和目标寄寓诗作。完颜亮

的创作不仅表达个人感情，还描绘了北方的风俗地貌，再现了金宋之间的战和关系。其诗风兼具南风北骨，体现出南北文化的无限碰撞与交流。相较于历史上的诗文大家，他的诗虽造诣不深，但带着朴野雄志的原生态之美，给文坛带来了不事雕琢的清新之气。在完颜亮登上皇位之后，就废除了科举考试中的南北选制和儒学经义科，改为只考词赋。抛开为了加强皇权的目的，完颜亮对于词赋的热爱可见一斑。

自小在完颜宗干羽翼之下的完颜亮并不缺乏政治头脑，在祖宗先辈、当朝将帅秣马厉兵拓土的热血时期，这位有志少年缺少的是战场历练。金熙宗天眷三年（1140），完颜亮年满18岁，以宗室之子的身份为奉国上将军。此时他的父亲完颜宗干位高权重，身体状态却日渐不佳，大概是出于为人父的忧虑，完颜宗干决定寻得时机让完颜亮离开自己身边，出外锻炼一下。没过多久，机会就来了。当时的梁王完颜宗弼（金兀术）在与宋朝拉锯间，再次获取黄河之地，正在打算发起下一步攻势，完颜亮与金源郡王完颜勖之子完颜宗秀一同被派往完颜宗弼军中任职。

完颜勖是金太祖完颜阿骨打的堂弟，金穆宗完颜盈歌的第五子，能够封为金源郡王，以金源为郡望表明其地位之高。郡望即地望、郡姓，郡是行政区划，望是名门望族，郡望连用即表示某

第一章 蛟龙潜匿隐沧波，且与虾蟆作混和

一地域或范围内的名门大族。郡望最初在战国至汉朝是作为原籍郡名的标识，汉以后郡望逐渐发展成为某一地域名门望族的概念，作为姓氏文化的郡望逐渐被以家族地望明贵贱的郡望观念所取代。魏晋南北朝时期，士族成为最活跃、最有影响力的社会阶层。门阀士族在家族姓氏之前标注他们原来的籍贯郡名，以表示其为名门显贵，郡望成为门阀士族识别身份贵贱和标注社会地位的重要手段。进入唐朝，士族门阀虽然日益衰退，但是郡望作为身份标识符号的观念依旧流行。这就导致唐朝时人所称某郡某人常常与本人及其祖先并没有实际关系，仅成为门阀的一种标识。也正是因为郡望观念为时人所推崇，封爵与郡望相结合的制度才应运而生。

金熙宗天眷官制改革的一项重要内容就是定封国制，在确立大、次、小三等封国之号的同时，郡王封爵也由此确立。金朝封王之郡号有金源、广平、平原、南阳、常山、太原、平阳、东平、安定、延安、钜鹿、河内、神麓、漆水、天水、兰陵、临淄、胶西等。这些封王郡号出现在不同时期，是金朝学习中原王朝将封爵与郡望相结合的产物。其中，"金源"是女真人的肇兴之地，对其具有特殊意义，故金源郡王在金朝郡王封爵体系中的位次和地位最高、最重。

正隆南伐：图治之君的"疯狂"选择

金源郡王的群体构成多为金朝的宗室、勋贵，在政治和军事舞台上发挥了重要作用。根据现有文献的记载，金朝享有"金源郡王"称号者有17位大臣。他们分别是：完颜撒改、完颜忠、纥石烈志宁、完颜希尹、完颜斡鲁、完颜娄室、完颜杲、完颜习不失、完颜银术可、完颜按答海、完颜宗雄、完颜勖、纥石烈良弼、徒单克宁、石土门、夏全。金章宗完颜璟登基之前，也曾在金世宗大定十八年（1178）被封为金源郡王。从已知的这17位金源郡王出身看，来自完颜阿骨打家族和完颜部族的郡王有13位，占据了金源郡王封号的一多半。这说明金源郡王的群体构成基本以完颜阿骨打家族和完颜部族为主体，完颜部在金朝拥有绝对的核心统治地位。诸金源郡王都是有着突出的军事或政治方面的贡献，特别是在反辽灭宋、维护金朝统治中具有突出的表现，反映了当时女真民族勇于拼搏的民族精神。金熙宗完颜亶和海陵王完颜亮统治前期是金朝各项制度不断完善的阶段，封爵成为他们巩固统治、拉拢人心的重要手段。金朝这一时期的封爵具有等级高、规模大、范围广的特点，金源郡王并不是女真封爵的首选，封爵为国号王者较为常见。随着统治的逐步稳固，完颜亮正隆年间为了加强皇权采取限制高爵的"例降"封爵政策，国号王爵成为禁封爵位，郡王成为显爵。由此，金源郡王便成为封授女

第一章　蛟龙潜匿隐沧波，且与虾蟆作混和

真开国元勋的最佳爵位。

完颜亮与完颜宗秀一同被派往完颜宗弼军中历练，可以看出二人都是金朝宗室中的新秀。完颜宗弼出于对完颜亮的爱惜，在其到达军中之后，任命为行军万户，后迁骠骑上将军。在文献记载中未见其冲锋陷阵的场面，也就没有什么显赫军功可言。完颜亮在后来的回忆中说过，金熙宗天眷三年（1140）十二月，宋朝派兵意欲渡江，完颜宗弼率军向宋朝淮西地区发动进攻时，自己曾跟随作战。后来完颜宗弼又进行了系列小规模作战，想必完颜亮亦在其中。完颜亮在金朝与宋朝的战争中受到了磨炼，在军中结识了一些好友。重要者如金代著名文人蔡松年。

蔡松年本为北宋真定人。宋徽宗宣和末年，其父蔡靖守燕山府，蔡松年从父军中。燕山府失守，蔡松年随父入金，为金元帅府令史。蔡松年跟随元帅府伐宋，师还，完颜宗弼为左丞相，推荐蔡松年为刑部员外郎，迁左司员外郎。完颜亮和蔡松年就是在完颜宗弼军中相识的。完颜亮弑熙宗自立后，擢蔡松年为吏部侍郎，不久又迁户部尚书。完颜亮迁都，徙榷货物实都城，恢复钞引法等措施，皆与蔡松年有关。完颜亮筹谋南伐，以蔡松年先世为宋朝旧臣，提拔其至吏部尚书，以"耸南人观听"。后又迁其为尚书左丞相，终拜右丞相。正隆四年（1159）南伐之前，蔡松

正隆南伐：图治之君的"疯狂"选择

年去世，归葬祖籍真定。作为著名的文人和文官，蔡松年对完颜亮的决策起到了不可替代的作用。试想假如蔡松年活到了海陵王完颜亮被弑之时，恐怕也不得全身而退。

亲历战争的完颜亮观察到了民生疾苦，一景一物皆能勾起他心底的感伤。一日，完颜亮经过汝阴之地，夕阳欲要坠入地平线，周围景物浸染在倾斜的余晖中。此情此景，他不由得有感而发，作诗一首：

> 门掩黄昏染绿苔，那回踪迹半尘埃。
> 空亭日暮鸟争噪，幽径草深人未来。
> 数仞假山当户牖，一池春水绕楼台。
> 繁花不识兴亡地，犹倚阑干次第开。

完颜亮借助日暮黄昏的伤怀气氛，描述人去草深，群鸟争噪，空亭只有假山作窗，仅留一池春水独绕楼台的场景。他感叹繁花不知何为兴亡之地，仍犹自倚栏杆争相开放。完颜亮以繁花与凋敝残破的景象进行对比，暗示繁花不知人间疾苦，自顾而开，来表达自己忧国忧民的思想。此时的完颜亮还是意气风发，心怀天下的少年郎。

第一章　蛟龙潜匿隐沧波，且与虾蟆作混和

经过战场磨砺的完颜亮越发成熟。皇统四年（1144），此时完颜宗干已经去世。金熙宗出于对完颜宗干的深厚感情，爱屋及乌，重用他的后代，特别是文武双全的完颜亮。完颜亮加龙虎卫上将军，被任命为中京留守。

在中京留守任上，完颜亮结识了奚人萧裕。萧裕本来以猛安身份居住在中京，完颜亮经常与他谈论天下大事。萧裕十分聪明，善于揣度人心，通过与完颜亮不断地交流，他敏锐地察觉到完颜亮对帝位的觊觎之心。萧裕趁两人密会之时，悄悄表明心意：留守您的父亲先太师，是太祖长子，您德望如此，民心、天意当归属于您，如果您有志成大事，我愿意竭尽全力跟随。萧裕一番话正中完颜亮下怀，两人不禁促膝长谈，谋划日后如何成事。

精明的萧裕开启了完颜亮的谋逆之路，在完颜亮的重要履历中都有他的影子。皇统七年（1147）五月，完颜亮被从中京留守任上召回，担任同判大宗正事，官阶升为从二品中阶的特进。大宗正府是金代主管皇族事务的机构，设有判大宗正事、同判大宗正事等职。金章宗泰和六年（1206）避睿宗讳，改为大睦亲府，职官名称亦随之改变。同判大宗正事为从二品，是大宗正府仅次于从一品判大宗正事的官员，是一个比较清闲的职务。完颜亮任

此职时间不长，同年十月，就继已离任出为行台平章政事的完颜宗宪为尚书左丞。

出任丞相不久，完颜亮便立刻将萧裕自中京调至中央为兵部侍郎。后来因引起金熙宗不满，完颜亮被降职外任，领行台尚书省事（设于汴京），赴任路过北京，专程与萧裕商量谋逆事。完颜亮让萧裕等他到任建位立号，拿下两河，举兵向北之时，聚集手下诸猛安共同北上。事情未能如约遂罢。后等弑杀金熙宗事成，立萧裕为秘书监。

其实，在完全发迹之前，完颜亮是个非常善于藏拙的人。他平日里将内心城府隐藏起来，常人并不能看出其心中真正所想，更未能觉察他内心压抑着的豪情壮志。这里唯有萧裕例外。正是因为两人之间初识即知己的特殊关系，完颜亮在遭到萧裕的背叛之后才痛心不已。此为后话。

如同与萧裕的惺惺相惜，完颜亮平日里擅长搜罗各方面人才，拉拢文人雅士。诸如萧永祺，自幼好学，熟识契丹大小字，继承耶律固遗志，编成《辽史》纪30卷、志5卷、传40卷。完颜亮给予他亲人般的礼遇，登基后他也受到重用。完颜亮心如明镜，他清楚家族势力在当朝的重要性，便私下结交有势力、有名望的贵族子孙，静待日后派上用场。

第一章　蛟龙潜匿隐沧波，且与虾蟆作混和

在父亲光环加持下的完颜亮一路顺风顺水。金熙宗皇统八年（1148）六月，完颜亮拜平章政事。同年十月完颜宗弼（金兀术）去世，金熙宗又失去一位忠心的老臣。完颜亮成为金熙宗在朝中更为重要的得力人手，十一月任左丞相兼侍中，十二月升为右丞相。皇统九年（1149）正月，完颜亮兼任都元帅。

金朝的都元帅府始设于天会三年（1125），是金朝最高的军事机构，最高长官为都元帅。金太宗时以都勃极烈兼领都元帅，金熙宗则常以三公兼领都元帅。海陵王完颜亮时，都元帅府被枢密院取代。完颜亮兼领都元帅，得到了金熙宗的无限荣宠，可谓权倾朝野，风光无限。一时间阿谀奉承、趋炎附势之人门庭若市。俗话说，得意者易忘形，得势的完颜亮有时也会按捺不住，说出一些僭越之语。完颜亮最有名的"吾有三志"即出自这一时期。

当时的完颜亮与尚书省令史高怀贞私下闲谈，言语间论及各自的志向，完颜亮趁机放出豪言，称自己有三大志向：一是国家大事皆由我做主；二是率军伐不从者；三是得天下绝色为妻。完颜亮俨然一副君王的模样，已经超出了为人臣的本分，高怀贞自然明白他心中所想。二人此番谈话内容不胫而走，那些谄媚之辈争相进言讨完颜亮欢心。其中有大定县丞张忠辅，对完颜亮说自

正隆南伐：图治之君的"疯狂"选择

己梦到完颜亮与金熙宗击球，完颜亮乘马一冲而过，熙宗遂坠下马去，张忠辅暗示完颜亮将取代金熙宗称帝，果然引得完颜亮喜不自胜。

完颜亮虽然在众人面前趾高气扬，在金熙宗面前却总是装作一副谦卑恭敬的样子。当金熙宗与其谈及太祖创业艰辛，完颜亮呜咽流涕不止，给金熙宗造成一种重情重义、爱惜祖宗基业的假象，进而对他愈加信任。然而，终究纸包不住火，金熙宗通过周围人对完颜亮的行为态度，时不时地感受到危险的气息，但也只能恩威并施，不忍真正处置完颜亮。

皇统九年（1149）正月十六日，完颜亮生日这天，金熙宗派内侍大兴国赐其生日礼物，大兴国一并将皇后裴满氏的礼物赐赠给完颜亮。当时熙宗与皇后的关系恶劣，这一举动引起了熙宗的不满，怀疑他们之间有什么勾结，遂杖责大兴国，追讨回赐物，降完颜亮为左丞相。虽然没有追责完颜亮，但完颜亮心中已经感到不安，生怕引起熙宗的猜忌。同年三月，金熙宗任命完颜亮为太保，领三省事，剥夺其实权。

这件事发生后不久，一日夜里狂风骤雨，忽然一道闪电击中金熙宗寝殿的鸱尾，引起天火烧入室内帷幔，吓得熙宗慌忙到别殿躲避。对一朝天子来讲，天有异象本就不吉利，偏偏民间谣传

第一章 蛟龙潜匿隐沧波，且与虾蟆作混和

有两条龙在河里大战，引起大风浪，伤及百姓。金熙宗无奈准备下罪己诏。

草拟罪己诏书的差事落到了翰林学士张钧头上。在汉儒张钧的认知里，罪己诏态度应该诚恳，将皇帝贬得越低，才越能得到上天的宽恕。按照这个想法，张钧草拟出罪己诏书，呈给熙宗和诸位宰相审阅。参知政事萧肄是御前红人，与完颜亮交恶，故意摘录奏诏书内容，污蔑张钧借机诟骂熙宗。金熙宗一气之下，当着诸多大臣的面杀掉了张钧。事后，金熙宗调查张钧是受谁指使，左丞相宗贤说是完颜亮所为。诚然，事实的真相已不得而知，但结果是熙宗大发雷霆，将完颜亮贬出领行台尚书省事，故有完颜亮至北京与萧裕策划谋反之事。

等金熙宗平复好心情，又把行至良乡的完颜亮召回朝廷，官复原位。经此一事，一向老到的完颜亮内心也惶恐起来，担心性命随时不保。后来金熙宗行事愈加疯狂，不得人心，完颜亮抓住机会取而代之。

就完颜亮个人的成长经历来讲，他的父亲是国朝重臣，母亲是渤海皇族之后，他并不缺乏物质与精神上的享受。完整的家庭教育和生长环境，造就了他聪明的政治头脑和善于藏拙的高情商。

正隆南伐：图治之君的"疯狂"选择

对庶出身份颇为敏感的完颜亮，常常感叹命运的不公。因为父亲完颜宗干是祖父金太祖的庶子，在皇位继承斗争中失败，而自己是父亲的庶子，也没有被徒单氏收养，甚至都没有权利参与皇位争夺。虽然完颜亮和金熙宗只差了3岁，但他确实没有嫡出这样与生俱来的光环，他也明白这是自己争不来的。所谓"关山难越"，无人替他这个失路之人指明方向。

当然，完颜亮并没有被这样的枷锁轻易困住。大丈夫当立鸿鹄之志，应有不屈之心，是完颜亮对自己人生的不断勉励。这也是他日后继承父亲完颜宗干、叔父完颜宗弼南下政策的动力源泉。为此，他极力打造自己的完美人设，四面拉拢，瞅准时机为自己造势，得以逆风翻盘，坐拥千万里的锦绣河山。

第二章

一朝扬汝名天下,也学君王著赭黄

> 绿叶枝头金缕装,秋深自有别般香。
>
> 一朝扬汝名天下,也学君王著赭黄。

退朝返回家中的完颜亮,踱步至后庭,见妻子室内花瓶之中盛放着几株岩桂,很是雅致。他诗兴大发,随即便写下这首《见几间有岩桂植瓶中索笔赋》,又名《题岩桂》。此诗直抒胸臆,表面看似咏桂花,实则是完颜亮以岩桂自喻。完颜亮以为,眼下自己虽身为人臣，他日若干出一番事业，就将黄袍加身，取而代之。为此，完颜亮未雨绸缪，取得金熙宗的信任，趁熙宗完颜亶近乎魔怔，失去人心时"著赭黄"之成。

一、金熙宗即位与治国

完颜亮有机会成为金朝之主，与金熙宗在位的前后期变化密切相关。金熙宗完颜亶，女真名合剌，是金太祖完颜阿骨打的嫡长孙、完颜宗峻的长子。天会十年（1132），被金太宗立为谙班勃极烈，成为法定皇位继承人。天会十三年（1135），袭太宗天会年号即位，是为熙宗。

金熙宗即位时，年纪尚小。随着形势的变化，金熙宗需要因时制宜地进行一些改革。在完颜亮父亲完颜宗干等一批老臣的辅佐下，循序渐进地建立了一些功业。政治上，改革女真旧制，废除勃极烈制度，设太师、太傅、太保三师，尚书、中书、门下三省。实行"天眷新制"，颁行官制、换官格，确定封国制度，规定百官仪制与服色。文化上，创造女真小字，与契丹字和汉字共为金朝境内的通用文字。对宋关系上，金熙宗在位期间与南宋进行过两次议和。第一次是天眷元年（宋绍兴八年，1138），按

第二章　一朝扬汝名天下，也学君王著赭黄

照金朝的纪年，称为"天眷议和"。第二次是皇统元年（宋绍兴十一年，1141），按照金朝纪年称为"皇统议和"。

史书并未记载"天眷议和"的具体内容，经学者归纳整理主要有几个方面：第一，宋金以黄河为界，金朝将刘豫管辖的河南陕西之地交还给宋朝。第二，南宋向金朝称臣。第三，南宋每年向金朝交纳岁贡银绢共50万匹、两。第四，金朝许诺归还宋徽宗、显肃皇后梓宫和宋高宗之母韦氏。根据金宋两朝当时的形势，天眷议和的内容，金朝确实在土地等方面作出了重大让步，但与宋朝确立了君臣关系。

"皇统议和"的内容大致为：第一，南宋向金朝称臣，南宋皇帝须由金朝皇帝册封，世世代代谨守臣节；第二，划定疆界，东以淮河中流为界，西以大散关（陕西宝鸡西南）为界，宋割唐（今河南唐河）、邓（今河南邓州）二州予金，自邓州西40里，并南40里属邓州，其40里外并西南地区归属宋朝光化军；第三，南宋每年向金贡献银25万两，绢25万匹，并于每年春季派人运送至泗州向金朝交纳，称为"岁贡"；第四，双方皇帝的生辰及正旦，对方都须遣使祝贺；第五，燕京以南、淮河以北流亡南方之人，若愿北归，南宋不得阻拦，反之，则南宋必须遣还，和议签订后，双方均不得招纳叛亡；第六，金朝同意将宋徽宗、显肃

正隆南伐：图治之君的"疯狂"选择

皇后梓宫及懿节皇后、宋高宗母韦氏等归还宋朝。

"皇统和议"签订以后，金宋结束了长期的战争生活，开始走上和平相处之路。宋人刘望之曾作诗形容当时的情形："一纸盟书换战尘，万方呼舞却沾巾。"对于金朝来说，未能灭亡南宋，却也获得了土地、财物与身份地位。此次和议是金宋关系史上的一次重大转折，是熙宗统治期间的一大功绩。

金熙宗自小接受儒家教育，曾受教于汉人儒士韩昉，可以用汉文赋诗作字，即位以后也励精图治，勤于汉文典籍和史书的学习，关注历代的治乱兴衰。金熙宗本人已经失去女真本态，看起来宛然一汉家少年天子。如果不是经历了长期的党争和一系列变故，金熙宗可能不会变得越来越暴戾，疑心病愈加严重。历史不可假设，回过头来看，金熙宗的变化还得从金朝内部的派系之争讲起。

金熙宗完颜亶起初并不是金太宗选择皇位继承人的属意人选，他的登位是多方势力制衡的结果。在完颜亶即位前，完颜宗翰等人唯恐金太宗违反祖宗旧制，将帝位传给其长子完颜宗磐，于是便纠集完颜宗干、完颜宗辅等人共同请求金太宗立完颜亶为谙班勃极烈。

完颜宗翰，本名粘没喝、粘罕，是国相撒改的长子。完颜宗

第二章 一朝扬汝名天下，也学君王著赭黄

翰早年参与拥立完颜阿骨打以及对辽战争。曾奏谏灭辽，跟随完颜杲攻克中京大定府，追击辽朝天祚帝。天会三年（1125），与完颜宗望请求伐宋。天会五年（1127），擒获宋朝徽、钦二帝北还。后与完颜宗干、完颜希尹等人奏请金太宗立后来的金熙宗完颜亶为谙班勃极烈。天会八年（1130），任国论右勃极烈，兼都元帅。金熙宗即位后，拜太保、尚书令，领三省事，封晋国王。天会十四年（1136）病逝，追封周宋国王。海陵王完颜亮正隆二年（1157），例封金源郡王。金世宗大定年间，改赠秦王，谥号桓忠，配享金太祖庙廷。完颜宗翰在金朝地位极高，他的能力也受到后世史家的认可。《金史》"赞"称完颜宗翰内能谋国，外能谋敌，决策制胜，有古名将之风。明代史家王世贞指出自古入主中原的边疆民族都不如金朝，而金朝之所以可以得志，则皆是宗翰（粘罕）之功。如果宗翰不死，宋朝能不能保全江山也未可知。

完颜宗磐，本名蒲鲁虎，金太宗完颜晟之子，母亲是钦仁皇后唐括氏。完颜宗磐始终参与起兵灭辽和攻宋战争。天会十年（1132），为国论忽鲁勃极烈。金熙宗即位，为尚书令、封宋国王。不久，拜太师，与完颜宗干、完颜宗翰并领三省事。天会十七年（1139）被金熙宗以谋反罪处死。

正隆南伐：图治之君的"疯狂"选择

完颜宗辅，本名讹里朵，金太祖完颜阿骨打的第五子。跟随完颜阿骨打四出征战，侍从左右。历经起兵反辽与攻宋战争。天会五年（1127）任右副元帅，驻军燕京。后又破宋将张浚于富平，平定陕西五路。天会十三年（1135）去世，追封潞王。皇统六年（1146），进冀国王。金世宗大定元年（1161）追谥立德显仁启圣广运文武简肃皇帝，庙号睿宗，葬于大房山。

金朝统治集团内部的矛盾与斗争比较激烈，这些有权势的人大致可以分为四派：完颜宗翰、完颜希尹一派；完颜宗磐一派；挞懒一派；完颜宗干、完颜宗弼一派。因此，少年皇帝一登台，便面临着复杂的派系斗争需要解决。

早在金太祖完颜阿骨打统治时期，完颜宗翰就与完颜希尹等人联合在一起。出于对宋战争的需要，军权主要掌握在两大派手中。西南、西北两路都统要职由完颜宗翰担任，燕京方面交给完颜宗望掌控。金太宗时期仍以完颜宗翰和完颜宗望共总戎事，便出现了东、西两朝廷。

完颜宗望，本名斡鲁补，金太祖完颜阿骨打的次子。其人英勇善战，金太祖出兵征伐四方，完颜宗望常伴左右。曾参与灭辽、攻宋战争。天会五年（1127）六月病逝。天会十三年（1135）追封魏王。天德二年（1150）赠太师，加辽燕国王，配享太宗庙廷。

第二章　一朝扬汝名天下，也学君王著赭黄

大定三年（1163），改封宋国王。

完颜宗翰一派为扩大自己的势力，采取了一系列办法，一步步将大权掌握在自己手中，形成一个庞大的派系集团。完颜宗翰一派并在燕京枢密院后，迅速派自己的心腹高庆裔设置磨勘法，排斥和打击异己分子。磨勘法，就是通过勘察官员政绩来任命和使用官员的一种考核方式。完颜宗翰这么做的目的主要是为了打击先前负责燕京的完颜宗望及其部下刘彦宗所推荐提拔的人才。接着，完颜宗翰以燕京人韩企先代替刘彦宗主枢密院事。韩企先随之成为完颜宗翰一派的重要人物。完颜宗翰集团势力的发展威胁到皇权的存在，同时也是阻碍了金朝统治者推行汉化改革。金太宗在世时，就曾设法限制和夺回由完颜宗翰一派所控制的元帅府的部分权势。如天会十一年（1133）八月，金太宗下诏将之前元帅府自择人授官的模式改为从朝廷选注。

完颜宗翰集团在当时的权势是最大的。因此，金熙宗即位后，在养父完颜宗干的支持下，第一步就是向完颜宗翰一派开刀。

金熙宗一方面废除中央勃极烈，改用三省制，以相位易完颜宗翰一派的兵权，以国论右勃极烈、都元帅完颜宗翰为太保、领三省事，其地位在完颜宗磐与完颜宗干之下。另一方面把韩企

先、高庆裔等可能与完颜宗翰在外联络的人，以各种理由调入中央做官，伺机除掉他们。具体是以元帅左监军完颜希尹为尚书左丞相兼侍中。以燕京枢密院事韩企先为尚书右丞相、西京留守高庆裔为尚书左丞、平阳尹萧庆为尚书右丞。这是金熙宗完颜亶等人在与完颜宗翰势力的斗争中所采取的一个很重要的步骤。接着，金熙宗利用完颜宗磐与完颜宗翰一系的矛盾，于天会十五年（1137）六月，杀死完颜宗翰的心腹高庆裔。同年七月，完颜宗翰也愤恨而死。完颜宗翰一死，其生前所有事皆废罢。紧接着，完颜亶便把斗争的矛头指向刘豫。在完颜宗弼的策划下，他联合完颜挞懒废除了刘豫，使完颜宗弼领行台尚书省。

接下来，金熙宗将矛头指向完颜宗磐。作为金太宗的嫡子，完颜宗磐对于金熙宗完颜亶继承皇位一直耿耿于怀，对完颜宗干一众人等极为不满，暗地里结党营私阴谋造反。完颜宗磐位在完颜宗干之上，日益跋扈，越来越骄恣，甚至在熙宗面前持刀要杀完颜宗干，都点检萧仲恭呵之。完颜宗磐与挞懒勾结在一起，熙宗用太祖之子完颜宗隽来帮助自己，任完颜宗隽为左丞相，又升太保、领三省事。相反，完颜宗隽也与完颜宗磐勾结在一起。金熙宗为利用完颜宗翰派的完颜希尹与完颜宗磐的矛盾，在完颜宗干的举荐下，金熙宗将在外的完颜希尹召回朝廷对抗完颜宗磐

第二章 一朝扬汝名天下，也学君王著赭黄

势力。天眷二年（1139）六月，郎君吴十谋反，事涉完颜宗磐一派。同年七月，金熙宗召完颜宗磐和完颜宗隽入朝，命完颜宗干、完颜希尹等乘其不备将他们拿下，并以企图谋反罪将他们处死。接下来，完颜宗弼借着挞懒曾与宋朝有通赂遗的行为，在宋金和议中倡议将河南、陕西之地割与宋朝的罪名杀了挞懒。至此，完颜宗翰和完颜宗磐、挞懒几派的核心成员已经基本被剪除。金熙宗天眷三年（1140）九月，完颜希尹、萧庆也相继被诛杀。继而，金熙宗利用完颜宗弼新扶植起来的士大夫，如蔡松年、许霖、曹望之、张之周之流与旧辽官僚集团的矛盾，发起了"田毂之狱"，趁机绞杀田毂和其同党多人。如此一来，作为完颜宗翰一派的韩企先势力就被消灭。也就是说，"田毂之狱"的发起与最终结果，实际上是金熙宗消除完颜宗翰旧势力的最后一个步骤。

历经多年的斗争，金熙宗在完颜宗干等人的帮助下清除了朝中的反叛势力。就在金熙宗以为可以大展拳脚之时，他的养父完颜宗干永远离开了他，失去主心骨的熙宗开始酗酒。此时的熙宗面对大臣的劝谏，还能以君王气度听进去，却总是忍不住借酒消愁。

这种状态一直到皇统二年（1142）二月，裴满皇后于天开殿

正隆南伐：图治之君的"疯狂"选择

生皇子完颜济安才有所改善。熙宗时年24岁，依照古代已经算晚育了。故而金熙宗对此子降生非常欢喜，自己终于后继有人了，立刻将喜讯驰报明德宫太皇太后。为了表示对完颜济安的重视，金熙宗在他出生五日时大赦天下，以示恩惠。完颜济安满月时，金熙宗又大肆祈告天地宗庙，册封其为皇太子，成为皇位继承人。

可惜造化弄人，寄予的期望越高，失望也就越大。皇统二年（1142）十二月，皇太子济安突然患上重病。为了使济安的病情好转，熙宗和皇后裴满氏亲赴佛寺焚香祈福，熙宗还赦免了500里内的囚犯。但都无济于事，皇太子济安最终还是离他们而去。皇太子去世后，金熙宗于皇统三年（1143）将另一子道济封为魏王，封其母为贤妃。由于裴满皇后的百般阻挠，道济并未被立为皇储，甚至于在皇统四年（1144），被熙宗一怒之下杀死。至此，金熙宗再无子嗣。这就导致他愈加暴戾，酗酒更加严重。

失去了皇位继承人之所以是金熙宗心态崩溃的原因之一，是因为皇子济安不仅是熙宗的儿子，也是熙宗试图推翻女真旧制度，建立新的皇太子制度的寄托。

金朝建立前自始祖至景祖时期，其首领任命采取的是父死子继的继承方式。世祖至康宗时期，为了统一诸部，采取的是兄终

第二章　一朝扬汝名天下，也学君王著赭黄

弟及的继承方式，即正室所出的嫡亲兄弟之间继承，庶出者没有资格继承。如果出现上一代嫡亲兄弟已绝的情况，则传于嫡亲兄长之子，开始新一轮的兄终弟及的继承。金太祖完颜阿骨打、金太宗完颜晟皆曾任代表储君的谙班勃极烈之职，以兄终弟及继承皇位。

金太宗自其弟谙班勃极烈在他之前去世，就萌生了立自己的儿子完颜宗磐为储君的想法，碍于祖宗之法，遭到多方势力的反对，不得已选择金熙宗继承皇位。金太宗朝立储之争的是嫡长子制与兄终弟及制之间的斗争，本质上也是中原汉制与女真旧制之间的斗争。同样的，金熙宗登位之后，在剪除一众反对派势力后，着力于废除女真旧制，实行汉制，其中废除的就包括勃极烈制度。

勃极烈制度已废除，新的皇位继承制度尚未形成。为了巩固和加强皇权，金熙宗自然希望自己的嫡子能够继承皇位。可叹终究是黄粱一梦，随着济安的离世，金熙宗此后再无嫡子继承他的大统，他只能把无限的遗憾和惆怅寄托在酒中。

金熙宗立皇太子的这番尝试，为后来金朝的皇帝所继承并形成制度。或许是命运使然，金朝几乎没有一位皇帝是嫡长子以皇太子的身份继承皇位。金熙宗被完颜亮弑杀，完颜亮登基算得上

正隆南伐：图治之君的"疯狂"选择

是实行皇太子继承制之后的第一次兄终弟及。完颜亮登基后，立长子完颜光英为皇太子。十二年后的正隆六年（1161）完颜亮堂弟完颜雍在辽阳自立，完颜亮被杀，后完颜雍入中都即位，是为金世宗。这是皇位继承的又一次兄终弟及。金世宗登基后，立长子完颜允恭为皇太子。但完颜允恭在大定二十六年（1186）就去世了，没来得及登基。大定二十九年（1189），金世宗驾崩，遗命完颜允恭嫡子完颜璟即位，是为金章宗。

金章宗在位20年，儿子皆早夭，并未立皇太子。他去世后，遗命叔父卫王完颜永济即位，是为金卫绍王。卫绍王曾于大安二年（1210）立长子完颜从恪为皇太子，但三年之后卫绍王被叛臣胡沙虎弑杀，完颜从恪被废黜。卫绍王死后，金章宗的庶兄完颜珣被拥立为帝，是为金宣宗。金宣宗登基后，立长子完颜守忠为皇太子，守忠于贞祐三年（1215）患病去世。金宣宗改立第三子完颜守绪为皇太子，宣宗去世后，即位为金哀宗。天兴三年（1234）金哀宗在蔡州被宋蒙联军围困，哀宗自杀而死。自此，结束了金朝120年的历史。自实行皇太子制度以来，金哀宗虽不是嫡长子，却是第一个以皇太子名义登基的金国皇帝，也是一个实实在在的亡国之君。

制度之所以是制度，是为约束人们而制定的原则，一旦有人

第二章 一朝扬汝名天下，也学君王著赭黄

打破，则时时有人幻想着制度是可以被打破的。如此一来，制度就不再是制度，原则也不再存在。自古以来，立长还是立贤是一个争论不休的话题。而在一个强有力的政权建立之后，立长是必然趋向。如果君权不够有力，立长的风险便会陡然加倍。

金朝自太宗、熙宗试图改变储君制度，海陵王、金世宗人为地打破嫡庶之分，金朝就已经无制度可言。庶可以取代嫡，贤（能）者可以取代长。夺位之后，两人心虚地追封先人谥号，提高自己的地位。谥号作为我国古代王朝中荣誉赏赐的重要组成部分，最初只使用于国家统治阶层，随着时代演进，谥号的使用范围不断扩大，也被赋予了政治意义，并受到历代统治者的重视。金朝亦是如此。金朝获得谥号者包括皇帝、皇后、宗室、一些高品阶官员和在战争中牺牲的官军。谥号由此成为获谥者本人及其家族荣耀的象征。

金朝建国之初，各项制度尚处于初创期，并未立即对皇帝加谥号。随着与汉族士人接触，金朝统治者也将谥号引入封赠体系之中。金太宗完颜晟天会三年（1125）三月，追谥其兄完颜阿骨打为武元帝，庙号太祖。此为金朝皇帝获谥之始。金熙宗完颜亶天会十三年（1135）追谥完颜晟为文烈皇帝，庙号太宗，追谥生父完颜宗峻为景宣皇帝，庙号徽宗。天会十四年（1136），金熙

正隆南伐：图治之君的"疯狂"选择

宗追尊九代祖以下曰皇帝、皇后，并为他们追加相应的谥号和庙号。谥号由此开始在金朝得到普遍接受。熙宗首先追加函普、乌鲁、跋海三人，追谥函普为景元皇帝、乌鲁为德皇帝、跋海为安皇帝。由于三位先祖时代较早，熙宗并没有追加三人庙号。自绥可以后的完颜部首领在追加谥号的同时，亦追加了庙号。追加绥可谥号为定昭皇帝，庙号献祖；石鲁谥号为成襄皇帝，庙号昭祖；乌古乃谥号为惠桓皇帝，庙号景祖；劾里钵谥号为圣肃皇帝，庙号世祖；婆剌淑谥号为穆宪皇帝，庙号肃宗；盈歌谥号为孝平皇帝，庙号穆宗；乌雅束谥号为恭简皇帝，庙号康宗。

随着汉化的深入，金熙宗认识到谥号彰显逝者功绩的意义，遂仿唐宋之制，将皇帝的谥号由一二字改为多字。皇统五年（1145），熙宗将函普的谥号改为懿宪景元皇帝，乌鲁为渊穆玄德皇帝，跋海为靖庆安皇帝，绥可为烈定昭皇帝，石鲁为武惠成襄皇帝，乌古乃为英烈惠桓皇帝，劾里钵为神武圣肃皇帝，颇剌淑为明睿穆宪皇帝，盈歌为章顺孝平皇帝，乌雅束为献敏恭简皇帝。而金太祖完颜阿骨打、金太宗完颜晟则有开国拓土的最高功绩，熙宗将他们的谥号增为多字。将完颜阿骨打的谥号增为应乾兴运昭德定功睿神庄孝仁明大圣武元皇帝，其所采用的十八字谥号，也成为金朝皇帝谥号用字数量的上限。完颜晟的谥号增为体

第二章 一朝扬汝名天下，也学君王著赭黄

元应运世德昭功哲惠仁圣文烈皇帝。金熙宗为了提高自己生父的地位，同样将完颜宗峻的谥号改为多字，增为允恭克让孝德玄功佑圣景宣皇帝。此后，金朝皇帝的谥号或十八字，或十四字，或十二字，或四字，成为定制。

金朝皇后谥号亦出现于金熙宗时期。天会十三年（1135）金熙宗在增祖宗尊谥的同时，追尊太祖之妃唐括氏为圣穆皇后，为金朝皇后获谥之始。同年追尊生母蒲察氏为惠昭皇后，追尊太祖后纥石烈氏、太宗后唐括氏为太皇太后。天会十四年（1136），熙宗追封女真部落先祖的妻子为皇后，并追加一字或二字谥号。如德帝皇后谥号为思，安帝皇后谥号为节，献祖皇后谥号为恭靖，昭祖皇后徒单氏谥号为威顺，景祖皇后唐括氏谥号为昭肃，世祖皇后拿懒氏谥号为翼简，肃宗皇后蒲察氏谥号为靖宣，穆宗皇后乌古论氏谥号为贞惠，康宗皇后唐括氏谥号为敬僖。

有鉴于此，金熙宗追封生父完颜宗峻，之后完颜亮即位后为了提高自己的地位，于天德二年（1150）追封生父完颜宗干为宪古弘道文昭武烈章孝睿明皇帝，庙号德宗，册封嫡母徒单氏和生母大氏并为皇太后。贞元元年（1153），大氏病逝，上谥号慈宪皇后。金世宗即位后，大定元年（1161）追尊皇考豳王为皇帝，谥简肃，庙号睿宗，皇妣蒲察氏曰钦慈皇后，李氏曰贞懿皇后。

正隆南伐：图治之君的"疯狂"选择

尽管熙宗、海陵王和世宗努力提高双亲地位，殷切期望自己的儿子继承皇位，但上天似乎也有意配合着，给金朝统治者开了一个玩笑，有金一代到最后都没能实现以嫡长子为皇太子继承皇位。

言归正传，金熙宗痛失爱子使其变得暴戾。另外一件加速其暴躁的事，就是皇后裴满氏干预朝政、参与党争。金熙宗的登位本来就是各方势力权衡的结果，登基后长期处于诸权臣的压制之下，熙宗内心充满了对这些人的忌惮和厌恶。好不容易肃清了权臣势力，自己的皇后却总是不合时宜地挑战熙宗的君威，这是他不能容忍的。

金熙宗的皇后裴满氏出自女真世婚家族，裴满氏的父亲裴满忽达曾跟随金太祖起兵，立下军功。金熙宗与裴满氏最初感情笃深，出则同行，入则同居，恩爱无比。群臣给熙宗上尊号崇天体道钦明文武圣德皇帝，熙宗就册封裴满氏为慈明恭孝顺德皇后。

可能长期处于别人的压制之下，熙宗自小性格懦弱，缺乏独立执政的能力。皇后裴满氏则恰恰独断专行，弥补了熙宗的性格缺陷。天眷三年（1140）熙宗巡幸燕京，裴满氏陪同出行。途中，裴满氏想与熙宗乘坐玉辂进城，被完颜希尹阻止。经此一事，裴满皇后记恨完颜希尹。之后，完颜宗弼与完颜希尹起嫌隙，完颜宗弼南征前泣告裴满皇后。裴满皇后安抚完颜宗弼一定

第二章　一朝扬汝名天下，也学君王著赭黄

替他禀告皇上。完颜宗弼走后，裴满皇后就向熙宗告完颜希尹的状，金熙宗竟然立刻下诏诛杀完颜希尹，连养父完颜宗干都拦不住。裴满皇后恃宠而骄，毫不掩饰地预定军机，熙宗对她也是言听计从，裴满皇后的名声都传到了南宋朝廷。除了金庭朝中上下谄媚裴满皇后，就连韦太后被遣返回南宋后，每年都给裴满氏送去价值连城的礼物来讨好她。

自从两人痛失爱子，裴满皇后为了再生儿子，霸道地不让熙宗临幸其他妃子。这下裴满氏又要限制熙宗的君权，熙宗因此酗酒纵怒，以致手刃他人。自从金熙宗变得暴戾，随意杀人，很多大臣都寻求裴满氏的庇护。裴满氏难免会站在熙宗的对面，两人的关系渐行渐远。完颜宗干去世之后，由完颜宗弼接替其领三省事，总揽朝中大权。完颜宗弼去世后，皇后裴满氏趁着旧臣多故去，愈加干预政事，宰相的任免往往取决于她。

皇统九年（1149）八月，宰臣商议将辽阳的渤海人迁到燕南。身为渤海人的近侍高寿星也在迁徙之列，他不想迁到燕南，就向裴满皇后请求。裴满皇后满口答应，直接找到金熙宗，要求他将高寿星从迁徙名单上剔除。熙宗本就为皇后天天对自己指手画脚而耿耿于怀，眼下见她又要挑战天子权威，已然不能再忍。熙宗为此杖责负责此事的平章政事完颜秉德，杀了左司郎中三

正隆南伐：图治之君的"疯狂"选择

合。

金熙宗此时对裴满氏的不满已经像得了心魔一般，完全听不进去一句话。他的残暴也更加严重，每日盯着周围的近侍，无论亲疏远近，稍有不如他意的就动手杀掉，连大臣们每日上朝都先与家人相别而行，怕有去无回。

皇统九年（1149）十月，熙宗杀掉两个亲弟弟常胜和查剌。十一月初五，就发生了杀裴满皇后之事，并在当天召弟媳妇胙王（常胜）妃撒卯入宫。十一月初十，杀故邓王完颜奭的儿子阿懒、达懒，十五日，杀德妃乌古论氏，妃夹谷氏、张氏，十二月初八，杀妃裴满氏。

皇统九年（1149）十二月初九，完颜亮等人发动政变，趁夜杀死了熙宗。从古至今，得民心者，得天下；失民心者，失天下，金熙宗就这样为自己的疯魔付出了代价，如果不是完颜亮，在不久的将来恐怕也会有他人取而代之。

二、谋弑集团与完颜亮篡位

完颜亮虽然平时注意招揽自己信任之人，联合对熙宗心怀怨恨的人形成谋弑集团，并靠着谋弑集团政变成功。事实上，谋弑

第二章　一朝扬汝名天下，也学君王著赭黄

集团的最初发起者并非完颜亮，他也不是谋弑者推举的第一人选。

萌生废除熙宗之心者，一开始为完颜秉德、唐括辩、乌带三人。完颜秉德，字乙辛，是完颜宗翰的孙子。曾先后担任西南路招讨使、汴京留守、兵部尚书、平章政事、左丞相、左副元帅等职。唐括辩，本名斡骨剌，娶金熙宗之女代国公主为妻，为驸马都尉，是金熙宗的女婿。仗着驸马的身份，唐括辩的仕途一路绿灯，官至参知政事、尚书左丞。

唐括辩与完颜秉德皆曾受过金熙宗的责罚。皇统八年（1148）七月，唐括辩因为处理公务不严谨被熙宗杖责。皇统九年（1149）八月，完颜秉德因渤海近侍高寿星一事受到杖责。但到九月，熙宗又将完颜秉德升为尚书省左丞相。二人一同在中枢工作，平日见面难免互诉侍君侧的难处。当时的大理寺卿完颜言，女真名乌带者，与完颜秉德和唐括辩为同行好友，与二人交往甚密。三人之间，无话不谈。眼见金熙宗日益疯魔，三人也是惴惴不安，生怕有一日惹祸上身，便萌生了废除熙宗的念头。

完颜乌带处事圆滑，他的妻子唐括氏与完颜亮私通，他都视而不见。反倒是完颜秉德看不下去，禀告金熙宗，请熙宗主持公道。完颜乌带却隐忍不发，力主将此事压下来。不仅如此，乌带

正隆南伐：图治之君的"疯狂"选择

知道完颜亮曾立下大志向，恐怕早就有不轨之意，就将完颜秉德和唐括辩的想法透露给完颜亮。完颜亮一听立刻来了精神，心想自己藏拙这么多年，可不能错过这千载难逢的好机会。但完颜亮转念一想，完颜秉德和唐括辩等人素日与自己并不熟悉，不知他们想要拥立谁来当皇帝，于是决定找机会试探一下。

一日，金熙宗退朝后，众大臣纷纷退出殿外。完颜亮将唐括辩拉到一旁偏僻处，窃窃私语道：你我整日处在忐忑之中，不知何时就会大祸临头，听闻你有废除君上之意，若真的行大事，谁能立为皇帝呢？听到完颜亮问得这么直白，唐括辩倒也不藏着掖着，随即回答道：胙王常胜应该可以吧？胙王常胜，是金太祖嫡长子完颜宗峻的儿子，金熙宗的亲弟弟，继承皇位确实合理合法。完颜亮见不是自己想要的答案，接着又问其他人选。唐括辩回答道：邓王子阿楞。邓王子阿楞，是完颜亮的叔叔完颜宗杰的孙子，而完颜宗杰与完颜宗峻是一母同胞的兄弟。

完颜亮当即反驳道：阿楞血缘疏远，怎可立！问答间，唐括辩始终得不到完颜亮的肯定。他思忖片刻后便反应过来，立刻问完颜亮是否有意担此大任。完颜亮会心一笑，这厮终于问到点子上了，便应声道：若不得已，舍我其谁呢！

自从完颜亮与唐括辩达成了合作意向，两人便日夜密谋如何

第二章 一朝扬汝名天下，也学君王著赭黄

行事，私下交往甚密。金熙宗的护卫将军名为特思者，见到两人经常一起私语，疑惑两人的关系什么时候这么亲密了，就将此事报告给裴满皇后。裴满皇后也察觉到此事非同小可，转而又告诉了金熙宗。熙宗听后将唐括辩召来，生气地责问道："你与完颜亮密谋何事，想把我怎么样？"唐括辩仗着熙宗没有实质性的证据，自然不肯承认说过的话。金熙宗无奈只能将他杖责一番，这还不解气，接着撤去唐括辩的尚书左丞，降为会宁牧。数月之后唐括辩才恢复原来的职务。这也加深了唐括辩对熙宗的怨恨。

适逢河南有一士兵孙进自称"皇弟按察大王"谋反，金熙宗怀疑此事就是自己的弟弟常胜指使的。熙宗派出护卫特思前往审问，也没问出有价值的答案。经此一折腾，完颜亮倒觉得这是个除掉异己的好机会。通过此前的对话试探，完颜亮知道唐括辩本来属意的皇位继承人就是常胜，此时不行动更待何时。何况，护卫特思之前举报他与唐括辩意图谋反，也必须将特思除之而后快。为了实行一石二鸟之计，完颜亮利用熙宗多疑的性格，大胆进言道，孙进造反必定是有原因的，他不称别人，只称皇弟大王，而陛下您的弟弟只有常胜和查剌，肯定是特思不以事实审问上报。

金熙宗觉得完颜亮所言颇有道理，便派唐括辩、萧肄去审问

特思。仇人见面分外眼红，唐括辩记恨就是因为特思的举报，自己才被杖责、贬官。唐括辩联合萧肄，对特思严刑拷打，逼迫其承认与常胜为同伙。当唐括辩将特思的供状呈给金熙宗，熙宗当即下令处死时任北京留守的胙王常胜、武定军节度使查剌和护卫将军特思。

趁着熙宗杀红了眼，完颜亮又着手陷害可能对自己产生威胁的阿楞。金熙宗听从完颜亮的蛊惑，又杀了阿楞和他的弟弟达楞。此时，金熙宗身边已没有多少可用之人。再加上熙宗连续对包括皇后在内的后宫妃子下手，搞得皇宫内外人人自危。

完颜亮等人觉得时机已经成熟，着手准备谋弑事宜。除完颜秉德、唐括辩、完颜乌带等人之外，完颜亮将父亲完颜宗干的女婿徒单贞拉入谋逆集团。徒单贞，本名特思，为忒黑辟剌人。其祖徒单抄，太祖时跟从伐辽有功，获授世袭猛安。其父婆卢火，以战功累官至开府仪同三司。至徒单贞时，迎娶完颜宗干的女儿、完颜亮一母同胞的妹妹为妻。这样的关系下，经完颜亮一鼓动，徒单贞便加入了他们。

为了将风险降到最低，众人一致同意先拉拢金熙宗身边的禁卫，以其为内应除掉熙宗。

金朝的禁卫制度初步形成于熙宗统治时期。金熙宗天眷元年

第二章　一朝扬汝名天下，也学君王著赭黄

（1138）八月颁行新官制之际，设置殿前都点检司。殿前都点检司总领左右卫将军、宿直将军、近侍等诸局。他们共同负责金朝皇帝的安全和日常生活。禁卫制度初定的同年十月，金熙宗下令禁止亲王以下的人佩刀入宫。故而，无论从何种角度思考，完颜亮等人必须挑选出一些禁卫协助完成弑君计划。

他们首先需要解决的问题是如何进入熙宗寝殿。为此，完颜亮将目标放在熙宗的近侍大兴国身上。

大兴国本为金熙宗的寝殿小底，当时暂代近侍局直长一职，熙宗对其十分信任，不曾离开左右。金熙宗夜晚就寝后，大兴国总是向侍卫索要寝殿的钥匙带回家，以便熙宗随时召唤入宫。正是因为如此亲密的关系，大兴国才在皇统九年（1149）完颜亮生日之时，因私自附带裴满皇后送给完颜亮的礼物而被熙宗杖责。

完颜亮猜度大兴国肯定会因为受杖责而心怀不满，遂派李老僧去探探他的口风。李老僧与大兴国本来就是亲戚关系，二人又素来交好。李老僧的尚书省令史一职就是大兴国求完颜亮安排的。按照安排，李老僧先将完颜亮的计划透露给大兴国。见大兴国并无举报他们的意图，完颜亮明白此人可以为其所用，于是，完颜亮便将大兴国召至卧室内详谈。

大兴国至完颜亮卧内，完颜亮笑容满面地令其解衣，与自己

正隆南伐：图治之君的"疯狂"选择

一同坐下来，并问其属意谁。面对如此高的礼遇，大兴国固然不敢入座，仅站立在完颜亮一旁说道："如果有安排，我只听命于您。"见大兴国表态如此诚恳，完颜亮收起笑容长叹一声道："主上无故杀了常胜，又杀了皇后。以常胜的家产赐给阿楞，又杀了阿楞，将家产赐予我。如此发展下去，我深深地担忧啊，我该如何是好呢？"大兴国回应道："这是应该好好考虑一下。"完颜亮又接着说道："朝中大臣皆日夜恐惧，担心不能自保。当初我过生日之时，因为皇后附赐的礼物，您被杖责，我也被怀疑。主上曾说过要杀您，恐怕我和您都将不能幸免。与其等死，不如举兵反抗。我与数位大臣已经商议好了，您觉得如何？"完颜亮的话引起了大兴国的共鸣，大兴国随即回答道："正如大王所言，此事已刻不容缓。"

这样一来，完颜亮成功将握有熙宗寝殿钥匙的近侍局直长大兴国拉入己方阵营，迈出了谋弑计划的重要一步。接下来，完颜亮还需要拉拢保护熙宗安全的护卫。经过细致挑选，完颜亮选择了出身微贱的徒单阿里出虎和仆散忽土。

徒单阿里出虎，本是会宁葛马合窟申人，后来徙居懿州。其父拔改在金太祖时立下战功，成为曷速馆的军帅，熙宗在位又为兵部侍郎，历天德军节度使、兴中尹。徒单拔改这一系与完颜宗

第二章　一朝扬汝名天下，也学君王著赭黄

干世为姻亲，交往甚密。时值徒单阿里出虎担任熙宗的护卫十人长。完颜亮答应将女儿许配给阿里出虎，邀请他加入谋逆团伙。阿里出虎素日凶狠残暴，闻言甚喜，倒有些埋怨起完颜亮来："您怎么这么晚才说出来，废立之事乃大丈夫所为，主上不能保天下，您才是众望所归，今日之谋本也是我素日所想。"说罢，二人相视会意，徒单阿里出虎成功入伙。

仆散忽土，又名仆散师恭，是上京老海达葛人。忽土出身微贱，为完颜宗干所看重，擢升为护卫十人长。完颜亮以忽土从自家出，有恩于他，便想以其为内应。完颜亮亲自叫来忽土，对他说道："我有一句话想告诉您，又怕泄露给旁人，未敢和您说。"忽土道："身体发肤之外，皆先太师（宗干）所赐，如果能够补偿给您，我万死不辞。"完颜亮听忽土此言，随即叹道："主上失道，我将要行废立之事，必须得有您助我才能成功。"果真，忽土是个讲情义之人，许诺完颜亮助他行事。

至此，完颜亮拉拢熙宗的近侍长、护卫为内应，集结完颜秉德、唐括辩、徒单贞等人为外援。众人皆时刻准备着，等待一个合适的时机起事。

皇统九年（1149）十二月初九，轮到身为护卫十人长的徒单阿里出虎和仆散忽土当值。众人商议后，决定就趁着这次机会起

正隆南伐：图治之君的"疯狂"选择

事。

当天唐括辩的妻子代国公主至寺院为其母裴满皇后作佛事，不在家中。完颜亮、完颜秉德等就约定先到唐括辩家中集合，等待大兴国顺利取得钥匙再行动。众人皆因恐惧食不下咽，只有唐括辩跟没事人一样，饱食自若。终于挨到夜里二更，大兴国取来钥匙将熙宗寝殿门打开，伪造熙宗诏书召完颜亮入宫。

完颜秉德、唐括辩等人提前将刀藏在衣服中，跟随完颜亮入宫。门前的护卫见是驸马唐括辩等人跟随入宫，也就没有怀疑，将众人皆放入宫中。众人行至殿门外，值宿的护卫有所察觉，唐括辩立刻将刀架在其脖颈处，威胁其不要动。众人随即进入殿内。

金熙宗听到寝殿有脚步声，呵斥问是何人。众人吓得不敢作声。此时，仆散忽土说道，事已至此，不进去肯定不行。在忽土的刺激下，众人推门进入内殿。金熙宗见状还想拿起常放在榻上的佩刀抵抗，可惜佩刀早就被大兴国提前取下来扔到榻下了。面对手无寸铁的熙宗，徒单阿里出虎第一个下手，仆散忽土补上一刀，完颜亮再上前手刃熙宗。一阵乱刀后，熙宗再无动静。

等众人冷静下来，开始思考接下来的行动时，完颜秉德等人对于立谁为帝仍摇摆不定。仆散忽土是个直性子，义正词严道：

"我们当初说好了立平章（完颜亮），如今又有什么可疑虑的。"众人这才将完颜亮扶上座位，高呼万岁。

皇统九年（1149）十二月初九夜，注定是不平凡的一夜。这一夜完颜亮登上了梦寐以求的皇位，"著赭黄"之成，实现了"国家大事皆自我出"的抱负。

三、完颜亮的屠杀与封功

完颜亮弑杀熙宗后，第一件事就是排除异己。他首先将矛头指向了为人臣时的对手完颜宗贤和完颜宗敏，并由此一发不可收拾，开始大肆屠杀皇族宗室成员。

完颜宗贤本名赛里。女真起兵反辽之时，曾经跟随都统完颜杲攻取辽朝的中京大定府。众军一路追击辽帝到鸳鸯泺，又向西追捕辽帝至今乌兰察布大草原一带，擒获辽朝的留守、群牧官等一众官兵。金朝建国后，宗贤累禁卫官至左副点检。完颜宗贤从担任护卫之日，不到10年就位兼将相，曾先后担任过右丞相、兼中书令，领三省事、兼都元帅，等等。

完颜宗贤感激主上对自己的信任，常常思虑以身报效朝廷。宗贤为人正直，从不参与朝中党争，他所关心的问题多是如何为

正隆南伐：图治之君的"疯狂"选择

主上分忧。连同在相位的完颜亮虽内心忌惮宗贤，表面上对他却也是尊敬有加。皇太子济安去世后，金熙宗一直未有子嗣。宗贤担心金朝江山后继无人，遂劝熙宗选充后宫，以广继嗣。完颜宗贤此举不经意间就得罪了专横跋扈的裴满皇后。完颜亮本想趁此事在裴满皇后面前进谗言，企图借皇后之力排挤宗贤。宗贤却是一副安之若素的样子，只想着做好分内之事。

往往心怀鬼胎之人，愈加忌惮正直之人。完颜亮弑杀熙宗后，第一个想到的就是除掉完颜宗贤，防止日后给人留下口舌。当时金熙宗杀掉裴满皇后之后，想要将胙王常胜的妻子立为皇后，遭到包括宗贤在内的大臣们的反对。完颜亮就以熙宗的名义，谎称商议立后事宜，召大臣进宫。完颜宗贤信以为真，入宫前还向旁人说：主上肯定要立常胜之妻为皇后，等我去据理力争。没想到一入宫，宗贤就被绑起来。直到此时，宗贤还以为是熙宗要先杀了他这个碍事者，大嚷道："谁能替我传个话，我死固然不足惜，只是念主上左右无人耳！"话音未落，就被处决。

完颜宗敏，本名阿鲁补，是金太祖第十二子，金熙宗与完颜亮的叔父。宗敏历仕东京留守，左副元帅、兼会宁牧，都元帅、兼判大宗正事，领三省事、兼左副元帅、领行台尚书省，封曹国王。完颜宗敏地位尊崇，且有勇有谋，在众大臣中威望很高。正

第二章 一朝扬汝名天下，也学君王著赭黄

因此，完颜亮担心他威胁到自己，一直找机会构陷宗敏。当时熙宗屡杀朝中大臣，宗敏极其担忧，随口向完颜亮感叹，主上喜残杀，这国家大事该如何是好。完颜亮以此为理由向熙宗告发宗敏，只因无旁人能够证明宗敏所言，此事也就不了了之。

金熙宗被弑，完颜亮立刻派遣葛王完颜雍（金世宗）召唤完颜宗敏入宫。宗敏听闻是完颜亮传召，吓得不敢前往。完颜雍只得劝道："叔父今日如果不去，等到明日，如何与之相见。"宗敏听后，只能收拾好前往宫内。等到宗敏入宫，完颜亮还有些犹豫要不要动手，遂问左右之人。完颜乌带说："他是太祖之子，不杀他，众人必定会有异议，不如除之而后快。"果然，乌带的一席话触碰到完颜亮的软肋。涉及皇位的继承权，完颜亮不再心软，下令让仆散忽土动手杀掉宗敏。宗敏眼见来者不善，还想躲避，奈何敌不过凶残的忽土，被砍得血肉模糊。

一旁的完颜雍见状壮着胆子喊道："曹国王犯了何罪要杀他？"完颜乌带回答："天降大事都已办成，此等小事，又何足挂齿。"听罢，为了自保，完颜雍也不敢再多说什么。或许是为了弥补心中的愧疚，完颜亮登基三年之后，又追封完颜宗敏为太师，进封爵位。

就这样，在金熙宗被弑后的几天里，完颜亮除掉了最可能妨

碍自己登上皇位的人。接下来，完颜亮以皇帝的名义任命完颜秉德为左丞相兼侍中、左副元帅，唐括辩为右丞相兼中书令，完颜乌带为平章政事，调大兴国外任广宁尹。完颜亮将自己信任的几人留在身边，以仆散忽土为左副点检，以徒单阿里出虎为右副点检，以徒单贞为左卫将军。不久，仆散忽土擢升为殿前都点检，改名为师恭。

皇统九年（1149）十二月二十日，完颜亮大赦天下，改皇统九年为天德元年，正式登基。登基后，完颜亮分等级赐完颜秉德、唐括辩、完颜乌带、大兴国、仆散忽土、徒单阿里出虎、徒单贞、李老僧、唐括辩之父阿里等人钱、绢、马、牛、羊。几天后，完颜亮召见完颜秉德、唐括辩、完颜乌带、大兴国、仆散忽土、徒单阿里出虎，并赐铁券。

众人获赐铁券理论上可以保证他们世代享受优待以及日后犯罪能够得到赦免。然而，这也仅仅是理论上，这些参与谋弑的人大部分都没有得到善终。他们有人被卷入新的政治斗争中，有人或得意忘形或违逆主上，都与完颜亮渐行渐远。

完颜亮虽然赐铁券给众人，但并没有打算放过完颜秉德和唐括辩二人。他俩一个最开始属意的新君不是自己，一个凶狠残暴远在自己之上。对于完颜亮来说，这二人当初能起意弑杀熙宗，

第二章　一朝扬汝名天下，也学君王著赭黄

他日也可能会将自己推下龙椅。一想到这些，完颜亮就心里难安，欲寻找机会除去二人。

升任平章政事的完颜乌带很有眼力见儿的，他敏锐地察觉到完颜亮的态度变化。此人记恨完颜秉德曾经向金熙宗通报斥责自己的妻子唐括氏与完颜亮、家奴阁乞儿私通之事。经过完颜秉德一折腾，相当于将乌带妻子与人私通之事公之于众。这搞得完颜乌带很没有面子。若不是大家都朝不保夕，完颜乌带断然不会与完颜秉德结成一伙。于是，满怀恨意的完颜乌带向完颜亮进言，陷害完颜秉德。

完颜乌带知道完颜亮最担心有人觊觎皇位，便以此编造谎言。完颜乌带趁着完颜亮大病初愈之机向他报告说，完颜秉德在他生病期间偷偷问自己：主上数日不上朝，假如有什么意外，皇位应该由谁来继承？完颜乌带说自己当时斩钉截铁地回答主上有皇子。紧接着，乌带又说完颜秉德全然听不进去，还向自己抱怨婴儿怎么能担当天下重任，恐怕只有葛王才能胜任。完颜亮本来就担心完颜秉德有异心，听完乌带绘声绘色的描述，也就信以为真，不久就将秉德外放，改领行台尚书省事。

完颜亮对唐括辩也不太放心，想测试一下他有没有二心。一天，完颜亮约唐括辩共同欣赏金太祖画像。半晌，完颜亮突然说

道:"太祖的眼睛与你的很像呀。"唐括辩被这突如其来的比较吓了一跳,尽管他努力克制,并未接话,但脸上仍露出一丝慌张。一直盯着唐括辩的完颜亮要的就是这一丝的慌张。完颜亮心想,这下总算确定你小子图谋不轨了。经此一试,完颜亮更加忌惮唐括辩。

登基之后完颜亮内心始终不安,总是担心被人暗害。此时,当初力挺完颜亮的萧裕已经被调入朝中担任秘书监一职。完颜亮对萧裕十分信任,与他商量准备将完颜秉德、唐括辩二人与完颜宗本等太宗子孙一网打尽。

完颜宗本本名阿鲁,是金太宗完颜晟之子。金熙宗时其为右丞相兼中书令,进太保,领三省事。完颜亮篡位自立后,进其为太傅,领三省事。自完颜宗干谋诛金太宗之子完颜宗磐开始,完颜亮就时刻忌惮着太宗诸子。熙宗执政时,完颜亮曾私下建议除掉势力强大的宗本等人。但熙宗礼遇宗室,不忍对宗本动手。如今完颜亮即位,又重新坚定了除掉太宗诸子的决心。

有此斗争背景,完颜亮才准备将他们一举解决。萧裕建议只要坐实完颜秉德、唐括辩与太宗诸子有谋逆之罪,就不愁扳不倒他们。完颜亮和萧裕计划的第一步,就是派完颜乌带编造完颜秉德与宗本私下勾结,有谋逆之心。完颜乌带编造了完颜秉德的一

第二章 一朝扬汝名天下，也学君王著赭黄

连串意图谋反的证据。他称：完颜秉德在宗本家喝酒时，海州刺史完颜忠称赞秉德有福相，长得像宋太祖赵匡胤。秉德闻此言并无反驳之语，反倒是欣然接受。秉德的妻子背地里向其他大臣的妻子说主上的坏话。秉德离京赴任时，专门向宗本告别，还在说主上的坏话，暗示以后自然有适合继承皇位的人。秉德又向刑部侍郎漫独确认他们以前说的"那件事"，是否已经忘记。漫独回应秉德说，掉脑袋的事是不会忘记的。完颜秉德和宗本等人的言行，已经很能说明他们心怀不轨了。

完颜乌带的编排之语，听起来倒是符合秉德和宗本等人的日常行动轨迹，称得上有理有据。但是完颜亮与萧裕担心乌带一人之语没有说服力，随便诛杀宗本会引起其他大臣骚乱，便找到奚人萧玉作为另一枚棋子布局。

萧玉是宗本的亲信，经常出入宗本家。完颜亮和萧裕想利用这层关系，让其诬陷完颜秉德与宗本相约要一同造反。接到指示的萧玉诬告宗本曾对他说，完颜秉德外任之前告诉宗本，自己会在外联合军民起兵，让宗本为内应。秉德说宗本的长子锁里虎以后可担当大任，不要让完颜亮见到他。还称只有宗本当了皇帝他才能安心。唐括辩也曾对宗本说，擅长相面的内侍张彦说宗本有天子之相。宗本还想谦虚说自己还有一个当东京留守的兄长，结

果宗美却说宗本才是他们太宗一系的主心骨。就连太宗之孙北京留守完颜卞赴任前也催促宗本事不宜迟。宗本说众人今日将在围场内解决此事，还送给萧玉一匹马、一件袍子充当标记，以免他被误伤。

萧玉并没有当面向完颜亮汇报对宗本的诬告之词。他托辞自己怕围场打猎之期已近，而自己身处在外，来不及亲自奏告，转托萧裕将自己所言呈报给完颜亮。

有了萧玉的证词，完颜亮以击鞠为名派人召宗本等人入宫。完颜亮先登楼等候，命左卫将军徒单贞（特思）和萧裕的妹夫、近侍局副使耶律辟离刺藏至暗处秘密等候，一旦见到宗本、宗美、唐括辩等人，即刻杀死。杀红了眼的完颜亮又派人杀掉太宗的其他儿子完颜宗懿、完颜宗哲、完颜宗雅和太宗的孙子完颜卞、完颜禀、完颜京。至此，金太宗一系绝嗣。与此同时，完颜亮遣人至汴京铲除了完颜秉德和其弟特里、纥里及其他宗翰的子孙。

伴随着对宗室的屠杀，当初的谋弑集团也日渐瓦解。除去完颜秉德和唐括辩之外，仆散忽土、徒单阿里出虎，甚至连完颜亮的知己萧裕，皆不得善终。

仆散忽土与完颜亮的关系转变，皆因其与徒单太后走得太

第二章　一朝扬汝名天下，也学君王著赭黄

近。明眼人都能看出来，完颜亮与徒单太后不协。在此种情形下，仆散忽土还时时入宫拜见徒单太后，令完颜亮十分不满。恰逢契丹人撒八起兵反叛，完颜亮命令忽土与萧赜、萧怀忠北上征伐。临行之前，仆散忽土仍然不忘到徒单太后的宁德宫拜别，还与徒单太后窃窃私语良久。本就疑心的完颜亮出于镇压叛乱的考虑，先压住自己的怒火。等到仆散忽土等人镇压叛乱不利，完颜亮趁机下令将其赐死。

完颜亮即位后兑现了对徒单阿里出虎的承诺，将自己的女儿荣国公主合女下嫁阿里出虎之子术斯剌。阿里出虎辗转担任东京留守、河间尹、太原尹。其间常常自恃有佐立之功，受铁券之赐，变得比以往更加凶狠，经常奴役其他僚属，稍有不如他意者，阿里出虎就对其肆意辱骂。恃宠而骄的阿里出虎曾让卜者高鼎占问吉凶，得占语请教张王乞。张王乞是个不怕事的，告诉阿里出虎此占语乃是天命所为，暗示他有做天子之命。阿里出虎听后自是很高兴，将张王乞所言告诉高鼎。高鼎听罢顿感大事不妙，遂向完颜亮告发此事。随后，阿里出虎及其妻，连同张王乞一并被赐死。完颜亮不忍让自己的女儿年纪轻轻就守寡，就留了阿里出虎之子术斯剌一命。为了让术斯剌表忠心，完颜亮令其将阿里出虎二人的尸体焚烧之后投入水中，不得入土为安。

萧裕为完颜亮清除了诸多异己，晋升之路一路畅通，先为平章政事、监修国史。贞元元年（1153）迁都中都之后，萧裕担任尚书右丞相、兼中书令，势倾朝野。完颜亮对萧裕很是倚信。

得到完颜亮荣宠的萧裕难免被别人嫉妒。萧裕与高药师关系很好，二人相谈甚欢时萧裕常常忍不住将完颜亮的秘密泄露给高药师。没想到，高药师转头就将萧裕泄密的事透露给完颜亮，还说萧裕有怨恨之心。完颜亮对此倒不以为意，仅仅将萧裕叫去告诫了一番。此事过去没多久，又有人向完颜亮举报说萧裕肆无忌惮，跋扈专权。面对接二连三的举报，完颜亮自恃见惯了这种场面，始终不曾疑心萧裕。他以为众人见萧裕一人得道，其弟萧祚跟着升任左副点检，其妹夫耶律辟离剌升左卫将军，都在嫉妒萧裕。为了堵住悠悠众口，完颜亮没有和萧裕商量，就将萧祚外任为益都尹，耶律辟离剌为宁昌军节度使。

再亲近的关系难免起嫌隙，更何况是君臣之间。萧裕见自己的亲表无端被外任，完颜亮也没有向自己解释什么，心里七上八下。完颜亮的这一操作，帮助他铲除无数异己的萧裕再熟悉不过了。自此萧裕时刻提醒自己完颜亮已经开始怀疑自己了，做事得小心谨慎才是。

完颜亮的弟弟完颜衮与萧裕同在相位，一直看不惯萧裕的飞

第二章　一朝扬汝名天下，也学君王著赭黄

扬跋扈，常常与他起冲突。自打萧祚、耶律辟离剌外任，萧裕就觉得完颜衮找自己的茬儿是完颜亮授意的。完颜亮与萧裕两人，一个不说，一个不问，时间久了再信任的人也经不起他人的多次挑拨。萧裕担心有一天完颜亮真的会对自己下手，便决定先发制人。

经过思考，萧裕选定与前真定尹萧冯家奴、前御史中丞萧招折、博州同知遥设、萧裕的女婿遏刺补等人，谋划拥立辽朝天祚帝耶律延禧的孙子为皇帝。萧裕这样做的目的是打着复兴辽朝的旗帜，得到金朝境内契丹人和奚人的支持。

萧裕明白仅靠这些人无权无势无兵马，不足以成大事。思前想后，萧裕将目光放在了西北路招讨使萧怀忠身上。西北路招讨司是金朝在西北部草原地带设置的边防机构，其统辖下的军队主要从当地契丹等游牧民族中征发。西北路招讨司的主要职能是防御蒙古和西夏，守卫金朝的北部边疆安全。萧怀忠作为西北路招讨使兵力雄厚，如果他能率领所统兵马与萧裕合作，就大大增加了起兵的胜算。

可惜千算万算，不如天算。萧裕派去前往西北路招讨司与萧怀忠联络的人是萧招折。萧招折在金熙宗统治时期，曾经协助完颜亮构陷太宗之子完颜宗杰的孙子挞懒。萧怀忠认为此人不值得

正隆南伐：图治之君的"疯狂"选择

信任。况且，萧怀忠从萧招折口中得知参与者还有与自己有嫌隙的耶律朗，更加觉得他们是一丘之貉，不可轻信。于是，萧怀忠将萧招折与耶律朗一并捆绑起来，遣使将萧裕等人要谋反之事报呈完颜亮。

萧怀忠的奏报还未送到，完颜亮就先见到了笔砚令史白答对萧裕谋反的举报。原来是萧裕为了拉拢更多的人入伙，便派遥设以荣华富贵诱惑白答加入他们。没想到，白答竟然不为所动，还举报了他们。此时，完颜亮还认为是白答诬陷萧裕，下令将白答赐死于市。白答刚被执送出宣华门，就碰到前来呈送西北路招讨司奏报的都点检徒单贞。徒单贞问明情况后，先令暂停行刑，然后快步走入宫中报告完颜亮白答所言不虚，并将奏报呈上。完颜亮一看，这才相信白答之言。徒单贞趁机请求完颜亮赦免白答。

完颜亮派左丞相完颜昂去审问萧裕。事到如今，萧裕知道自己已无力回天，也就干脆承认了罪行。消息传到完颜亮耳中，他陷入了深思。完颜亮百思不得其解，自己将萧裕视为知己，为何他要无故造反。为了亲耳听到萧裕认罪，完颜亮要亲自提审萧裕。

不久，萧裕被押至堂上，跪于完颜亮面前。完颜亮看着披头散发的萧裕，半是气愤半是怜惜地问他为何要谋反。到了此刻君

第二章　一朝扬汝名天下，也学君王著赭黄

臣二人才开始敞开心扉。萧裕低下头，半响才缓缓开口道："以前陛下任何事情都与臣商量，而外任萧祚却要瞒着臣下。陛下的弟弟完颜衮大王每次都说臣专权，事事提防臣，微臣担心是陛下您的旨意。陛下与唐括辩和臣曾约定同生死，唐括辩因隐忍而致死。这些臣都知晓内幕，实在是担心不能死得其所，只能谋反求得一线生机。况且，太宗子孙无罪，皆死于臣之手，微臣的罪孽太深重了，恐怕早晚都是死。"

完颜亮听完叹道："朕贵为天子，如果疑心于你，当初你的弟弟在朝时我就动手了。你以此怀疑我，实在是大错特错。何况太宗诸子之事，岂能你独受，这是朕为国家之大计呀。"说着说着，完颜亮已泪流满面。接着他拭去泪水，又劝道："朕自来与你相好，你虽犯此罪，待朕为你出贷换命。只是你再不能做宰相了，回老家守坟去吧。"

萧裕是个明白人，接话道："臣子既犯下如此罪逆，还有何脸面见天下人。惟愿绞死臣，以告诫其他不忠之人。"完颜亮见劝不动萧裕，只得以刀刺破左臂，取血涂在萧裕脸上，说："你死之后，当知道朕本无怀疑你之心。"萧裕以头叩地，哭道："久蒙陛下眷遇，臣自知错谬，今迷途知返却已来不及。"萧裕一心求死，完颜亮也不再勉强，只能下令将萧裕斩杀。云龙鱼水之

情,从此觅之不见。

与完颜亮一起参与谋逆的徒单贞、李老僧和大兴国在当朝各有其所,皆到金世宗时才被诛杀。

李老僧在完颜亮登基后任同知广宁尹事。完颜亮憎恶完颜宗弼的儿子完颜亨,却没有理由杀他。思来想去,完颜亮想到一个周全的方法,那就是以完颜亨为广宁府尹,让李老僧伺机构陷。无奈完颜亨待李老僧甚厚,李老僧迟迟不愿动手。完颜亮又派人催促李老僧,他这才与家奴谋划将完颜亨杀死于狱中。由于李老僧办事拖沓,引起了完颜亮的不满,被降为易州刺史。很长一段时间之后,才迁同知大兴尹,赐名惟忠,又改延安府同知。至世宗大定二年(1162),因与兵部尚书可喜谋反,被诛。

大兴国则一直在外任职,曾先后任广宁尹、崇义军节度使、绛阳军节度使、武宁军节度使、河间尹等。至金世宗即位,大兴国因参与完颜亮谋弑被处死在熙宗思陵之侧。

徒单贞大部分时间都在完颜亮身边,曾外任安武军节度使。金世宗即位之后,以徒单贞之女为皇太子妃,先后除授徒单贞为太原尹、咸平尹、真定尹、震武节度使等。不过,后来金世宗还是将徒单贞及其妻子、儿子皆处死。

发展至此,参与弑杀熙宗的九人皆不得善终,连完颜亮自己也不能幸免，可见皇权争斗之惨烈。完颜亮就是在这无尽的杀戮中，开展着自己的宏图大业。

四、美色与政治：得天下绝色而妻之

完颜亮曾立下三大志向，其中之一便是"得天下绝色而妻之"。好色淫逸也成为他被世人唾骂的一个原因。《金史·后妃传》记载，完颜亮为宰相时媵妾不过三数人，共几房妻妾，再加上时不时出去沾惹一些花草，也便罢了。等到即位时，册封妻子徒单氏为惠妃，后封皇后。第二娘子渤海人大氏被封为贵妃，第三娘子契丹人萧氏被封为昭容，耶律氏被封为修容。随着在位日久，完颜亮后宫的嫔妃数量迅速增长。

金朝皇帝、宗室的择偶标准，受到世婚制的影响，特别是正妻的选择与对方的家世具有密切关系，通常选择一个有势力的家族之女。金朝以完颜、徒单、唐括、蒲察为四大贵姓领衔构成诸等级的女真姓氏。完颜氏与其他几大姓氏之间进行通婚，以巩固统治。

《金史·百官志》中记载金朝凡白号之姓有：完颜、温迪罕、夹谷、陁满、仆散、术虎、移剌荅、斡勒、斡准、把、阿不

正隆南伐：图治之君的"疯狂"选择

罕、卓鲁、回特、黑罕、会兰、沈谷、塞蒲里、吾古孙、石敦、卓陀、阿厮准、匹独思、潘术古、谙石刺、石古苦、缀罕、光吉剌皆封金源郡；裴满、徒单、温敦、兀林荅、阿典、纥石烈、纳阑、孛术鲁、阿勒根、纳合、石盏、蒲鲜、古里甲、阿迭、聂摸栾、抹撚、纳坦、兀撒惹、阿鲜、把古、温古孙、耨盌、撒合烈、吾塞、和速嘉、能偃、阿里班、兀里坦、聂散、蒲速烈皆封广平郡；吾古论、兀颜、女奚烈、独吉、黄掴、颜盏、蒲古里、必兰、斡雷、独鼎、尼厖窟、拓特、盍散、撒荅牙、阿速、撒刬、准土谷、纳谋鲁、业速布、安煦烈、爱申、拿可、贵益昆、温撒、梭罕、霍域皆封陇西郡。黑号之姓有：唐括、蒲察、术甲、蒙古、蒲速、粘割、奥屯、斜卯、准葛、谙蛮、独虎、术鲁、磨辇、益辇、帖暖、苏孛辇皆封彭城郡。

白号、黑号的具体含义有可能代表不同的婚姻集团，也可能是表示等级之别。王可宾先生在《女真国俗》一书中分析指出这些女真姓氏所封的金源郡、广平郡、陇西郡、彭城郡具有等级差别。封郡王者有金源、广平之号，而无陇西、彭城之号，封陇西郡与彭城郡者，也只见有公侯以下，而不见有郡王。金源郡、广平郡较陇西郡、彭城郡的等级为高，而金源郡王之尊宠又在广平郡王之上。他认为，所用的郡号，之所以存在着等级如此高下的

第二章　一朝扬汝名天下，也学君王著赭黄

差别，大概是缘于他们与完颜一系血缘关系亲疏远近的差别。

金朝旧制，完颜氏与这些姓氏中的徒单氏、唐括氏、蒲察氏、拏懒氏、仆散氏、纥石烈氏、乌林荅氏、裴满氏、乌古论氏诸部部长之家，世为婚姻，娶后尚主，即天子娶后必是，公主下嫁必于是。完颜亮亦遵循这一原则。

完颜亮的皇后徒单氏，是金朝太师徒单恭的女儿，初为岐国妃，天德二年（1150）封为惠妃，九月立为皇后。徒单皇后最初十分受宠。天德三年（1151）十一月二十日，皇后生日之时，百官曾称贺于武德殿。时间久了，完颜亮的后宫妃嫔众多，徒单后的恩宠颇衰，稀得进见。沈璋的妻子张氏是太子完颜光英的保姆。耶律彻在北京与完颜亮游从，完颜亮让沈璋妻子和耶律彻的妻子侯氏入宫伺候皇后。正隆六年（1161），完颜亮幸南京。六月，左丞相张浩率百官迎谒。完颜亮备法驾，乘玉辂，与皇后及太子光英共载而入。完颜亮征宋，皇后徒单氏与太子光英居守。完颜亮身死，太子光英被杀，徒单后至中都，居于完颜亮之母大氏故宫。顷之，世宗可怜其无依无靠，下诏归父母家于上京，每年赐钱2000贯，奴婢皆给官廪。大定十年（1170）卒。

徒单皇后的父亲徒单恭，本名斜也。金熙宗天眷二年（1139），为奉国上将军。因告发吴十造反之事，超授龙虎卫上将

正隆南伐：图治之君的"疯狂"选择

军。先后任户部侍郎、济南尹、会宁牧，封谭国公等。因贪鄙，压榨百姓，被称为"金总管"。完颜亮即位，立其女徒单氏为皇后，徒单恭封王。不久，拜平章政事。因专恣，滥用职权，遭到御史台弹劾，被完颜亮杖责。后因知情不报，被杖责免官。不久，又复为司徒，进拜太保，领三省事，兼劝农使。再进太师，封梁、晋国王。贞元二年（1154）九月，从猎于顺州期间去世。徒单皇后后来失宠，大概与其父过早去世有关。

金朝建国之前，徒单氏有后来追封的昭祖威顺皇后徒单乌古论都葛。不算最后即位的宗室完颜承麟，金朝九位皇帝中有三位纳徒单氏为正室，并立为皇后。徒单家族尚公主者共19人（徒单定哥和徒单恭兄弟二人都曾娶太祖长女兀鲁为妻）。

徒单家族在金朝统治时期之所以能够做到长久不衰地受到重用主要有两方面原因。一方面是金朝统治者为了维护统治稳定，将徒单氏家族作为政治联姻对象，拉拢并使其家族成员成为皇权政治的主要维护者。另一方面是徒单家族的成员英勇善战，他们在对内镇压叛乱，对外同宋朝、西夏、蒙古等政权、部族进行战争时一往无前，保证了金朝的内外稳定与安全。正是基于徒单家族成员身上所体现出来的这些优秀能力，所以他们能做到在任何时期都可以受到金朝统治者的信任与重用，使其家族地位日趋得

第二章　一朝扬汝名天下，也学君王著赭黄

到巩固。因此，即使有权势的徒单氏贵族犯了错，也会被统治者宽容对待。如徒单恭贪赃枉法、鱼肉百姓，身为宰相专横无理，完颜亮也只是稍作惩罚。

完颜亮的昭妃阿里虎，为蒲察氏，是驸马都尉没里野之女，初嫁完颜宗磐之子阿虎迭。阿虎迭被诛杀后，再嫁宗室南家，后来南家也去世了。完颜亮跟从梁王完颜宗弼在南京时，南家的父亲突葛速为元帅都监。完颜亮当时对阿里虎一见钟情，想向突葛速索取，遭到了拒绝，无奈就暂时将此事搁置。后来完颜亮即位不满三日，因仍惦记着阿里虎，竟迫不及待地下诏遣阿里虎归父母家。过了两个月之后，完颜亮以婚礼纳之。经过数月，特封阿里虎为贤妃，再封昭妃。阿里虎生来嗜酒如命，当了妃子也没有收敛，完颜亮为此经常责备她。阿里虎只是当作耳旁风，从未将完颜亮的劝诫放在心上，时间一久难免失了恩宠。阿里虎与初嫁的丈夫阿虎迭生有一女，名唤重节。阿里虎失宠后，完颜亮将宠爱转移到重节身上。阿里虎知晓后，迁怒于重节，劈头盖脸一顿言语诋毁。此事传到完颜亮耳中，顿时对阿里虎心怀不满，但是自己理亏，完颜亮也只能隐忍不发。自此，阿里虎越发胆大，私自赠予前夫之子贴身衣物。完颜亮得到消息，气得立刻就要将阿里虎处死，还是徒单后率领诸妃嫔苦苦哀求，阿里虎才幸免于

死。后来，阿里虎因私自杀厨婢，还是被完颜亮缢杀。

与其他家族一样，金朝的蒲察氏家族实际是许多同姓小部族组成的群体。蒲察氏家族成员，在女真崛起过程中，与完颜部由战争逐渐走向联合，最终加入完颜部联盟。在女真抗辽征宋战争中表现出强悍的战斗力，为统治者所重视。蒲察氏家族立下了大量的军功，形成军功家族，与此同时，在政治上也取得显赫的地位。在显赫的文治武功与姻亲关系的加持下，蒲察氏家族得以持续地繁荣与发展。阿里虎的公公蒲察阿虎迭在金朝就属于实权派人物，他先迎娶了完颜亮的姐姐迪钵，迪钵死后，续娶了邓国长公主崔哥。蒲察阿虎迭之所以能够连续娶两位公主，得益于当时完颜亮夺取统治权后，就不能够继续使用金熙宗原有的大臣，这就需要使用跟自己亲近的人来维护他的统治。而蒲察阿虎迭就是其中之一。可见海陵王完颜亮为了巩固自己的统治，收买人心，加强了与蒲察氏的联合。后来金章宗的皇后钦怀皇后就是蒲察部人，她的父亲蒲察鼎寿当时娶的是金熙宗之女郑国公主。

在金朝建国120年中，蒲察氏家族共出现四位皇后和一位后妃，即金肃宗（完颜婆剌淑）靖宣皇后、金徽宗（完颜宗峻）惠昭皇后、金睿宗（完颜宗辅）钦慈皇后和金章宗钦怀皇后以及海陵王的昭妃蒲察阿里虎。这其中前三位皇后都是在她们的儿子坐

第二章　一朝扬汝名天下，也学君王著赭黄

上皇位之后进行的追封。天会十五年（1137）追谥金太宗母为靖宣皇后。金熙宗于天会十三年（1135）追封其父为景宣皇帝，庙号徽宗，皇妣蒲察氏为惠昭皇后。金世宗于大定元年（1161），追其皇妣为钦慈皇后。蒲察氏家族的成员在有金一代始终受到统治者的信任和重用，并且在政治、军事等重要领域发挥着不可替代的积极作用。政治领域，在本职工作上恪尽职守，向金朝统治者建言献策，维护统治者的权威。军事领域，为金朝镇戍疆域，对外扫平敌人、征战四方，守护金朝领土安全。

贵妃定哥，唐括氏，长得花容月貌，是崇义军节度使完颜乌带之妻。这个完颜乌带就是与唐括辩、完颜秉德等人一起拥立完颜亮登基之人。之后又诬陷杀害完颜秉德，升为左丞相，数月后解任，外任为崇义军节度使。定哥早年就与完颜亮有私情。完颜亮登基后，暗地里命令定哥谋害丈夫乌带，并威胁其不杀乌带，就杀其全家。定哥不得已将自己的丈夫杀害，完颜亮随即纳其为宫中娘子。贞元元年（1153），封为贵妃。完颜亮因对定哥十分喜爱，许诺将来以其为皇后，常常与其同辇游瑶池，而诸妃只能步行跟随。随着完颜亮后宫妃嫔越来越多，定哥也逐渐失宠，后与人私通被其侍婢贵哥举报。完颜亮下令将定哥缢死，封贵哥为莘国夫人。

正隆南伐：图治之君的"疯狂"选择

丽妃唐括氏石哥，为唐括定哥的妹妹，本是秘书监完颜文之妻。完颜亮想将其纳入宫中，就让完颜文的庶母按都瓜主持其家。按都瓜按照完颜亮的指示，跑去说服完颜文，威胁他如果不将妻子献出就会有杀身之祸。完颜文不得已，依依不舍地将石哥献给完颜亮。贞元元年（1153），石哥入宫为完颜亮的妃子。

石哥的丈夫完颜文，本名胡剌，是完颜宗望之子，金太祖诸孙之一。金熙宗皇统年间，授世袭谋克，加奉国上将军，居中京。完颜亮登基后，赐其钱2万贯。贞元元年（1153），被任命为秘书监。因与灵寿县主阿里虎有间，被杖责二百，除名。不久，又复为秘书监，并封王。正隆年间，例封郧国公。因丧去官，后起复翰林学士承旨、同判大宗正事、昌武军节度使。金世宗年间因造反之事被杀。

完颜文没有在海陵王完颜亮统治期间被杀掉，应该是因为他属于无权无势一派，且在完颜亮统治时期，完颜文不是和一些旁门左道厮混，就是与他人闲游，总之就是游手好闲，虽为官却发展得不怎么样，因此完颜亮对其十分容忍。金世宗时，完颜文与其兄完颜京为官任上贪赃枉法、鱼肉百姓。在完颜文造反后，金世宗无语地讽刺道：完颜亮剪灭宗室殆尽，自己念在太祖诸孙幸存者没有几个人，对你们屡屡宽宥，而你们却不知悔改，还心怀

第二章　一朝扬汝名天下，也学君王著赭黄

二心，怎么能狂悖至此。可见，金太祖的这两个孙子毫无才识，海陵王完颜亮和金世宗完颜雍这两个非嫡出的皇帝，只是碍于太祖之孙的身份才厚待他们。

石哥的命运与姐姐唐括定哥、儿子完颜矧思阿补紧密相关。石哥在姐姐定哥被缢死之后，立即被完颜亮逐出宫。过了数日，因身怀龙种又被完颜亮召回宫中，封为修容，后升昭仪。正隆元年（1156）四月，随着儿子的降生，石哥母凭子贵，在儿子满月时被封为柔妃，后晋升丽妃。正隆三年（1158）正月初五，矧思阿补去世。完颜亮一气之下，杀死太医副使谢友正、医者安宗义及其乳母，杖责负责照顾皇子的东胜。第二天，完颜亮追封矧思阿补为宿王，葬入大房山。自此，唐括石哥未再获任何晋封。

这里有一个细节很奇怪，完颜亮将自己刚出生的儿子完颜矧思阿补交给小底东胜家抚养，养得好则赐钱、升官，养得不好就降罪。矧思阿补夭折，东胜及乳母、太医立刻受到了责备。其实，在完颜矧思阿补之前，完颜亮还曾将嫡子完颜光英送出宫外抚养。完颜光英尚在襁褓时，曾先后养在宗正完颜方家里、永宁宫大氏皇太后宫中、徒单斜也家中。完颜光英生于天德二年（1150），于贞元元年（1153）被召回宫中，并居东宫。也就是说，完颜光英寄养在宫外近3年的时间，而这并不是完颜亮独有

的行为。金熙宗的庶子完颜道济也有被送出宫外抚养的经历，在金熙宗的嫡子完颜济安去世后，道济才被封为魏王，回到宫中。

皇子是继承皇位的候选人，绝嗣容易导致后继无人的严重后果，进而引发宗室贵族争夺皇位、政局动荡等一系列问题，不利于国祚长久稳定。所以皇子众多有助于政权稳定过渡，少嗣则会引起帝王的忧虑。中国古代帝王中不乏少嗣者，譬如汉代帝王，皇嗣主要是交由宫里皇后或太后抚养，而在出现后宫妃嫔为争宠而残害皇嗣的极端情况下，则将皇子送出宫抚养。金熙宗和完颜亮均面临儿子早夭、少嗣的情况，二人均将皇子送出宫外抚养。金代初年皇权不振，熙宗有名无实，先后受宗室大臣、悼平皇后掣肘，虽然皇权观念在逐渐加强，但朴素的平等观一直影响到熙宗时期，又受宫室相对简陋、宫禁制度不严等客观因素影响，为保护道济才将其送出宫抚养。到完颜亮统治时期，皇权逐渐加强，且完颜亮希望自己多子且孩子多寿，因此主动将嫡子完颜光英先后交由宗正完颜方、永宁宫太后以及岳父徒单斜也抚养。其中太后居宫中，将皇子交由太后抚养与汉朝的情况有相似之处。而完颜方与徒单斜也是皇亲国戚，将皇子先后交由此二人抚养，一方面有助于孩子健康成长，另一方面起到笼络宗室大臣的作用。完颜亮对太子完颜光英很重视，给光英取有寓意多子的

第二章 一朝扬汝名天下，也学君王著赭黄

乳名，答谢给予光英祝福的旧臣忽里罕，更为了光英避讳更改国名。由于子嗣少，完颜亮对庶子矧思阿补也相当重视。故而，无论是金熙宗还是完颜亮的初衷都是希望通过将皇子寄养在外的方法，让子嗣健康成长。这样也就理解为何完颜亮在得知唐括石哥怀孕后立刻将其接回宫中，随着矧思阿补的降生又接连晋升其妃位了。

唐括氏石哥前后五年受封四次，历修容、昭仪、柔妃、丽妃。金朝的昭仪、昭容、昭媛、修仪、修容、修媛、充仪、充容、充媛为正二品，诸妃为正一品。完颜亮的后宫有元妃、姝妃、惠妃、贵妃、贤妃、宸妃、丽妃、淑妃、德妃、昭妃、温妃、柔妃共12位。唐括石哥一开始为修容、昭仪，后因身怀六甲进至妃位，又因生子进封丽妃。但是石哥在完颜亮众妃中位居最末，地位也不及定哥，更不及前朝的唐括氏皇后。

唐括，位于金朝16个黑号之姓中的首位，又称作"唐古""唐适""同古"，是女真古老的姓氏之一。女真建国之前，在完颜部不断吞并各部过程中，唐括氏部族审时度势，与其结成有力的军事同盟。唐括氏家族在女真统一诸部、起兵反辽、建国征宋的兴邦大业中占据一席之地，是深受金朝统治者信任的军功家族之一。同样的，完颜部为了加强与周边部族的亲密关系，巩

正隆南伐：图治之君的"疯狂"选择

固强大的军事联盟，与唐括氏家族建立了联姻关系。唐括氏家族的兴盛与荣耀，离不开与完颜部的联姻关系。

根据文献记载，女真完颜部与唐括部联姻的历史可以追溯至景祖乌古乃时期。长期的联姻与突出贡献，使得唐括家族在金朝的后妃家族中长有一席之地。除徒单氏和蒲察氏之外，这一家族的权力与威望远超其他军功家族，是金朝不容忽视的重要政治力量。

金朝建国之前，有两位女真首领娶唐括氏女子为妻。一位是景祖乌古乃，另一位是康宗乌雅束。景祖乌古乃娶唐括多保真为妻，完颜部与唐括部正式建立姻亲关系。康宗所娶唐括氏女的姓名，史无所载，后被追谥敬僖皇后。金朝建立后，有唐括氏女子被立为后，分别为金太祖圣穆皇后唐括氏和金太宗钦仁皇后唐括氏。圣穆皇后唐括氏生子三人：金徽宗（完颜宗峻）、丰王乌烈、赵王宗杰。宗峻是金太祖嫡子，是金熙宗完颜亶的父亲。所以金太宗在选定熙宗为继承人时给出的理由是完颜亶为先帝嫡孙，当立。金太宗钦仁皇后唐括氏在金熙宗即位之初，就与金太祖钦宪皇后（宗望母）共同被尊为太皇太后，居明德宫，其祖父三代全部被加封为国公。

还有两位皇帝纳唐括氏女子为妃，即海陵王完颜亮和金章宗

第二章　一朝扬汝名天下，也学君王著赭黄

完颜璟。唐括氏家族不论是在建国之前还是在建国之后都享有极高地位。梳理自世祖一脉相传到熙宗的三代六位帝王，可知熙宗及之前的帝王都是带有唐括氏血统的，都是昭肃皇后的后裔。探究其中的原因主要有三点：一是，唐括部自女真起兵以来一直是完颜部的政治、军事同盟，具有强大的实力基础，在统一女真诸部、对外战争、对内镇压中发挥了显著作用；二是，昭肃皇后作为关键人物，为双方牵线搭桥，以长远眼光选择唐括部其他优秀女子与完颜部进行联姻，增进双方的亲密关系；三是，唐括部人才辈出，在维护金朝统治和社会安定方面作出了突出贡献。

唐括氏家族共计出过四后五妃，仅次于出过 5 位皇后的徒单氏家族、出过 4 位皇后的蒲察氏家族。在与完颜氏强大婚姻纽带的加持下，唐括氏成员出将入相，为金朝的内外环境的稳定作出了卓越贡献。

然而，自金熙宗朝开始，在历朝皇后中均未见到唐括氏的身影，仅有个别唐括氏女子为妃。除完颜亮妃唐括定哥与石哥姐妹，有金章宗的柔妃唐括氏。究其原因，一方面唐括氏的势力自熙宗朝开始逐渐衰落，这是为了平衡诸后妃家族间的权势，避免一家独大所致。另一方面，则是为了加强皇权与中央集权。金朝建国前为部落共同体，皇权尚未形成。建国后，随着民族历史文

正隆南伐：图治之君的"疯狂"选择

化融合的加深，金朝统治者认识到皇权的至高无上以及维护中央集权的必要性。因此，他们逐渐疏远后妃家族，以达到削弱后族、加强皇权的目的。唐括氏一族在后宫中地位的变化，是君权集中趋势的反映。

换个角度来看，纵观金朝历史上的三次政变，即完颜亮弑杀金熙宗、完颜亮被弑、胡沙虎弑杀卫绍王，唐括氏成员参与了前两次的弑君行动。这两次弑君行动，从某种程度上改变了金朝的政治进程，而金朝统治者易主对参与其中的唐括氏家族自然也产生了不可逆转的影响。金朝的皇帝一系出自景祖次子世祖劾里钵，从世祖劾里钵到金熙宗完颜亶共计七任皇帝。这些皇帝身体里均不同程度地流淌着唐括氏家族的血液。而唐括氏家族成员参与弑君谋逆，首先使其失去了后来继任的统治者的信任，最直观的体现就是唐括氏家族中央官的任职情况。据现有已知文献记载，完颜亮之后的继任者金世宗、金章宗两朝的宰执、中央官员中，唐括氏为官的案例屈指可数。为宰执者仅有唐括安礼一人，名臣则只有唐括贡、唐括鼎二人。很明显，完颜亮统治时期结束以后，唐括氏家族与徒单氏家族、蒲察氏家族的地位差距日益加大，金章宗统治时期以后，更是不见唐括氏家族在朝廷任官的记载，只剩下一些唐括氏成员散布于地方为官的记载。

第二章　一朝扬汝名天下，也学君王著赭黄

完颜亮的柔妃弥勒，姓耶律氏，是礼部侍郎萧拱之妻的妹妹。柔妃耶律弥勒于天德二年（1150），由萧拱取自汴京。因其非处子之身，完颜亮怀疑是萧拱所为，将弥勒逐出宫。后又召入，封为充媛，封其母张氏为莘国夫人，其伯母兰陵郡君萧氏为巩国夫人。后弥勒进封柔妃。萧拱，本名迪辇阿不，初为兰子山猛安，是辽末降将萧仲恭之子。完颜亮为宰相，推荐大臣之子为达官，遂以萧拱为礼部侍郎。因耶律弥勒之事，完颜亮半夜召萧拱入宫，责问无状。完颜亮始终怀疑萧拱，于是罢其礼部侍郎之职，夺了他的信牌，后因被诬陷怨谤完颜亮而被杀。

完颜亮的昭媛察八，耶律氏。曾经许嫁给奚人萧堂古带。完颜亮纳之入宫，封为昭媛。萧堂古带是护卫，察八不忘旧情，派侍女习撚把软金鹌鹑袋数枚送给他。此事被完颜亮觉察。当时萧堂古带正告假在河间驿，完颜亮决定给他一次机会当面询问。萧堂古带皆以实话对答，完颜亮听后决定释其罪，而追责察八。为了起到警示作用，完颜亮登上宝昌门楼，以察八徇诸后妃，亲自执刀刃击打察八，随后又将其推下门楼摔死，并诛杀察八的侍女习撚。

完颜亮的昭妃阿懒，是完颜亮叔叔曹国王宗敏之妻。贞元元年（1153），封为昭妃。后因宗敏属于近尊，遭到大臣的一致反

正隆南伐：图治之君的"疯狂"选择

对，乃令其出宫。

完颜亮的修仪高氏，是完颜秉德之弟纥里的妻子。自完颜秉德与完颜乌带以口角致怨而死，其弟完颜特里和完颜纥里也一同被杀。完颜亮遂将高氏纳入宫中，封为修仪，加其父高耶鲁瓦辅国上将军，母完颜氏封密国夫人。高氏恃宠而骄，以家事向完颜亮诉苦。完颜亮本就有心结，他自金熙宗时屡见悼后干政，内心已非常厌恶，故而自即位起，便不让太后、皇后干预政事。此时高氏偏偏往枪口上撞，结果被完颜亮遣回父母家。

从文献记载的细节中看，海陵王完颜亮荒淫嗜杀，暴君形象跃然纸上。完颜亮的婚姻也最为史家诟病，称他专于宗族亲戚间行淫乱之事。事实上，金朝正史中关于完颜亮的记载基本受到了他的下一代君王金世宗完颜雍的指示，其编撰主旨就是着重宣扬完颜亮的诸种恶毒行为。金末元初时期的大诗人元好问就曾对金朝撰修实录的真实性提出过质疑。就连元人修《金史》编纂《海陵本纪》时也对其所依据的《海陵实录》的真实性有所怀疑。至清朝，考据大家赵翼也对仅将完颜亮说成是好色之徒表示怀疑。赵翼认为完颜亮身为帝王，什么样的美女不能求得，偏偏专注于在宗族亲戚间恣为奸乱，甚至杀其父杀其夫而纳之，真是千古所未有。

第二章 一朝扬汝名天下，也学君王著赭黄

实际上，《金史》还记载了完颜亮曾亲选良家子130人充后宫。这类良家之女应为汉人，其中也应当有受宠者，但《海陵实录》偏偏多记载完颜亮的女真诸妃。可见《海陵实录》专挑完颜亮于宗族间奸乱秽史著于篇籍，用以宣扬完颜亮的大恶行径。求诸史实，完颜亮在婚姻上的荒诞行为，与女真婚俗旧制和金朝前期的政治背景有关，并非仅出于好色的目的。其最终的目的更与加强政治统治相关。

金朝政治制度的变革、转型与完善出现于金熙宗完颜亶与海陵王完颜亮两朝。金熙宗即位以后，逐渐意识到金朝的许多制度尚不完善，开始模仿中原重新建立或变革宫室、宗庙、尊号、后宫等诸种制度。完颜亮即位后，继承金熙宗统治时期的改革政策，继续完善诸项典章制度。熙宗、海陵两朝的帝王婚制、女真贵族的传统婚制也适时地向中原王朝的婚姻制度过渡，呈现出多种婚制并存的特殊局面。

金朝的宫妃制度取法唐宋，而略有变化。唐制规定：皇后而下，有贵妃、贤妃、德妃，比三夫人；昭仪、昭容等9人，比九嫔……据《金史》记载，金熙宗时始有贵妃、贤妃、德妃之号，是搬用汉人帝王宫妃制度之制，是前所未有的。完颜亮时，增妃位为十二。金世宗时后宫减少，金章宗明昌以后后宫名号大备，

正隆南伐：图治之君的"疯狂"选择

其时女真贵族汉化已经深入，以中国帝王自视。完颜亮初立之时，后宫只有三位嫔妃，应是女真贵族旧俗。位居国主之后，后宫嬖幸不可胜数，是完颜亮以帝王身份享受后宫礼制的正常举动，乃为帝王家法。

完颜亮之时，女真旧婚俗仍然存在，像世婚制始终存在于金朝皇室之中，收继婚虽受到汉人公卿与观念汉化的女真大臣的劝阻，却仍在一般女真人中通行。完颜亮后宫中宗室妇女有名氏者，以辈分论有叔母、从嫂、从姐妹、从侄女、侄妇、甥女。从沿袭女真旧婚俗妻母报嫂婚来说，此种婚姻固无不可。只是在当时女真婚俗向中原制度转变的情况下，完颜亮不顾舆论，借故杀戮、夺妻必然为当时所不容。杀弟纳其妇的行为，金熙宗完颜亶已经开其端。金熙宗怀疑自己的亲弟弟胙王常胜及其弟安武军节度使查剌谋篡皇位，将其杀死。后又召胙王妃撒卯入宫，将其收继，还打算册为皇后，未果。这显然有政治因素在其中。

完颜亮猜忌宗室，对他们采取大肆屠杀政策，又杀辽朝耶律氏、宋朝赵氏子孙百余人。完颜亮纳他们的妻女入宫与减少反抗有关。在杀死曹国王完颜宗敏之后，完颜亮想要纳宗敏的妻子阿懒入宫。完颜宗敏是金太祖完颜阿骨打的元妃乌古论之子，位尊而才勇。完颜亮纳其妻的举动，就是为了减少矛盾。天德三年

第二章　一朝扬汝名天下，也学君王著赭黄

（1151）五月，完颜亮曾对宰臣说，前所杀异党人诸妇中多是自己的表亲，想要将她们纳入宫中。平章政事萧裕提出反对意见，他劝道：近来大杀宗室，中外已经议论纷纷，何必再招非议。无奈完颜亮执意不从，纳完颜宗本之子莎鲁啜的妻子，完颜宗固之子胡里剌的妻子、胡失打的妻子等从嫂辈女子为妃，及完颜秉德之弟讹里的妻子高氏等侄妇辈女子为妃。

完颜亮力排众议，坚持在短时间内收继诸妇人入宫，心中打的如意算盘无非是镇抚并用。在杀人夫震慑众人的同时，利用女真旧俗接续婚纳臣妻以安抚人心。这样的行为应视为一种政治手段。宰臣萧裕反对的理由也是着眼于政治影响，但其着眼点是遵从汉人的婚俗。

至于完颜亮强令金世宗完颜雍的妻子乌林答氏入宫为人质一事，可看作海陵控制宗室和外官的另一手段。天德中，海陵王完颜亮召金世宗完颜雍的夫人乌林答氏入中都，完颜雍夫妻不敢违抗旨意。乌林答氏后来在距中都70里的良乡自杀，完颜亮怀疑是出于完颜雍的指使。由此观之，诸人之死亦实与政治有关。从某种程度上来讲，完颜亮就是以这种方式来测试完颜雍是否有反叛之心。对于一个男人来说，夺妻之恨是奇耻大辱，完颜亮认为如果连这都能忍，说明此人软弱无能，不足为惧，也不会成什么

正隆南伐：图治之君的"疯狂"选择

大事。

此外，完颜亮纳宗室遗孀应当有求取财产的目的。金太祖完颜阿骨打统治时期就规定，国库中的钱财不可随意花销，只有在战争时才能拿出来做军费。如果有人违背了这个规定，不论官阶高低，不论君臣，都要被杖责。这个规定从制定到太祖去世，都被遵循着。金太宗完颜吴乞买就是因为用国库财物买酒喝，被元老大臣结结实实地杖责了20下。可见，金朝皇帝自己的小金库是不能与国库混为一谈的。

金熙宗悼平皇后的父亲裴满达，本名忽达。裴满达之子裴满忽睹，皇统元年（1141）为行军猛安，历横海、崇义军节度使。裴满忽睹仗着是皇后的亲戚贪赃枉法。他在横海军任上，拜富人为父，等到富人去世，借着为之行服而分其资。等到留守中京，更加骄恣，通过选诸猛安富人子弟为扎野（野外露宿），规取财物。与此事类似，完颜亮的岳父徒单恭（斜也）为了谋取其兄的家财，想要强行纳其兄定哥的妻子金太祖长女兀鲁为姜室。由此可见，女真人还有通过建立夫妻或父子关系来获取财物的方式。而完颜亮将宗室贵族妻尽纳其中，不排除也是出于将她们及其夫家的财产纳入私囊的考虑。

所以说，完颜亮"得天下绝色而妻之"的志向并非仅出于好

第二章 一朝扬汝名天下,也学君王著赭黄

色,还有世婚制家族联姻、打压宗室贵族的政治考量,也有强夺私产的经济因素。完颜亮的后宫既包括了女真诸世婚家族,也涵盖了女真人、渤海人、契丹人、汉人等诸民族,其婚姻是他维持统治的有力后台支撑。

第三章

大柄若在手，清风满天下

"大柄若在手，清风满天下"，这是完颜亮未登基之时，题于扇面之语。正如此言，大柄在手的完颜亮掌权之后，着力于施展雄心抱负，开启了诸项改革。

一、改革官制，中央集权

金朝中央军事机构的演变实际上是女真人吸收辽宋先进文明，逐步实现汉化的体现之一。金朝在开国前后并无专门的中

第三章 大柄若在手，清风满天下

央军事机构，金太祖完颜阿骨打亲自带兵出征，是最高的军事统帅，为都勃极烈，"国有大事，适野环坐，画灰而议"。金朝建国以后，建立了中央辅政勃极烈制，凡是参与辅政的要员，在勃极烈的头衔上冠以谙班、国论、乙室、移赉、忽鲁、阿买、阿舍、昃等名号。这些中央勃极烈成员实际上是最高统帅的成员。就文献记载而言，除完颜阿骨打之外金朝的最高军事统帅称为"都统"。如有斡鲁古为咸州路都统、斡鲁为南路都统、完颜杲为内外诸军都统、完颜宗干等人为副都统，等等。应是随着金朝疆域的扩大，为适应辽宋战争需要，金朝很快设置了专门的军事机构，以中央辅政勃极烈成员兼任都统。后来设置内外诸军都统一职，这实际是金初中央军事领导体制演变的第一步，表明中央辅政勃极烈制的军事职能已经被内外诸军都统取代。

金太宗天会年间开始征伐宋朝，在刘彦宗的建议下设置都元帅府。都元帅府成为金朝最高军事统率机构。都元帅府设置的官属包括都元帅、左右副元帅、左右监军、左右都监共7人。都元帅府7个成员并不一定满员，有时会出现空缺。元帅府所在地也经常变动，左副元帅以下可以单独设府，因此，元帅府的数额也多少不等。这一时期的都元帅府机动性和灵活性较强，各军事长官可以根据战争形势调兵遣将。

正隆南伐：图治之君的"疯狂"选择

随着北宋的灭亡，都元帅府逐渐成为金朝统治中原地区的军政合一的最高机构。都元帅拥有任免各级官吏、开科取士、颁布法令等诸项权力。金太宗天会八年（1130），时任都元帅的完颜杲去世。都元帅一职空缺两年后，天会十年（1132），完颜宗翰接任此职，设府于燕云地区。都元帅府的存在相当于一个小朝廷，处于半独立状态，其长官权力较大，引起了金朝统治者的猜忌。天会十一年（1133）八月，金太宗以目前无战事为由，下诏将元帅府自择人授官的权力收归朝廷。至此，都元帅府的官吏任免权上交中央。

天会十三年（1135）金熙宗即位，推行官制改革，实行三省六部制。此次改革削弱了时任国论右勃极烈、都元帅的完颜宗翰及其一党的势力，改完颜宗翰为太保、领三省事。此后，在长达四年的时间里，都元帅一职空缺无补，达到了以相位易兵权的目的。

就都元帅府之下的机构设置而言，金熙宗后来的改革保留了其原有的机构和官职，但将原来隶属于都元帅府的燕京（汉人）枢密院改为行台尚书省，由中央直接管辖。这无疑也削弱了都元帅府的权力。燕京行台尚书省初以挞懒为行台左丞相，原宋降臣杜充为行台右丞相，契丹人萧宝、耶律晖为行台平章政事。其官

第三章 大柄若在手，清风满天下

员任命仿照汴京行台尚书省采用汉族、契丹族官员对原汉地、辽地进行统治的政策。

燕京行台尚书省之前，已有汴京行台尚书省。金熙宗天会十五年（1137），废除在中原地区扶植的刘豫伪齐政权，在汴京设置行台尚书省管理伪齐旧地。为了安抚中原地区民众，巩固政权，汴京行台尚书省的官员大多任用汉人和契丹人。金朝任命原宋降臣张孝纯为行台左丞相，契丹人萧保寿奴为行台右丞相，女真人温（敦）师中为行台左丞，燕人张通古为行台右丞。

不久，完颜挞懒倡议废齐旧地给宋，其意见被采纳。天眷元年（1138）八月，金朝将河南、陕西之地交给了宋朝。接下来，汴京行台尚书省曾先后徙至大名、祁州。没过多久，金朝在完颜宗弼的主持下出兵收复了河南、陕西之地，行台尚书省又迁回汴京，由完颜宗弼领行台尚书省事。

金熙宗在中原地区设置的燕京、汴京两行台尚书省，皆受制于都元帅府，具有一定的地方自治权。金熙宗皇统元年（1141），金朝与宋朝签订"皇统和议"（"绍兴和议"）。和议规定宋朝将淮河以北的土地划归金朝。此时，都元帅府已迁至汴京，燕京失去了原有的军政战略地位与统辖中原诸路的作用。于是，金熙宗下诏以燕京路隶尚书省，西京及山后诸部隶元帅府。撤销燕京行台

正隆南伐：图治之君的"疯狂"选择

尚书省后，燕京路直隶中央，西京路与山后诸部仍隶都元帅府，汴京行台尚书省仍受制于都元帅府。

金朝统治者通常任命都元帅府最高长官都元帅兼任行台尚书省事，左、右副元帅兼任行台左、右丞相，以都元帅府节制行台尚书省。虽然在一定程度上削弱了都元帅府的权力，但实际上都元帅府依然具有军政合一的特点，权重势大，容易掣肘中央。故而，在完颜亮弑君自立之时，时任左丞相兼都元帅的完颜宗贤和左副元帅兼领行台尚书省事的完颜宗敏也被杀掉。完颜亮即位后的天德二年（1150）三月，任命其弟完颜衮为司徒兼都元帅。

完颜亮见惯了兄弟相残的局面，即使对自己的亲弟弟自然也不能放心。天德二年（1150）十二月，完颜亮下令改都元帅府为枢密院。枢密院职掌军国机务、兵防边备、戎马政令，受尚书省的节制。枢密院的长贰枢密使和副使不直接统兵，如果有大规模的战事，则临时委任行军统帅。这是金朝首次将职掌军事决策、武备机密权与军事统帅权分开。统兵权和调兵权的分离，使得军权牢牢掌握在皇帝手中。此后，即使世宗朝再设元帅府也皆是临时机构，兵兴始设，兵罢则省。枢密院则是常设机构。直到卫绍王统治时期蒙古大举南下，战火绵延不息，元帅府才与枢密院共为常设机构，各地并设行枢密院和行元帅府，一直延续至金朝灭

第三章 大柄若在手，清风满天下

亡。

与都元帅府类似，行台尚书省也没有逃过被罢除的命运。完颜亮登基后，一开始相继任命完颜秉德为领行台尚书省事，完颜撒离喝为行台尚书左丞相，但这二人都被完颜亮以谋反的罪名诛杀。此时，经过太宗、熙宗、完颜亮三代帝王的经营，金朝对中原地区的统治逐渐稳定下来，由中央统一管辖各地的时机已基本成熟。天德二年（1150）十二月，完颜亮罢行台尚书省。取消行台尚书省，将中原政令完全统一至中央，使整个金朝统治区域都处于中央的治理下，彻底消除了地方分治。这就为完颜亮的伐宋事业提供了稳固的后方基地。

接下来，完颜亮继续进行他的改革大业。天德三年（1151）十一月，完颜亮下诏罢除世袭万户官，诏令前后赐姓之人各自恢复本姓。诏书明确指出，太祖初创业时，世袭万户是因时制宜而设，当时官赏未定，城郭未下，世袭是作为军功赏赐的权宜之计，不是长久之法。如今世袭万户子孙相继，专权擅威，人数众多，其职权已经与留守和兵马都总管无异，而其世袭权则无官可比。由此可见，此官必须罢除。

世袭万户强大的势力，对于朝廷是一种潜在的威胁。完颜亮这项措施同样是为了削弱女真宗室贵族的权力，以巩固中央集权统治。罢除世袭万户后的诸路皆设置节度使,规定若本人还没有受封亲管猛安、谋克,可授予世袭猛安爵位,用以笼络人心。至此,金朝路以下的行政机构才完全划一,进一步将权力集于中央。

完颜亮在天德二年(1150)以来的系列改革措施,基本不触动女真基层社会组织猛安谋克,仅调整国家政治体制,为下一步创立更加集权的制度做准备。正隆元年(1156)正月,完颜亮废除了中书、门下两省,只保留尚书省。此时完颜亮已经领悟到中原政治制度的真谛在于君主集权,故将三省制推向一省制。同年五月,完颜亮正式颁行正隆官制,开启大规模的官制改革。

正隆改制以尚书省为唯一最高政务机构,仍保留三师、三公,皆为正一品。尚书省的长官为尚书令,总领纪纲,仪刑端揆,一般不予除授。左、右丞相各一名,掌丞天子,平章万机。左、右丞各一员,参知政事二员,为执政官,是为副宰相,帮助丞相处理政务。宰相与执政官合称宰执。与金熙宗天眷改制的三省制宰执集团相较,完颜亮撤销了平章政事两员和领三省事数人,宰执总人数减少为7人。

尚书省下设左、右司及吏、户、礼、兵、刑、工六部,左、右司为宰执的办事机构。另外,自尚书省而下官司有院、台、

第三章　大柄若在手，清风满天下

府、司、寺、监、局、署、所，各统其属以修其职。院有枢密院、国史院、翰林学士院、宣徽院、谏院、弘文院、登闻鼓院、登闻检院、记注院等。府有大宗正府。司有殿前都点检司，掌管行从宿卫、关防门禁、督摄队仗，长官为殿前都点检。其下属机构有宫籍监，长官为提点；近侍局，长官为使；器物局，长官为提点；尚厩局，长官为提点；尚辇局，长官为使；鹰坊，长官为提点；武库署，长官为令；武器署，长官为提点。寺有太常寺、大理寺等。监有秘书监、国子监、太府监、少府监、都水监等。相较于天眷官制的三省制度，完颜亮此次改制有大幅度的调整、改制与增设。其中一部分在此前已出现或改制，只是在正隆改制中正式确定下来。

正隆改革革除了徒有虚名的门下、中书二省，确定一省制，使中央统治机构更加精简，便于完颜亮独断专行。改制后的机构设置不仅没有减少，反而有新的扩充，大大增加了为皇帝和后宫服务的专门机构。改制后，监察机构增加，尚书省各主要机构之间的制约关系加强。总体来讲，正隆官制的改革体现出为君主集权服务的特点。

在颁行正隆官制后，完颜亮在正隆二年（1157）二月，下令改定亲王以下封爵等第，命置专门的机构追取存亡告身，存者二

正隆南伐：图治之君的"疯狂"选择

品以上，死者一品，参酌削降。如果是有王爵字样的文书皆予以销毁，即使发现是在碑志之上，也要立刻销毁。经此一举，非女真人中无一人保留王爵，保留王爵的女真人不是皇帝的至亲，就是立有大功的宗室贵族。

完颜亮通过弑君的方式登上皇帝宝座，其间重要的一环就是收买金熙宗的侍卫近侍。登位之后完颜亮意识到皇帝禁卫制度的漏洞，改革禁卫制度也是其重要措施之一。金朝的禁卫制度在建国之初已有存在的迹象，在金熙宗天眷改制之时初步形成。至完颜亮统治之时，禁卫的规模扩大，禁卫组织架构呈现出多元的趋势。

除去主观因素之外，完颜亮对禁卫制度的改革也是北方草原民族及其政权发展的必然结果。侍卫亲军是北方草原民族古代历史中一项传承不断的军事制度。拓跋代国置两侍卫亲军长官，都统长领殿内之兵，幢将主三郎卫直宿禁中。几乎与拓跋代国同时出现的柔然汗国，同样继承了草原上的侍卫亲军传统，并且其侍卫亲军的名称也称为幢帅。在侍卫亲军传承方面，突厥、回纥、契丹皆保持了这个传统。以契丹为例，辽太祖耶律阿保机统治时期，以行营为宫，选诸部落豪健千余人，置为腹心部。后自腹心部抽出一部分组成左、右皮室军，作为侍卫亲军。斡鲁朵制度建

第三章 大柄若在手，清风满天下

立后，又有宫卫军，入则居守，出则扈从。

金朝的侍卫亲军司大概承袭自辽制。金朝的禁军之制，本于合扎谋克。"合扎"者，意为亲军，是以近亲所领。金熙宗时尚未将合扎猛安之下的兵士称为侍卫亲军，以侍卫亲军都指挥使总领亲军。直到迁都于燕京，在重新组合金太祖、辽王宗干、秦王宗翰等合扎猛安的基础上，完颜亮将新组合的合扎猛安改称为侍卫亲军，置侍卫亲军司统领。

完颜亮在亲军司内选擢精锐之士，与点检司共同担任宿卫。在侍卫亲军四猛安内选30岁以下者1600人，分为骑兵和步兵。骑兵称为龙翔军，步兵称为虎步军，共备宿卫。由此，完颜亮的禁卫军数量激增，龙翔、虎步二军与点检司共同掌权。

金朝的谋克为百夫长，猛安为千夫长，二者分别与表示侍卫亲军的合扎结合在一起，构成金朝侍卫亲军前后不同时期的名称，以表明他们侍卫亲军规模的发展程度。这也符合北方草原民族侍卫亲军制度的发展规律。北方草原民族"只有当征服了其他民族，建立了汗国或政权之后，建立较大规模的常备军才会成为必要。此时，伴随着草原贵族、部落首领向单于、可汗或皇帝转化，他们的侍卫亲军就会演变为一支国家或政权的精锐常备军。一旦有大规模的战事爆发，作为由单于、可汗或皇帝直接指挥的精锐部队,往往起到主力核心的作用"。

在各因素的推动下,完颜亮继续改革禁卫制度。在南伐的前一年,即正隆五年(1160)十一月,金朝撤销亲军司,将此司原掌兵力改隶中都大兴府,将亲军的选拔范围拓展至全国的猛安谋克。同时,完颜亮置左、右骁骑都副指挥使,即统领所谓从驾军,隶属于点检司;置步军都副指挥使,隶宣徽院。通过这次改制,完颜亮不仅扩大了禁军规模(至南征时已达3万人),也通过分权的方式保证自己对禁军的控制。

完颜亮登极以来,撤销都元帅府、行台尚书省,罢除世袭万户官,改三省制为一省制,改革侍卫亲军制度,这些皆是为了将权力集中于自身,加强中央集权的措施。经过改革,完颜亮在继承前朝统治的基础之上,终于打破了原来限制皇权的种种制度,使得中国古代王朝的君主集权达到了新的高峰。

二、迁都燕京,南向战略

金朝最初建都于上京,位于今黑龙江省哈尔滨市阿城区南部。据史书记载,女真内地在建国之初诸事处于草创阶段,并无城郭。皇帝、国相、太子所居之处分别称为"皇帝寨""国相

第三章 大柄若在手，清风满天下

寨""太子庄"。至金太宗天会二年（1124），在辽朝降臣卢彦伦的主持下才开始营建都城。

金熙宗天眷元年（1138）以京师为上京，府曰会宁，继续由卢彦伦主持营建上京。由于本着简朴的原则，在当年四月即筑成新宫。随着金朝国力的提升，金熙宗逐渐对上京朴素的宫殿建筑产生不满。皇统六年（1146）三月，金熙宗以上京会宁府旧址狭窄，不像都城为由，征发劳役，召诸路工匠仿照汴京城营建新城。

经过天眷元年（1138）、皇统六年（1146）两次大规模扩建，上京已具有京师的规模。上京城内三省六部官邸林立，各族百官荟萃，宋、高丽、西夏使臣往来于此，便利了上京与各地的交通，城市经济、文化迅速发展起来。

金上京从建国初始皇帝寨时期就已经发挥着国都的作用。它不仅是金源内地，同时也是金朝前期政治、经济和文化的中心。金朝以此为都城将近40年，直到完颜亮登基迁都，并将其夷为平地、耕种庄稼，才结束了它作为国都的诸项功能。

天德三年（1151）三月，完颜亮下诏扩建燕京城，广建宫室，准备将迁都之事提上议程。为了试探宗亲大臣的想法，此前完颜亮下达专门的诏书，命上自公卿大夫，下至黎民百姓进言讨

正隆南伐：图治之君的"疯狂"选择

论迁都之事。为了不直接引起宗室的反对，完颜亮在诏书中委婉表述道：

当日因便于镇抚南境，分置行台尚书省。其时边防不宁，法令不健全，只能便宜行事。这项政策本来也非长久之计。况且，限于道路遥远，处理事务每每滞后，想要加速处理却反倒更加迟缓。如今政通人和，四方安宁，归政于朝廷。我朝统万里江山，京师却偏在一隅。北方民众安居乐业、事简闲逸，南方民众则地远事繁。我深深地忧虑州府的公文，可能往复得需要半年的时间。民间疾苦得数月才能知晓，供馈转输苦于长途，劳民劳力。我又不能时时巡幸天下，不如经营两都之间。何况全燕之地，实为会要，我们就在之前建制的基础上建宫扩城。不要担心一时艰难，历经艰难才得制法。建两京一体，才能保宗社万年。四海一家，让黎民百姓安稳享乐。

征求意见的诏书下达后，很多人都看出迁都是完颜亮内心所想，大都以会宁府偏在一隅，燕京地广人繁，适宜帝居为由，附和迁都。也有一些大臣反对迁都。奚人萧玉劝说完颜亮不可迁都，称上都乃是金国根本，关乎国运，不可弃用。金朝宗室完颜宗雄之子完颜按答海进谏道："抛弃祖宗兴王之地，迁徙到别的地方并非有义之举。"完颜亮虽然表面下诏征求意见，实际却已

第三章 大柄若在手，清风满天下

拿定主意，只是想走个形式。完颜宗雄一席话惹得完颜亮很不高兴，结果迁都之后完颜亮就将其留在了上京。

迁都之事定下来后，完颜亮下令着手燕京宫室的扩建。以尚书左丞张浩、燕京留守刘筈和时任大名尹的卢彦伦为营建燕京城的总负责人。此事有一个小插曲。张浩等人按照汴京宫城的图纸绘出燕京的营建图纸呈给完颜亮，并以阴阳风水之说加以阐释。完颜亮却对风水之说嗤之以鼻，道："国家吉凶，在德不在地。纵使桀、纣居住，即使占卜到好地方又有什么用。若以尧、舜居住，哪里还用占卜呢。"以此言可见完颜亮极其自信的性格特点。总负责人之下又以梁汉臣为修燕京大内正使，孔彦舟为副使。张浩还选调了苏保衡、刘枢、韩锡、翟永固、李石等人负责具体事务，以分督工役。至此，开启了燕京城的营建。

由于工期紧迫，燕京城的营建动用了大量的人力、物力。征发自各地的役民、工匠每四个月更替一次。离得近的可回家半年，离得远的刚到家就又要出发。如此折腾，河北人夫死损大半，临近的西京路等人夫七八千人，能回去的还没有千余人。修建燕京城共动用民夫80万、军匠40万，往复数年，死者不计其数。为了缩短工期，修建燕京城的建筑用材，很多都是拆用汴京等地的建筑构件。

正隆南伐：图治之君的"疯狂"选择

尽管燕京城在全力赶工中，完颜亮却早已按捺不住提前出发前往燕京。天德四年（1152）二月启程，一路上行程安排还算惬意，路经泰州（今吉林洮南东）、临潢府（今内蒙古自治区巴林左旗），途中先后进行了两次打猎活动。九月到达中京（今内蒙古自治区宁城县），在此处停留至第二年二月，处理了一些政务后，才于三月抵达燕京。

当时金朝南下大致有两条路线。一条是完颜亮所行。另外一条是自金上京出发，经黄龙府、信州（今吉林公主岭）、咸州（今辽宁开原）、沈州（今辽宁沈阳）、显州（今辽宁北镇）、锦州（今辽宁锦州）、来州（今辽宁绥中县）、习州（今辽宁兴城）、迁州（今河北秦皇岛山海关），入关南下。这条路线是经辽西傍海道，自山海关南下。第一条路线中的春州、泰州两地均为金朝上京西面的重要州城。完颜亮信任的萧裕也起家自沿线的中京。完颜亮此举既可以做到沿线巡察，也是其作为新帝立威行政之举。

抵达燕京的当月，完颜亮颁布正式的迁都诏书。诏书称：

朕以天下为家，没有远近的差异；以生民为子，没有亲疏之别。旧京远在东土，四方之事不能周知，百姓有冤难于申诉。观风俗、察官吏皆以便宜为先。因此，析津府实在大地之中，参稽师言，开始建都邑。然后严奉宗庙，完缮宫室，以正畿封、作民

第三章　大柄若在手，清风满天下

极。虽然劳师动众，但能够长治久安。等到燕京城建成，择吉日竣工。然念骤兴役力，无疑是打扰黎民百姓。凡是有科征徭役，皆是人民血汗，相关部门加以抚存，各就休息。前代赦宥制度大多徇一时姑息之恩，助长奸恶，是朕所不取的。如果不是罚罪劝善，怎么能够激励民众。如今以此为都，寰宇同庆。斟酌之后，特有处分。除了不肆赦之外，可改天德五年为贞元元年。

燕本列国之名，现今为京师，不应当作为称号，燕京可称为中都，改永安析津府为大兴府。上京、东京、西京依旧外，以汴京为南京，中京为北京。又爵禄所以励世而磨钝也，前此官吏，每有覃转资级，不能辨别是否贤明，何补治功。因为现今定都之故，上下协众，才能够成事，绝不是一夫可以做到的。如若不然，朕为何说迁都为民意。故特推恩，以示激劝，可应内外大小官职，并与覃迁一官。于戏！京师为首善之地，既昭示于表仪，诏令责成之方，其勿怠于遵守，咨尔有众，体予至怀。

这道诏书下达后，完颜亮正式迁都燕京，并将其改名为中都，府曰大兴。此前，完颜亮在天德二年（1150）削北京号，称之为临潢府。迁都的同年，改中京为北京，汴京为南京。此后，完颜亮于正隆二年（1157）削上京号，只称会宁府。形成一都四京：中都大兴府，东京辽阳府、北京大定府、西京大同府、南京

正隆南伐：图治之君的"疯狂"选择

开封府。

金朝的这种京、都制度与辽宋两朝诸京制度相同，即在京师之外设置诸京。金朝京、都制度在天会年间基本形成规模，设有一都五京：皇都会宁府，东京辽阳府、西京大同府、中京大定府、上京临潢府、南京析津府。南京初设于平州（今河北卢龙），后几经辗转，至金太宗天会三年（1125）再取宋朝的燕山府（今北京），才将南京迁至今北京市，仍称燕京析津府。金初，皇都之外的诸京与邻近诸路地位相当，还没有成为较大的区域统治中心。金熙宗天眷改革，在大规模调整和改革地方政治制度的同时，重新确定了诸京制度。天眷元年（1138）八月，金熙宗以京师为上京，府称会宁，以原辽上京为北京。金熙宗时期实则有七京共存，除金上京与原辽五京之外，汴京也应当算在其中。这七京每京府皆为路治，以留守兼任路官。其中，上京虽称京，实则为都，其地位与作用远比其他诸京重要。完颜亮统治时期，又形成一都四京。直到金世宗大定十三年（1173）七月，重新恢复会宁府为上京，从此金代一都五京才成为定制。

诏令之外，完颜亮大量增加了天子仪卫。金朝卤簿仪卫建设大概始于自金熙宗统治时期。尔后，完颜亮在这次迁都燕京时首次用黄麾仗，并扩充仪卫数量。作为比较，完颜亮在上京之时，

第三章　大柄若在手，清风满天下

出行摄官 36 至 71 人不等，擎执 322 人至 678 人不等。迁都燕京后，出行时有包括摄官在内 1.0823 万人，骑分 8 节，共 3969 人。金朝规模较大的仪卫主要是帝后、太子的卤簿仪卫，以及举行如册封礼时的殿庭仪卫等诸种皇家礼仪。完颜亮扩充仪卫数量本身具有昭示皇家威仪与皇权之尊的目的。而此次仪卫成百倍的数量增加，不仅是完颜亮对自己帝王权威的彰显，也是其为了体现将中都作为金朝都城的决心。自后晋石敬瑭将幽云十六州割让给辽朝，辽朝升幽州为燕京（南京）。燕京成为辽朝的五京之一，其地位已逐渐突显出来。至金朝完颜亮以燕京为中都，则是开创了今北京作为中国首都的先河。

完颜亮选择迁都也是历史的必然。完颜亮登基以后，作出废除行台尚书省、都元帅府等一系列加强中央集权的改革。不仅将金朝境内疆域统归中央管辖，还将权力集于中央。此时完颜亮虽然经过了几轮屠杀，但金源之地的女真旧贵族势力依然根深蒂固，迁都便于重新构建统治模式，更便于其南下的长远规划。从边疆民族入主中原的进程规律来讲，他们想要进一步经略中原地区，通常都会选择都城迁入中原。前者如北魏孝文帝将都城从平城（今山西大同）迁到洛阳，后者如元朝、清朝迁都，皆经历了这样的一个过程。

正隆南伐：图治之君的"疯狂"选择

迁都之事完成后，完颜亮随即着手迁陵事宜。完颜亮将祖宗陵寝迁到中都，以表示以中都为发展中心的决心。贞元三年（1155）三月，完颜亮下令在大房山（今北京房山区周口店地区）云峰寺修建山陵，于山脚建行宫。云峰寺所在地为云峰山，又称九龙山，自山顶延伸出九条山脊蜿蜒而下，宛若九条巨龙，可谓风水宝地。为了营建山陵，完颜亮将云峰寺夷为平地，在寺基之上修建祖宗陵寝。不仅如此，他还下令在大殿佛像之上凿穴，来奉安祖宗神位。中国古代帝王虽然有营建皇陵的行为，但毁坏佛寺用以营建山陵，在历代都是绝无仅有的。完颜亮对于佛教的态度在营建山陵之前已经有所体现。

贞元三年（1155）三月，完颜亮下令营建山陵之前，磁州高僧法宝入燕京讲佛法，左丞相张浩、平章政事张晖听说有大师来京讲佛，常常跑去拜见，为了突显对大师的尊重，必定坐其下。法宝讲完佛法将要离开京城，张浩、张晖与众朝官皆极力挽留，不放其归去。完颜亮听闻此事，心想这还了得，立刻召见三品以上官员上殿。等到人到齐了，他责备诸臣道："我听说卿等到寺庙拜佛，寺僧法宝坐正位，卿等皆坐其侧旁，朕对此不能苟同。佛者本为一小国王子，能轻易舍去富贵，自己苦入修行，由是成佛，才受到今人的崇敬。要是希望从当中获取福利，皆是妄

第三章　大柄若在手，清风满天下

想。况且，僧者，往往不第秀才，常在市井之中游食，生计不足才去为僧，较其贵贱，还不能与簿尉小官相比。平民老妇迫于死期，不得已相信这些。卿等位列宰辅，还效仿民间盲信，实在有失大臣的体面。"教训完大臣，完颜亮接着又召见法宝，对他说："你既为僧，去留你自己决定，何必使人知道。"法宝听出完颜亮语气中满是不悦，吓得不知所措。完颜亮见状，嘲笑道："你为长老，应当有定力才是，如今却畏惧死亡。"随后，完颜亮以法宝妄自尊大为由，于朝堂之上杖责二百，连同张浩、张晖也杖责二十。

完颜亮用实际行动来表达对僧侣的不满，他这么做是有意贬低僧侣在金朝的地位。在完颜亮的认知里，僧侣与官吏会面，前者居正位，后者坐侧面，明显颠倒了本来该有的礼制秩序。如果僧侣地位在群臣之上，那么这些僧侣岂不是要与帝王平起平坐。完颜亮绝对不容许这样的事情发生，比起信佛，他更信任的是自己，自己的地位应当在这些神佛之上，即君权至上，所以说，表面上看，完颜亮是在惩罚法宝和一众大臣，实际上是在维护自己身为帝王的权威。而完颜亮此次将山陵建于佛寺，将崇祖凌驾于崇佛之上，也是为了削弱佛教地位，加强君权，使君权的地位远远高于教权的地位，以此来彰显君权的至高无上。

正隆南伐：图治之君的"疯狂"选择

此后，完颜亮还进行了一系列的禁佛行动。正隆元年（1156）十一月，完颜亮下令禁止二月初八迎佛，正隆二年（1157）十月，拆毁上京储庆寺。由此看来，为了打击佛教势力，完颜亮采取了一系列措施，毁寺建陵可以看作是削弱佛教势力、加强君权的系列举措之一。

完颜亮大肆打击佛教还与辽朝异常崇佛有关。辽朝上自帝王后妃、官僚贵族，下至士农工商、平民百姓，对佛教都非常虔诚。辽朝帝后见到佛像皆上香焚拜，还时不时进行饭僧活动。辽朝僧侣之显贵者，甚至可以与帝王分庭抗礼。公卿大臣到寺，也是僧人上坐，大臣旁坐。不仅如此，辽朝贵族皇室出家为僧为尼者也不在少数。辽朝人连起名字都与佛教有关，有观音奴、菩萨哥、弥勒，等等。甚至在女性中一度流行起佛妆，即将面部涂成金色，以模仿佛像的金色身躯。

辽朝佛教与政治事务诸方面产生各种关联与互动。辽朝统治者为进一步抬高佛教的宗教社会地位，下诏对境内的高僧大侣大肆地加官晋爵。当然，统治者这样做的目的一方面是为了显示对佛教的恩宠，另一方面也是想利用民众对这些高僧大侣的崇信心态，以便有效地统治全国民众。不过，佛教有时也会成为统治者的威胁。辽朝有各种名号的佛教邑社组织。有些人利用佛教邑社

第三章 大柄若在手，清风满天下

组织，煽惑邑社成员起事造反，以达到反对朝廷的政治目的。

可以看出，辽朝的崇祖与崇佛在某种程度上达到了重合，这是辽朝契丹文化的一个特点。由于佛教的受众较广，辽朝自辽太祖耶律阿保机统治时期开始就积极接受佛教。随着佛教在辽朝社会的广泛传播，契丹—辽朝统治阶层的神权与皇权逐渐走向合流，借以利用宗教构建和巩固皇权。正是因为佛教在辽朝的地位之高、受众之广，故而在辽朝灭亡后，后世史家有"辽以释废"之语。

完颜亮对于佛教的打压，大概也是吸取"辽以释废"的教训。女真建国前曾长期处于辽朝统治之下，其接管辽朝的统治地域最初实行的是辽制，辽朝的崇佛之风难免会对其产生影响。而经过了一味地模仿辽朝崇佛后，金朝统治者逐渐清醒过来，谨慎地考虑辽朝因崇佛而导致的统治危机和社会问题。所以，为了避免重蹈"辽以释废"的覆辙，金朝统治者适当地调整崇佛政策，限制佛教的发展。完颜亮即位后，虽然坚持对佛教实行利用与限制相结合的政策，但对佛教的限制始终多于利用。特别是其毁寺建陵，便可以看作是通过限制佛教来加强君权统治的缩影。

那么，我们回过头来再看完颜亮在佛寺之上营建山陵就容易理解了。山陵的营建工作由吏部尚书耶律安礼和大兴少尹苏保衡

正隆南伐：图治之君的"疯狂"选择

负责。在山陵营造期间，完颜亮曾多次到大房山视察，若不满意就杖责主管官员，若满意就赏赐物品。贞元三年（1155）五月，完颜亮命判大宗正事完颜京等人回上京迁太祖、太宗梓宫。紧接着六月，完颜亮又命右丞相仆散师恭和大宗正丞胡拔鲁至上京迁山陵，并迎接徒单皇太后至中都。八月，派遣平章政事萧玉在广宁府迎祭祖宗梓宫。九月，派遣平章政事张晖到宗州（今辽宁绥中县南）祭奠路途中的梓宫。同月，梓宫和徒单皇太后到达中都郊外，完颜亮亲自迎接。完颜亮将祖宗牌位暂时安置在延圣寺，在东郊祭奠梓宫，梓宫安置在丕承殿。不久，大房山行宫建成，名为磐宁。十一月初一，将梓宫从丕承殿迁移至大房山陵寝安葬。三天之后，山陵礼成。完颜亮下诏内外大小职官覃迁一重，放免贞元四年（1156）的租税，久在边疆屯戍未经替换者，每人赐绢3匹、银3两。至此，金太祖、金太宗和被追封为金德宗的完颜宗干的陵寝，都安迁入大房山。

完成太祖、太宗、完颜宗干的迁葬后，完颜亮又开始筹划建国前十祖陵寝的迁葬。正隆元年（1156）七月，完颜亮派太保、宗室完颜昂至上京迁移始祖函普以下十人的陵寝。同年十月，将其葬于大房山。如此，完颜亮的迁陵工作全部完成。营建大房山皇陵的同时，完颜亮在鹿门谷营建了诸王兆域，用以埋葬从上京

第三章　大柄若在手，清风满天下

迁来的诸王之墓。被废为东昏王的金熙宗就被完颜亮葬在鹿门谷。

完颜亮将金朝已逝的列祖列宗、王公贵族都迁到中都，此举可见他是真的要抛弃女真内地而选择中都作为大本营，体现出明显的南向发展战略。

猛安谋克户的南迁自金初就已经开始了。金军攻克中原之后，在河北、河东等地驻兵留守。每个州汉人、契丹人、奚人、渤海人、金人多寡不一。基本上是大州留1000户，县镇留百户，不会超过这个标准。金太宗天会年间开始有组织地将猛安谋克户向中原迁移。金熙宗废除刘豫伪齐政权后，为防止当地人反叛，开始置屯田军。屯田军包括女真户、契丹户、奚户。朝廷下令让他们与百姓杂处而居。

完颜亮迁都至中都后，随着中央机构入驻中都，陆续将诸宗室贵族的猛安谋克迁到中都、山东、真定府等中原地区。金太祖、完颜宗干、完颜宗翰的猛安合并为合扎猛安，正式称为侍卫亲军，置侍卫亲军统军司来管理，安置于中都路。安置于中都路的还有右谏议完颜乌里补、太师完颜勗、宗正完颜宗敏等家族。完颜亮将景祖之孙完颜斡论、同母弟完颜襄之子完颜和尚、完颜宗望之孙完颜胡剌、完颜亮的表姐夫完颜昂、完颜乌里野、完颜勃鲁骨、完颜许烈、完颜勃迭等八猛安安置于山东路；将完颜宗贤家族迁至北京大定府，兼领北京宗室事；将曾反对迁都的完颜按达海家族迁往河间府（今河北河间），完颜按达海本人则先后外任为济南尹、西京留守。为了维持这些南迁的猛安谋克户的生计，完颜亮派遣刑部尚书纥石烈娄室等11人，分括各地的官田、荒闲牧地、绝户地、增置土地、僧尼道士女冠等地租给他们增田置业。

作为一位从小接受汉文化教育的女真人，完颜亮对汉文化与中原制度十分向往。在一众汉人士大夫的建议下，完颜亮重构以中都为中心的京都制度，迁祖宗陵寝于中都，将贵族宗室分置于中原地区。此时，完颜亮南向的战略意图已非常明显地展现在世人面前。

三、发展科举，重用士人

金元之际著名的诗文大家王恽曾说过，崛起于海东的金朝，在方域甫定之际即设科取士，求贤若渴如此，故文风振而人才辈出，治具张而纪纲不紊，享国虽百余年，典章文物却可比于唐宋之盛。王恽给予的评价，是对金朝科举取士的十分肯定。

第三章 大柄若在手，清风满天下

享有总人数不限的用荫资格。自完颜亮统治的贞元二年（1154）起，八品的用荫资格被废除，同时，七品以上的用荫人数也受到限制。

其次，完颜亮重视科举取士的人才选拔，常常亲自命题。天德三年（1151）进行的科举考试是完颜亮即位后举行的第一次科举考试。出于完颜亮意旨殿试赋题为《天赐勇智以正万邦》，借考生之口来证明自身即位的合法性。

历届主考官很是能揣摩上意，所出试题也都参照完颜亮当时的心境。贞元二年（1154）省试主考官太常卿翟永固和翰林待制张景仁出的省试赋题为《尊祖配天》。当时完颜亮正在忙着准备迁陵、建立宗庙制度等国家大事，二人所出题赋自是与时事相关。尽管如此，也并不能使完颜亮满意，认为他们这是随意猜度己意。完颜亮召见翟永固，直言赋题不称意。完颜亮责问翟永固："我祖在位时祭天拜吗？"永固回答："拜。"完颜亮问："岂有生则致拜，死则同体配食者乎？"永固回说，古已有之，记载在典礼中。完颜亮问："如果桀、纣曾行，我也要行吗？"这就是不讲道理了，然后强行杖责翟永固和张景仁各20杖。完颜亮的气还没有消，又逢一进士张汝霖赋，其中说，现在，将行郊祀。完颜亮质问张汝霖道："你怎么知道我郊祀？"张汝霖吓得

正隆南伐：图治之君的"疯狂"选择

大气也不敢喘，随即被杖责三十。

正隆五年（1160），金朝举行第四次科举考试。同知汴京留守事任熊祥被任命为主考官，省试赋题为《事不避难臣之职》。等到御试，任熊祥复以《赏罚之令信如四时》为赋题。完颜亮大喜，随即以任熊祥为翰林侍读学士。此事之缘由为此次科举考试之前东海县（今江苏东海县）发生百姓起义。当时受命征讨的大臣张弘信胆小畏战，称病逗留不前。起义平息后，完颜亮杖责张弘信200杖，以儆效尤。任熊祥的两道赋题分别遣责了张弘信，颂扬了完颜亮，可谓一举两得，合乎时宜。

完颜亮对科举的重视，还体现在亲自批阅试卷。天德三年（1151）的第一次考试，完颜亮就亲自阅卷。当时有考生郑子聃，及冠就能作赋，时辈莫能与其匹敌者。殿试第二天，完颜亮审阅郑子聃的试卷后，大为赞赏，又召来著名文人杨丘行一同赏阅。杨丘行审阅后说，此人可入甲乙。果然，出榜后郑子聃中第一甲第三等。即使如此，士人仍称屈其才。就连郑子聃也不满意考试结果，认为自己应该高中状元。对此，完颜亮倒也不以为然。

正隆二年（1157）会试结束，完颜亮以第一名程文所作赋问郑子聃作何评价。郑子聃认为十分容易。完颜亮却以为他不够谦虚，认为别人都不如他。为了考验郑子聃，完颜亮让其与翰林修

第三章 大柄若在手，清风满天下

撰綦戬、杨伯仁，宣徽判官张汝霖，应奉翰林文字李希颜同进士杂试。同年七月，完颜亮于便殿亲览试卷。时中第者共73人，郑子聃果然是第一名。完颜亮这才信服。随后郑子聃进官三阶，除翰林修撰。

贞元二年（1154），吕忠翰殿试已经取得第一名，但是尚未公布。完颜亮让当时有文名的左拾遗杨伯仁阅览吕忠翰的试卷，问其优劣。杨伯仁回答道："当在优等。"完颜亮笑道："此乃今科状元也。"

完颜亮亲自主持的科举考试选拔了一些为大众认可的人才的同时，也做到了人尽其用。完颜亮特赐贵妃唐括定哥家奴孙梅进士及第；特赐綦戬及第，授翰林应奉文字；特赐高怀忠、高怀正及第。

完颜亮改进了科举制度，在其统治时期共开科举考试四次，在中第的进士中出现了一批名臣文士。其改革为后来金世宗和金章宗推进和完善科举制度提供了保障，在有金一代占据一席之地。

整体看来，金朝科举在乡试时，朝廷不会给予某一地区固定名额，而是在考试的各个阶段都以等比例选拔合格者。因此金朝不会出现像北宋那样应试者对解额数多的地区趋之若鹜，更改籍贯到开封府附近应试的情况，也不会出现像南宋那般应试者一窝

正隆南伐：图治之君的"疯狂"选择

蜂地参加特定形式的考试的情况。

相较于其他路，金朝的中都、西京、河北西路、河东南路，在有金一代保持了一定数量的及第比例。这些地区的士人阶层，对应试的积极性较其他地区更高，其科举业的成熟程度亦高于其他地区。这大概是由于其金初受战乱影响较少，且前代以来这里科举应试就已兴盛。紧接着是山东东路、山东西路、京兆路、南京路。其中，京兆路、南京路及第者数量落后于河南路、陕西路等。基于此，金初河北、山西、山东地区的士人阶层继承并保持了前代的势力，河南、陕西等受战乱影响大的地区的士人阶层则受到了重创。

金朝稳定统治后，在全境继续推行科举制度。但是金朝与前代不同，其完全不参与学校建设等教育制度相关的完善工作。因此，金朝科举应试环境和教育的完善基本都是由民间自发进行。这就导致境内各地的教育环境参差不齐。较为突出的事例如河北西路的威县直到正隆元年（1156）为止，竟然无一人及第，县学也处于荒废状态。而中都路的蓟州早在金太宗天会年间已经在太守、同知、军事判官和州学生的共同努力下重新修建了庙学。

完颜亮天德三年（1151）设立国子监以后，金朝逐渐开始完善其公共教育设施。金世宗大定六年（1166）设立太学，十六年

（1176）设立府学，之后又设立了州学。正是金朝科举、学校制度的完善扩大了士人阶层，恩荫制度的完善限制了用荫入仕，这些加速了科举竞争和士人阶层的流动。随着金朝科举、学校政策的发展，士人阶层规模扩大，其影响范围也向原来对科举应试并不积极的地区扩大。

值得注意的是，金朝中期以后，参加女真人科举（包括女真科与策论科）的应试者数量极速增加。当时女真赖以生存的猛安谋克屯田制度已经穷途末路，人口激增给女真人户带来极大压力。对于普通的女真民众来说，进入享有一定资产供给的女真学校，靠着自身努力争取到女真科进士及第，进而获得高官职出人头地，是相对公平可靠的改善生活的途径。部分女真人参与到科举之中，起到了安定女真社会的作用，有利于儒家教育在女真人中的普及。不过，这些群体进入女真学校并没有给女真的社会结构带来改变，女真士人被占绝大多数的当地士人所包围，他们也没能够参与到当地的士人阶层中去。

第四章

提兵百万西湖侧,立马吴山第一峰

> 万里车书一混同,江南岂有别疆封?
> 提兵百万西湖侧,立马吴山第一峰。

完颜亮即位后,金朝与宋朝之间的和平关系延续了一段时间。随着诸项改革的顺利进行和心态变化,完颜亮准备南下攻宋。攻宋之前,完颜亮遣翰林侍讲学士施宜生进入宋朝觐见。施宜生隐藏于画工之中,偷偷记下临安的城邑、市井和吴山的秀丽

第四章 提兵百万西湖侧，立马吴山第一峰

风景，绘制成图进呈给完颜亮。完颜亮令翰林修撰蔡珪作诗，故有此七绝。作罢，完颜亮诡辩为御制诗。撇去此诗是否出自完颜亮之手的疑惑，诗中表达的确是其南下的真实心境。

一、皇统和议后的金宋友好往来

金朝与宋朝的关系在"皇统和议"之后，至完颜亮南伐之前处于和平相处阶段。此次和议之后，金朝在完颜宗弼的主持下，定下了与宋朝交往的基本基调。

完颜宗弼，女真名兀术，是金太祖完颜阿骨打的第四子。宗弼早年跟从完颜杲追袭辽朝天祚帝，又跟随完颜宗望南下攻宋。宋高宗赵构逃奔江南，宗弼率军一路追击，迫使其逃至海上。宗弼一生戎马，屡次与宋朝名将韩世忠、岳飞、刘锜所部进行对战。曾累官至右副元帅，都元帅，领行台尚书省事、都元帅，领三省事、都元帅等职。皇统八年（1148）十月，病逝。大定十五年（1175），金世宗追谥号为忠烈，大定十八年（1178），配享太庙。

金太祖完颜阿骨打起兵反辽之时，完颜宗弼尚未成年。等到宗弼成年上战场作战时，金朝对辽朝的战争已经接近尾声。金朝

正隆南伐：图治之君的"疯狂"选择

天辅六年（1122）正月，发动对辽战争，完颜宗弼跟随叔父完颜杲出征，在一次战役中独自砍杀8人，生擒5人，初露锋芒。

金太宗天会三年（1125）十月，金军分东、西两路大举南下攻宋。完颜宗弼作为东路军统帅完颜宗望的部将，率领3000骑兵为先锋军。在得到宋廷割地赔款的许诺后，撤军北还。天会四年（1126）八月，金军再度分兵南下，完颜宗弼依旧作为右副元帅完颜宗望的部将随军出征。于次年二月，灭亡北宋。这一时期完颜宗弼在军中属于中层将领。

金天会五年（宋靖康二年，1127）五月，康王赵构在南京应天府称帝，是为宋高宗，改元建炎。金朝为了彻底灭亡宋朝，再次分兵南下。完颜宗弼这次跟随东路军主帅完颜宗辅率军南下。一开始，完颜宗弼作为先锋军，先后攻占濮州、大名等地。天会七年（1129），完颜宗弼升任元帅左都监，正式升为高级将领，相当于东路军的三号人物，拥有独立领兵的资格。金朝初期的军权掌握在都元帅府中，有都元帅、左右副元帅、左右监军、左右都监。由此可以看出，天会七年（1129）之前，完颜宗弼还没有进入金朝的高层军事指挥系统。

天会七年（1129）完颜宗弼升职后，主动请缨过江。九月完颜宗弼得知宋高宗已逃亡扬州，于是率军穷追不舍。宋高宗又先

第四章 提兵百万西湖侧，立马吴山第一峰

后逃到杭州、明州（今宁波）等地，完颜宗弼依旧穷追不舍。就这样，宋高宗一路跑，完颜宗弼一路追击，追到海上也没有抓住宋高宗。此时，完颜宗弼已孤军深入宋地许久，只得向金太宗上书称已"搜山检海"完毕。于天会八年（1130）四月，完颜宗弼率军沿京杭大运河一路烧杀抢掠到长江关口，试图在镇江渡江北归。结果，金军遇到早已在此等待的韩世忠部，继而爆发黄天荡之战。经过几次尝试，完颜宗弼率军突围，成功北返。因为这一次渡江攻宋受挫，金太宗决定改变之前的战略，暂时放弃遣军直趋江浙攻灭宋朝的企图。

金太宗根据左副元帅完颜宗翰的建议，为了解除宋朝对其占有的河东地区的武力威胁，决定集中兵力先攻取陕西地区。金太宗令右副元帅完颜宗辅替代陕西都统完颜娄室为攻陕的主帅，以完颜娄室与完颜宗弼为副手，企图攻取陕西，继而入川蜀沿长江顺流而下攻宋。完颜宗弼的军队到达陕西后，进驻与富平毗邻的下邽县，距离宋军驻扎地富平约80里。

1130年金宋双方在富平爆发战争。完颜宗弼所部对阵的是身经百战的宋将刘锜。刘锜首先率泾原路宋军迎击完颜宗弼左翼军，将金军包围起来。完颜宗弼的部将被斩杀甚众，后历经苦战奋力突围，坚持到完颜娄室前来救援。完颜娄室所部对阵的是宋

朝猛将吴玠所部。娄室作战经验丰富，利用宋军布阵的弱点，在平原上施展骑兵战术特长，使宋军方阵陷入混乱，彻底溃散。最终，金军以少胜多取得富平之战的胜利。

富平之战后不久，完颜娄室病故。完颜宗辅以完颜宗弼为右翼都统，阿卢补为左翼都统，招降陕西尚未攻下的州城。天会九年（1131）正月，金军占领宋朝的泾原、熙河两路，完颜宗辅返回燕京，完颜宗弼随之成为陕西地区金军的统帅。这是完颜宗弼军旅生涯中第一次成为独掌一方军政大权的军事统帅。同年十月，完颜宗弼率军自陕西攻取四川，途经和尚原，遭到扼守此处的宋将吴玠、吴璘所部的顽强抵抗。完颜宗弼身中流矢，甚至剃掉胡须而去，金军死伤大半。这是宗弼从军以来最惨重的失败。

天会十一年（1133）十一月，完颜宗弼再次出兵，击败吴璘所部，夺取和尚原。天会十二年（1134）二月，完颜宗弼率军攻打入川门户仙人关。此战完颜宗弼准备充分，纠集数十万精兵，转三河之粟，决意一举拿下蜀地。结果又被宋将吴玠所部击败。完颜宗弼决定不再与善战的吴氏兄弟死磕，由陕西返回燕京。直到皇统元年（1141），完颜宗弼致书宋高宗赵构命吴氏兄弟退兵，不战而胜取得川陕一带的控制权。

天会十三年（1135）正月，金太宗驾崩。完颜宗弼受到完颜

第四章　提兵百万西湖侧，立马吴山第一峰

宗干的召唤，率军返回京城，扶持金熙宗完颜亶登基。不久又很快南下主持大局。金熙宗天眷二年（1139），完颜宗弼升任都元帅，封越国王，正式掌控金朝最高军政大权。天眷三年（1140）金熙宗加封完颜宗弼太保，兼领燕京行台尚书省。

掌握最高权力后，完颜宗弼向金熙宗请示发动对宋战争，出兵夺回交还给宋朝的河南、陕西之地。一月之间，完颜宗弼攻取河南、陕西大部分地区，宋将岳飞等部退到颍昌（今河南许昌）以南，金军顺利进驻汴京。完颜宗弼趁势占领淮河以北地区，挥军南下，在顺昌（今安徽阜阳）败于宋将刘锜所部，在郾城、颍昌大败于岳飞所部。此战，完颜宗弼险些被俘。后来幸亏宋高宗下令岳飞班师，宋军全部撤出河南，金军才夺回河南、陕西之地。完颜宗弼仍任都元帅，领行台尚书省事。

顺昌、颍昌大败后，完颜宗弼并未放弃与宋朝划淮为界的想法，再次向金熙宗请战。皇统元年（1141）二月，金军攻克庐州，与宋军战于柘皋镇，大败而归。金军退至淮北，宋军也退至江南。金军在战场屡次失意，令完颜宗弼意识到目前不可能战胜宋军，还有被打败的风险。既然打不赢，不如利用宋朝皇帝胆小怕事的弱点，谋求利益的最大化。于是，完颜宗弼开始着手与宋朝的和谈行动。完颜宗弼先放回被扣押的两名宋朝使者，表示愿

正隆南伐：图治之君的"疯狂"选择

意议和，随后亲率大军渡淮河，攻破泗州、濠州等地，吓唬宋高宗金朝可能会再次发起进攻，软硬兼施逼迫宋高宗接受议和条件。皇统二年（宋绍兴十二年，1142）二月，双方正式签约。可以说，完颜宗弼以一己之力，明确意识到打不赢宋朝后，果断由主战派变成主和派，使金朝免于战败的风险，为金朝争取到最大的利益。《金史》赞曰，当时如果没有宗弼，金朝之势将去。金世宗也评价在完颜宗翰之后，唯有完颜宗弼一人。

作为金太祖庶子的完颜宗弼，在宗室武将中地位很高，对统治者忠诚，即使手握重兵也不会功高震主、图谋皇位。只要朝廷需要，完颜宗弼立刻带兵回朝为皇帝保驾护航，主持大局。完颜宗弼心里始终装着的是金朝的整体利益，将个人利益与金朝利益高度绑定。无论是扶持合法的继承者金熙宗完颜亶登极，还是在对宋关系中为金朝争取利益最大化，甚至临终都在为金朝大局考虑。所以说，完颜宗弼不仅拥有不凡的军事能力，政治能力也是一流，从来不刻意参与金朝高层的内部斗争，在其人生走到尽头时获得了一个完美的结局。

完颜宗弼的军旅生涯长达几十年，多数时间处于战争前线的完颜宗弼与宋将进行过无数次的战斗，对宋朝的实力变化有着强烈的感知。故而，在和议之后金朝对宋的战略思想基本以和平为

第四章 提兵百万西湖侧，立马吴山第一峰

主。皇统八年（1148）完颜宗弼病危时亲笔写下的"临终遗行府四帅书"更是成为金朝对宋的指导思想。其具体内容如下：

上天给我如此短的寿命，我恨不能与国同休。我少年勇锐，冠绝古今。跟随先帝南征北讨，为大元帅左都监，行营号为太子军，东游海岛，南巡杭越，西过兴元，北至云城。如今契丹、汉人，侍奉吾国岁久，心悦诚服于吾国。我大为忧虑者，即南宋近年军势雄锐，听闻张、岳、杨各有不协，实乃国朝之幸。我今日已到危急关头，虽然有志，但命已不能保，只得留遗言于你们：我身后，宋朝如果败盟，任贤用众，大举北来，乘势收拢中原人心，恢复故土易如反掌。我分别嘱咐你们，切记要谨守，不要忘了我的告诫。如果宋兵势盛，就用兵马攻破它；如果不能制御，就与朝廷商议，选用能臣为辅佐，遣天水郡公赵桓（宋钦宗）安坐汴京。宋朝之礼没有弟弟与兄长相争者，如果对方还是违背，就辅佐天水郡王并力破敌。如此，即可安中原人心，亦不能成为我朝祸害，不足为虑。此为一也。宋朝如果信守誓言，尊奉我朝的命令，时时互通国信，更加和好，悦其心目，不过数年后，供给岁币，色色往来，竭其财赋，怎么能不重敛于民。江南人心奸诈狡猾，既然无端被扰乱，其人情必作叛乱，此无须多虑者二也。十五年后，南军衰老，纵用贤智，也驱使不动，此无虑者三

正隆南伐：图治之君的"疯狂"选择

也。等到其失望，人心离怨，军势隳坏，然后观其举措。这时候你们应团结一心，选用精骑，备其水陆，谋用材略，取江南如拾芥，有何难的。尔等切记我的叮嘱。我昔日南征，亲眼所见宋朝所用军器，大妙者不过神臂弓，次者重斧，外无所畏，今付样子造之。

完颜宗弼认为在皇统和议之前，宋朝的实力发展已经不可小觑，到和议之后依旧如此。完颜宗弼的遗言主要表达的是要继续保持与宋朝的和好关系，不要随意惹是生非。不过，他没有一味地让金朝保持和平，认为要随时做好预防宋朝背盟的准备，并亲自制定出一系列防御宋朝军事进攻的策略。他提议，如果宋朝敢主动举兵来攻，就动用金朝的精锐骑兵打败宋军。如果一时不敌宋军，就请出北宋的亡国之君宋钦宗，令其坐镇汴京，协助稳定中原地区，以立长立嫡之制，标榜正统，压制宋高宗。他主张短期内与宋朝和好，等到十五年后，宋军衰老再出兵。这是完颜宗弼为金朝提出的一项积极而又全面的战略措施。

完颜宗弼的临终遗言中以预防为主的对宋方针和政策，是基于他在前线与宋朝多年作战的经验所得。宋金双方多年交战，互有胜负，皆损耗甚重，实际上已基本处于实力均衡的态势，并不像宗弼所说宋强金弱。即使宗弼对金宋态势有误判，但和约签订

第四章 提兵百万西湖侧,立马吴山第一峰

后,宋金保持势力均衡的态势及和好关系,是肯定的。

二、金宋交聘制度与榷场贸易

皇统和议后,金宋双方经过协商,确立了正式的交聘制度。金宋交往之初仅仅是仿照之前辽宋的交聘制度制定了一些双方的往来礼仪,并未建立正式的交聘制度。

天辅六年(1122),金宋双方商议交割燕京等地之事,金人乌歇、高庆裔等出使宋朝,按照辽宋交聘之制讲究交接礼数。诸如上殿奏事、差馆伴使的级别之类问题。宋朝本来不想答应金朝使者的要求,以两国往来之仪未定为由拒绝。金使高庆裔拿出契丹当时的例卷反击宋朝。宋朝见状无法辩驳,只能选择性地按照辽宋以往的交聘礼仪来接待金使。

天辅七年(1123),金使银术可等人出使宋朝,称今后双方通好,不知道该为弟兄、叔侄,还是知友,要求宋朝明确交聘制度和具体礼仪。宋朝大臣王黼说与敌国往来,只能用知友之礼。于是,金宋双方按照敌国知友之礼确立交聘制度,每年互遣使者。其中,两方正旦、生辰派遣使者永为常例,庆典、吊祭则具体而论。后来,随着金宋战争的爆发,双方按照对等关系所确立

正隆南伐：图治之君的"疯狂"选择

的交聘制度很快被破坏。

至皇统元年（1141），金宋双方经过商议签订了"皇统和议"。和议规定每年双方皇帝生辰、正旦，对方需要派遣使者称贺。这次议和双方按照君臣之国的要求，确立了金宋的交聘制度。自此之后，金宋之间的交聘制度基本沿袭到金朝灭亡。

金宋双方"皇统和议"规定，每年农历正月初一，双方必须派遣使节向对方祝贺，称为"贺正旦国信使"，简称"正旦使""贺正使"等。双方皇帝的生辰，对方须派遣使节祝贺，称为"贺生辰国信使"，简称"生辰使""生日使"等。双方皇帝生辰拥有各自的特殊名称，金太宗完颜晟的生辰称作"天清节"、金熙宗完颜亶的生辰称作"万寿节"、海陵王完颜亮的生辰称作"龙兴节"、金世宗完颜雍生辰称作"万春节"、金章宗完颜璟的生辰称作"天寿节"、卫绍王完颜永济的生辰称作"万秋节"、金宣宗完颜珣的生辰称作"长春节"、金哀宗完颜守绪的生辰称作"万年节"。与之相对应的，宋高宗赵构的生辰称作"天申节"、宋孝宗赵昚的生辰称作"会庆节"、宋光宗赵惇的生辰称作"重明节"、宋宁宗赵扩的生辰称作"天祐节"、宋理宗赵昀的生辰称作"天基节"、宋度宗赵禥的生辰称作"寿崇节"等。双方贺生辰使相应地称"贺……节"。

第四章　提兵百万西湖侧，立马吴山第一峰

双方皇帝或皇太后逝世要遣使告知对方，称为"告哀国信使"，简称"告哀使"。对方得到消息后，要遣使前往祭奠和吊慰，称为"吊祭国信使"，简称"吊祭使"。皇帝或皇太后逝世一方需要将逝去皇帝或皇太后的遗留物品馈赠给对方一部分表示留念，派去的使者称为"遗留国信使"，简称"遗留使"。

双方有新帝即位需遣使告知对方，称为"告即位国信使"或者"告登宝位国信使"，简称"告即位使"或"告登位使"。得知对方即皇帝位，要专门派遣使者祝贺，称为"贺即位国信使"或"贺登宝位国信使"，简称"贺即位使"或"贺登位使"。

双方皇帝上尊号亦需遣使祝贺对方，称为"贺尊号国信使"，简称"贺尊号使"，等等。

金宋之间的使节往来，除了战争时期，一般皆按时派遣。双方若是有事需要临时沟通而派遣的使者称为"泛使"或"横使"。这类使者没有固定的名称。

金宋双方的使者有正使和副使之分，通常是一文一武充任。正使为文臣，副使为武臣。正使和副使之下分别为上、中、下三节人从，有50人到80人不等，也可达到百余人。他们当中包括翻译人员、医生、文书、护卫士兵等，各司其职。正使、副使与三节人从合起来称为"使节"。使节出使的同时，要给对方带去

朝廷准备的大批礼物。公务之外，使节还可以以私人身份赠送给对方的皇帝、大臣和使节一些礼物，称为"私觌"。

使节离开本朝境内，进入对方的辖境，对方需要派专人迎接，前去迎接者称为"接伴使"。接伴使的任务就是在边境迎接来使后，一路陪同使节进入京城，这才算完成了接伴任务。使节进入京城入住使馆，对方另外派人前往相伴，称为"馆伴使"。馆伴使的任务颇为复杂，需得陪同使节在京师的一切活动。据文献记载，金朝使节在宋朝京师的活动内容丰富。以某次宋朝接待金朝贺正旦使为例，其流程为：

金朝贺正旦使进入宋朝都城临安城门的前一天，宋朝皇帝赐宴于班荆馆；金使入城门，至都亭驿，宋帝下令赐金朝使者被褥纱罗等；入城门第二天，临安府派人送上酒食，提前与金使沟通之后朝见宋帝的礼仪，金使则投送朝见宋帝的文榜；第三天，在馆伴使的陪同下，金使至南宫门，在紫宸殿初次拜见宋朝皇帝，告退后赴客省，于垂拱殿接受宋帝赐宴和茶器名果等；第四天，赐生饩（馈赠的粮食或牲口），馆伴使陪同金使游览天竺寺，宋帝赐沉香、乳糖，斋筵酒果，至冷泉亭、呼猿洞而归；除夕日，宋帝赐金使内中酒食、风药、花炀，金使赴夜宴一同守岁；正旦日，金使见宋帝朝贺，礼毕，宋帝派遣大臣至驿馆陪同金使宴

第四章 提兵百万西湖侧，立马吴山第一峰

饮；初三，客省签赐酒食，赴浙江亭钱塘江观潮；初四，赴玉津园宴射，赐金使酒果弓矢等，朝廷挑选擅长射箭者为"伴射使"，陪同金使射箭。伴射使与金朝正使一同射弓，馆伴副使与金朝副使则射弩，若伴射使胜出，则有封赏；初五，于集英殿设宴；初六，金使至朝中辞还，宋帝赐金使裳衣金带、银器，临安府以书面形式说明朝廷欢送金朝使者的礼仪。宋帝派遣近臣赐宴陪饮，秘密赐其金银。至晚上赴宴，金使与宋馆伴使交换衣物留作纪念；初七，金使准备启程回朝，宋朝皇帝赐龙凤茶、金镀盒，金使乘马出城门；初八，宋帝再次派遣近臣于班荆馆内设宴款待。

经过这一系列交涉活动，金朝使者基本完成了他此次的出使任务。宋朝接待金朝使者、金朝接待宋朝使者的礼仪大体上相同。金宋双方使节出使所携带的礼物较为丰厚，皇帝也毫不吝惜对使节的赏赐。使节团在出使过程中，可以沿路进行商业活动，好似一支队伍庞大的贸易商队。

派遣使节从对方京城回朝时，对方须遣使相送，称为"送伴使"。送伴使一般由原接伴使充任，须一直护送使节出境，并在出境之前准备惜别宴。皇统和议后，金宋双方以淮河为界，惜别宴改为在船上进行。宋朝送伴使须和金朝使节一同登舟，在船上置酒三行而别。然后金宋使者各自回朝复命。至此，使节出使任

正隆南伐：图治之君的"疯狂"选择

务才算最后完成。

金宋双方达成协议，建立这种交聘制度，继承了辽宋之间的交往模式。皇统和议以后，金熙宗与宋高宗非常默契地维护着双方的交聘制度，时时告诫臣下多谈论友好之事，尽量不要徒生事端，维持了较长时间的友好和平。

除去交聘制度，金宋之间还设立了榷场。榷场指政权之间在边境一带设立的互市贸易场所，双方可以通过榷场开展经济贸易。

北宋徽宗宣和二年（1120），自辽入宋的赵良嗣浮海至金朝，代表宋朝与金人签订"海上之盟"。那时，宋朝就与金朝达成协议，若两方联合宋人需每年按照给契丹的银绢数目给金朝、照常设置榷场，并且商定事成之后将在榆关之东设置榷场。至宣和五年（1123），金宋商议交接燕京地区时，金人又追加在合适的地方设置榷场的要求。宋朝表示同意，并回书称金朝可以随便置榷场，按照以往与契丹的惯例交易就可以。后来，还未等双方建立榷场、开展互市贸易，金宋之间就爆发了战争。此事也就不了了之。

皇统和议后，金宋进入和平状态，双方设置榷场的约定很快又被提到议程上来。金朝陆续在泗州（今安徽泗县东南，江苏盱

第四章 提兵百万西湖侧，立马吴山第一峰

眙西北）、寿州（今安徽凤台）、颍州（今安徽阜阳）、蔡州（今河南汝南）、唐州（今河南唐河）、邓州（今河南邓州）、息州（今河南息县）、凤翔府（今陕西宝鸡市凤翔区）、秦州（今甘肃天水）、巩州（今甘肃陇西）、洮州（今甘肃临洮）、密州胶西县（今山东胶州）等地设立榷场。

宋朝则相继在盱眙（今江苏盱眙）、楚州北神镇（今江苏淮安北）、楚州杨家寨（今江苏淮安西）、淮阴磨盘（今江苏淮安市淮阴区）、安丰军花黶镇（今安徽寿县西）、安丰军水寨（今安徽寿县西南）、霍丘县封家渡（今安徽霍邱附近）、枣阳军（今湖北枣阳）、信阳军齐冒镇（今河南信阳附近）、光州光山县中渡（今河南光山北）、天水军（今甘肃天水西南）等地设立榷场。

随着接触交流的增多，金宋之间的榷场贸易逐步形成制度，建立起对双方有效的管理机制。宋朝榷场专门负责互市贸易的官员对过路商人携带的货物进行检查并估价。接着，榷场官员根据商人携带货物的价值，将商人区分为"大客"和"小客"。货物总值在 100 贯（后改为 300 贯）以上者称为"大客"。大客通常情况下不被允许前往金朝榷场进行贸易，只可以留在宋朝境内等候金朝的商人前来交易。货物总值在 100 贯（后改为 300 贯）以下者，称为"小客"。小客如果想前往金朝榷场进行贸易，必须

正隆南伐：图治之君的"疯狂"选择

以10人为保登记姓名，先将一半货物留在宋朝榷场，仅携带一半货物至金朝榷场进行交易。等到在金朝榷场的货物交易完毕，再返回宋境取另一半货物继续交易。金朝商人进入宋朝境内时，先由宋朝官司登记商人姓名，然后再到榷场进行贸易。互市交易进行过程中，双方商人各在一边，把货物交给宋朝主管榷场贸易的官员或牙官，由中间人来议价，以显示公平。等到双方成交以后，朝廷按照交易千钱各收五厘息钱的比例征收税钱。如此一来，商人与朝廷能够同时从中获利。

金宋榷场贸易广泛，交易物品种类繁多。宋朝向金朝输出的物品主要有粮食、茶叶、丝织品、布帛、象牙、犀角、果品等。金朝向宋朝输出的物品主要有皮革、食盐、珠玉、人参、松子、药材等。

皇统和议使得金宋之间维持了20余年的和平，确立了交聘、榷场贸易等诸项制度。双方的一系列措施，不仅增加了自身政府的收入，丰富了两朝人民的生活，还促进了双方经济、文化等各方面的交流与社会发展。这些为完颜亮发动战争奠定了物质基础。

第四章　提兵百万西湖侧，立马吴山第一峰

三、自古帝王混一天下，然后可为正统

完颜亮登上皇帝之位时，金朝已控制了淮河以北的大片疆域，使得其更加相信自己为天选之子，常常有"咨尔万方，当怀一统"之类语。

完颜亮曾与张仲轲等人一起讨论《汉书》。他一边品读，一边十分自豪地说："汉朝的疆域不过七八千里，如今我朝幅员万里，可以称得上广大矣。"张仲轲接话道："我朝疆域虽大，而天下却有四主，南方有宋朝，东方有高丽，西方有西夏，如果能占有其中的一方，才算广大呀。"张仲轲为人极其精明，正是因为了解完颜亮有一统天下之心，才故意出言劝说完颜亮统一天下。对此，完颜亮自是欣然接受。为了达到目的，完颜亮随即确立了先结交西夏、高丽，集中力量攻取南宋，而后再灭亡西夏、高丽的策略。完颜亮狂妄地预测金朝灭宋最多只需两三年的时间，接着讨平西夏和高丽，统一天下指日可待。

完颜亮将灭亡宋朝放在首位，与其迫不及待地想要以中国正统皇帝自居、获得全天下的认可有关。完颜亮自小接受儒家文化教育，对汉儒中流行的"华夏尊贵，夷狄卑贱"的传统思想十分

正隆南伐：图治之君的"疯狂"选择

反感。有一次，完颜亮对翰林承旨完颜宗秀、参知政事蔡松年说："朕每次读到《鲁论》中'夷狄虽有君，不如诸夏之亡也'的部分就非常厌恶，难道非要以南北区分、同类之比周而贵彼贱我吗？"他明确表示对孔子所言有关夏尊夷卑等语不甚满意，认为或按照南北地区，或按照民族不同来区分贵贱是不对的，主张无论哪一地区或哪一民族都有贵贱之分，而不是某一个民族都是尊贵的，而另一个民族都是卑贱的。

与此相似的例子还有完颜亮读《晋书·苻坚传》。苻坚是前秦的第三位皇帝，寿光三年（357）杀苻生自立为大秦天王，后陆续消灭前燕、前凉、代国等，统一北方。完颜亮对史家修书没有把苻坚放到记载皇帝之事的本纪中书写，而是将其放到与将相大臣同等地位的载记中书写大为不满。在他看来，苻坚等北方民族在中原地区建立的政权也应当算作正统，应与汉族王朝同等看待，史家也自然应把他们的皇帝与汉族政权的皇帝同等看待，写入本纪之中。完颜亮的言外之意是北方民族建立的金朝是正统王朝，金朝统治者也是中国正统皇帝，与汉族王朝的皇帝地位相同。完颜亮把自己看成是中国的一员，认为自己也有资格做一统天下的皇帝。这一思想放在当时无疑是具有进步意义的。

完颜亮深知自己虽然以中国正统皇帝自居，但仅仅占据北方

第四章　提兵百万西湖侧，立马吴山第一峰

射中门梁。后来任职中京留守，曾在此地游猎，围猎圈未合上时我就祈祷'我如果能登大位，在百步之内就猎获三只鹿，如果只能为相，则猎获一只鹿'。果然，不到百步我就连获三只鹿。接着我又祈祷'如果能统一海内，则再猎获一只大鹿'。于是，果然获得一只大鹿。"众臣听完完颜亮的话，皆点头称赞，也不好多说什么。完颜亮特意编造这番言论，目的无非是要说明他当皇帝的合理合法性，以及南伐宋朝，一统天下是天意所为。

不仅是大臣，完颜亮的南伐也遭到徒单太后的反对。完颜亮随即对其痛下杀手。就连皇后徒单氏和太子完颜光英也曾向完颜亮进谏，惹得完颜亮大怒。徒单皇后和太子急忙跑到宫中藏起来才没有被杀死。完颜亮先杀嫡母，又欲诛皇后、太子，朝野震动，再也没有人敢谏阻完颜亮南伐了。

一意孤行的完颜亮迁都中都后，又觉得中都离南宋太远，想迁都南京（今河南开封）。正隆二年（1157）五月，完颜亮将吏部尚书李通、翰林承旨翟永固、宣徽使敬嗣晖、翰林直学士韩汝嘉等召至薰风殿，对他们说："朕想将都城迁往汴京，重新修缮宫室，出兵江左，使海内统一，你们意下如何？"李通、敬嗣晖当即表示赞同。翟永固、韩汝嘉则认为满目疮痍尚未恢复，不能重劳民力营建汴都，更何况宋朝与我朝和好，每年以厚币输送我

正隆南伐：图治之君的"疯狂"选择

朝，不能出无名之师，兴重劳之役。对此，心意已决的完颜亮当然听不进去。可见，谏阻者多以师出无名为理由，完颜亮也知此，于是便专门挑衅宋朝，找借口攻宋。

正隆三年（1158）正月，宋朝出使金朝祝贺正旦的使者孙道夫等人准备向完颜亮辞行回国，完颜亮令左宣徽使敬嗣晖对孙道夫等人说，你们回去后告诉你们的皇帝，事我为上国心多不诚，今日略举二事："你们的百姓有逃入我朝境内者，边吏皆送还，我朝百姓有叛逃你朝境内者，相关部门往往推脱不归还，这是其一；你朝沿边盗买我朝鞍马，以备战阵，此为其二。取马和人，日后可用，如果没有人，得马百万又能干什么？我又岂能无备。也就是我不取你朝则已，如果想取，也并非难事。"完颜亮以此威胁宋朝，说宋人对金朝不诚心。这当然是无稽之谈，事实上宋朝担心得罪金人，一直小心翼翼，反复告诫地方州郡不要擅自接纳北方逃过来的人。

正隆四年（1159）正月，完颜亮又以宋人夹带违禁货物，图利交易为名，下令罢除密、寿、颍、唐、蔡、邓、秦、巩、洮、凤翔等处的榷场，只留下泗州榷场一处。完颜亮废罢榷场，是以宋人买马为借口，实际是为了进一步制造攻宋借口。二月，完颜亮明确诏谕宰臣伐宋之事，又对宰臣说宋朝虽然臣服，有誓约而

第四章 提兵百万西湖侧，立马吴山第一峰

不诚实，我听闻他们在沿边买马、招纳叛亡，不可以不防备。再次强调了宋朝意图不轨。

正隆六年（1161）四月，金朝以签书枢密院事高景山为龙虎卫上将军、殿前都点检，以右司员外郎王全为通议大夫、尚书刑部侍郎。二人分别担任正使和副使，出使宋朝贺宋帝生辰，顺便提出无理要求以激怒宋朝。

临行前，完颜亮叮嘱王全说："你见到宋主，就当面细数他们焚烧南京宫室、在沿边地区买马、招徕我朝叛亡者等罪过，还要指定他们的大臣来我朝，我亲自责问他们。另外，你向他们索要汉、淮之地，如果不从就厉声诋责，他们必定不敢加害你。"完颜亮意图令王全出言激怒宋主，以便南伐有名。说罢，又转头向高景山道："你回来，把王全所言汇报给我。"

高景山和王全二人至宋朝都城面见宋高宗时，已是五月份。王全到宋廷面见宋高宗后，按照完颜亮事前叮嘱说与高宗。王全先是要求宋朝割让汉、淮之地，要求宋朝宰臣汤思退、陈康伯，知枢王纶，殿帅杨存中，知阁郑藻等人参加谈判，如果不答应，就挑起战争。

汤思退在绍兴二十九年（金正隆四年，1159）升任尚书左仆射，在南宋朝属于主和派，与秦桧关系密切。他一直主张金宋议

正隆南伐：图治之君的"疯狂"选择

和，极力排挤主战派人士。陈康伯绍兴二十九年（金正隆四年，1159）升任尚书右仆射、同平章事。在完颜亮南伐时，力主抗金，在之后的采石之战中大败金兵。杨存中多次参加对金作战，曾击败完颜宗弼的军队，立下不少战功。王纶曾在绍兴二十九年（金正隆四年，1159），为称谢使出使金朝。金朝要求南宋的宰臣和将帅到自己的境内面圣，对宋朝来说无疑是一种挑衅。

宋高宗听后很是无奈，只得耐着性子对王全说："听闻您是北方名家，怎么可以这样说话？"王全回复道："赵桓如今已经死矣。"宋高宗听罢悲伤不已，宋人这才知晓宋钦宗已去世的事实。即便如此，宋高宗也不能同意金朝的请求。

高景山和王全以所请不获，遂出言不逊。宋高宗大怒，宋将成闵当廷怒叱二人无礼，请示要杀掉他们。还是杨存中没有被愤怒冲昏头脑，及时出面制止道："我们想尽忠报国，应当为朝廷宣力疆陲，现今白白杀掉二人有什么好处呢？"成闵遂作罢，乞求外任治兵，以死报国。宋高宗环顾周围侍臣说道："二十年来我朝卑辞厚礼以待，无微不至，为天下生灵固守盟好。如今金朝君臣无道，谋求我朝土地，企图易主。我难道就不敢以我百万之众与其较量一番哉！"宋高宗的慷慨陈词得到众臣一致称赞。

同年七月，宋朝派遣同知枢密周麟之前往金朝贺迁都之喜，

第四章　提兵百万西湖侧，立马吴山第一峰

借机刺探金朝的情况。没想到，周麟之胆小如鼠，推辞不敢前行，非要请宋高宗赐其割地权才会出使。宋高宗一气之下，将其贬往筠州，以枢密都承旨徐嘉代行。到了金朝边境，完颜亮只派遣中议大夫、翰林侍讲韩汝嘉执金牌传旨以金朝中都有急事为借口，不接见宋使。其本意是宋朝派出的使者不是当初高景山要求来谈判的人，必须派金朝指定的人出使才可以。

其实，在孙道夫等人之外，宋朝已经有一些大臣看出金朝的南伐之意。绍兴二十六年（金正隆元年，1156）三月，东平府进士梁勋至朝廷上疏请求备战，宋高宗认定其所献书无用，妄议边事，并将其发配到千里之外。同年五月，面对宋高宗一味地守盟讨好金人，原宰相张浚上疏称："臣实在忧虑，以为自此数年之后，民力日竭，财力更加困乏，士卒更加衰老，人心更加离散呀。忠臣烈士沦亡殆尽，内忧外患相继而起，陛下将以何为对策。"可惜张浚的一番肺腑之言并未引起宋高宗的重视。

绍兴二十九年（金正隆四年，1159）正月，宋朝国子司业黄中、阁门祗候李景夏等出使金朝祝贺完颜亮生辰。宋使进入金朝境内发现金人正在大量征调民夫，营建汴京宫室。回朝以后，宋使向宋高宗汇报了所见所闻，建议朝廷提早防备。宋高宗对此亦不以为然，还谴责黄中等人。

正隆南伐：图治之君的"疯狂"选择

同年四月，归朝官李宗闵上书说："臣打探到金人近来在岐、雍间伐木以建造浮梁，东京、长安皆在修建宫室，征调诸路戍兵，聚于关陕之地，游骑千数出近边探查我朝虚实，其中有什么阴谋诡计不可窥测。臣自知地位低下，愿效犬马之劳。以区区管见，希望有益于朝堂未议之事，析为三事。第一方面是严守御，也就是保证重兵驻屯于武昌、荆州、襄阳之间，这样才能保证军事局势的稳定。第二方面是募新军，因为三衙及诸处招军，都是市井游手好闲之辈，无法用于战斗。必须要招募福建、汀、赣、建昌四郡之民，他们彪悍勇敢，可以保证军事胜利。第三方面是通邻国，也就保证知晓敌方的信息。"

李宗闵的备战措施包括在要冲处加强守备、招募新军、结交邻国三个方面进行。从后来完颜亮开启南征，分四路出兵的路线来看，李宗闵的建议基本是中肯的。至于结交邻国，暂且不说联合西夏是否太过理想化，仅就这一建议的思路看，是有其可取之处的。因为当初完颜亮制定的统一天下的目标，其实是包括西夏在内的，所谓唇亡齿寒是也。只可惜当时宋高宗仍然不相信金人欲叛盟，并未给他任何回复。

绍兴二十九年（金正隆四年，1159）十二月，原来为宋人的施宜生作为金朝使者至宋朝贺正旦，将金人准备南伐的情况秘密

第四章　提兵百万西湖侧，立马吴山第一峰

透露给宋朝使者。绍兴三十年（1160），二月派出的宋朝遗留使贺允中等人，四月派出的报谢使叶义问等人，皆探查到金朝败盟的迹象。综合这些迹象，宋朝兵部尚书兼权翰林学士杨椿建议宋高宗事先为备。杨椿与右仆射陈康伯一同向宋高宗提出四项防御措施。宋高宗虽然表示赞赏，但仍不愿意执行。

绍兴三十一年（金正隆六年，1161）正月，虞允文等人至金朝贺正旦，见到运粮造船者甚多。完颜亮以将要到洛阳看花为理由搪塞过去。虞允文回朝后就将此上奏给宋高宗。直到同年五月，金朝使者高景山、王全出使宋朝，以言语挑衅，宋高宗才真正感受到危机，并召集一众大臣商议应对之策。宋朝众臣对待这一问题出现了战、和、守、逃等诸种建议。宋高宗采纳了主战派的建议，开始备战。即使如此，宋高宗仍心存幻想，又派出徐嚞去试探金朝。结果被金朝拒于边境之外。至此，宋高宗才感觉和盟已变，决定用兵。

金朝一方听闻宋朝已经开始备战了，完颜亮假装大怒道："我本来筹谋南下征伐已久，苦于没有理由，现今总算出师有名了。"借此，完颜亮全力准备南征事宜。出征前，完颜亮召集诸将，折三箭为誓。折第一箭曰："朕在此发誓，此行如果攻不下江南，绝不返朝！"折第二支箭曰："南伐获得的金银财宝、女子皆赏

予众将士,众将士在战场不拼命者杀无赦!"折第三支箭曰:"出征南伐之事已定,有敢上谏者杀无赦!"

四、完颜亮的扩军备战,横征暴敛与各地反抗

师出有名的完颜亮,不仅制造南征的舆论,事实上已经着手准备南征的诸项事宜。加之金宋之间多年的和平,为金朝积累了一定财富,为完颜亮起兵南征奠定了基础。

早在正隆四年(1159)二月,完颜亮已诏谕宰相群臣准备伐宋之事,征集军队备战。完颜亮派遣使者赴上京、速频路、胡里改路、曷懒路、蒲与路、泰州、咸平府、东京、婆速路、曷苏馆、临潢府、西南招讨司、西北招讨司、北京、河间府、真定府、益都府、东平府、大名府、西京路等地征集兵马。按照规定,征调的诸路猛安谋克军年纪在20岁以上、50岁以下,皆录入军籍,即使是亲老丁多者也不例外。

征发的猛安谋克军包括女真、契丹、奚等族,这些人不限丁数,凡有丁者皆入兵役。身材修长者列为正军,矮弱者归为阿里喜(正军的副从),共计得24万。一名正军配有一名副手,共12万余。

第四章 提兵百万西湖侧，立马吴山第一峰

将猛安谋克军征集完成后，完颜亮下令开始着手在汉人和渤海人中征兵。正隆五年（1160）七月，金朝派遣使者至诸路征发汉军、分配军事任务。其中，由燕山中都路和南京开封路接受军事任务，前者负责制造兵器，后者负责修缮大内。金朝境内的其余15路提供兵员，每路兵员数为1万人。

金朝派遣出去的使者有吏部侍郎高怀正、户部主事王修、兵部郎中萧彦良、翰林修撰郑子聃、杨伯仁、翰林待制刘仲渊、翰林御史徐之万、翰林应奉李希颜、登闻检院使王淑、右司郎中王全、东平转运使梁肃、修起居注刘元旨、太府少监李天吉、殿中侍御史高公挺等人。这些使者以差签军使的身份，分别携带银牌至各路征兵。

负责征兵的签军使大多为贪鄙之辈，所征发的人良莠不齐，有真实武艺者因贿赂皆免，贫穷者即使是单丁也要签发。征发的猛安谋克军和汉军共计27万，编成27军。完颜亮又从所签猛安谋克军中挑选了5000名精锐，称为细军，又称硬军。其甲胄以五色绒线穿之，紫色绒线穿连者最为精锐，号称紫绒军，黄绒军、青绒军次之。

与此同时，完颜亮安排进行战船、军械打造，征调马匹等战前筹备工作。正隆四年（1159）二月，完颜亮令工部尚书苏保

正隆南伐：图治之君的"疯狂"选择

衡、工部侍郎韩锡、工部郎中张参、都水监徐文等人在通州主持修造战船，具体负责者为宋降臣倪询、商简、梁三儿等人。在进行造战船工作的同时，籍得诸路水手3万人备战。

完颜亮对造船工作非常重视。当年十月，乘打猎之便，亲自赴通州潞河的造船工地视察工程进展。造船之地通州距离海岸较远，完颜亮下令征发山东民夫人工开河、担水、挽舟，自通州入定林口280里。繁重的工程量造成工匠大量死亡。

完颜亮征伐的这支水军拥有700余艘各式战船，水手和士兵达7万余众，是金朝造船业与航海业的巅峰。除了海上船只外，金朝水军还建造了相当数量的船只在内陆河湖中活动，以运输兵马和粮草辎重。造船活动动用了当时金朝大多数的水军和造船人才。此次不仅征集了本朝人才，还有来自南方的造船人员，引进了南方造船技术和造船经验。这支水军的主要任务就是自海上南下突击宋朝的首都临安，协助金朝其他军队顺利渡江作战。

同年四月，完颜亮诏诸路将旧日所贮军器皆运往中都。十月，再征发诸路夫匠，在燕京造军器。中都路之外，其他各路也有造军器的任务，在诸路征铁匠5000人打造人马衣甲、军器，有郓州、相州、青州进铜铍刀5000口，改造鞍刀。

为了制造军器，中都与四方所造军器材用皆赋于民，箭翎一

第四章 提兵百万西湖侧，立马吴山第一峰

尺至千钱，村落间往往椎牛以供筋革，就连鸟雀猪狗也不能幸免。盔甲、兵器等造好后，正隆五年（1160）十一月，派益都尹京等31人押诸路军器于军事要地安置，至军队到了再分给士兵们。其没有被分配的或者锻造不完善的，皆集聚起来焚烧掉。

因正隆四年（1159）十月金朝所养战马损耗，故征调民马。正隆五年（1160）八月，诏令诸路征调马匹，以户口分等，共计56万余匹。富者有至60匹者，仍令其自己饲养等待朝廷征用。所有民马皆送往益都府牧养。又派使者征集北州府外、河北、河东路及燕山以北民马，发往天德、云内府路牧养。但由于路途损耗，导致南京路正军缺马，又不得不再向民间征马。金朝大肆征集天下的骡马，规定官至七品者只能留一匹马，其他皆上交。旧日所籍民间马匹，在东牧养者补给西边的军队，在西牧养者补给东边的军队。如此东西交相往来，昼夜络绎不绝，马匹死于路途者甚多。负责押送的官吏害怕获罪，有人以自杀来逃避。押送途中，马匹所过之地，不但践踏民田，还需征发当地牵马夫役。连骡马路途所需的粮食，金廷也要当地负责，以当年新粟喂食，如若当地不能供给，就令骡马就牧田中。可见完颜亮不体恤民情至何种地步。

当然，之所以如此大规模地征调马匹，是与金朝骑兵在战争

正隆南伐：图治之君的"疯狂"选择

中的重要作用有关。南宋著名将领吴璘在其著作《兵法》中曾评价金朝军队共有四个优点，即骑兵、坚忍、重甲、弓矢。王曾瑜先生认为这四长的中心就是骑兵。骑兵在冷兵器时代是最为强大的兵种，具有超强的机动性。在正面战场，骑兵作为进攻方可以快速进入战场，很容易在敌方未列阵成型时将对手冲垮。女真军在与辽朝的多次战争中，就是趁着辽军还未列阵，令骑兵先行将其冲散，再进入战斗。不仅如此，骑兵还可以两面包抄、迂回穿插打乱敌方阵型。骑兵也可以根据战场情况快速退出，结束战斗。骑兵还可以完成远距离奔袭，减少空间与时间对军队行动的限制。完颜宗弼追击宋朝统治者赵构时，就是率领一支骑军进行搜山检海的行动。

金朝与辽宋之间长期的战争促使其骑兵逐渐发展成熟。一是骑兵的使用更加灵活广泛。在南征北宋时，出现了出动游骑的记载。游骑本是特定无组织的小股骑兵力量，但在金朝骑兵中，游骑通常担任着较为重要的任务。他们以骚扰敌方的形式来达到主力军的战略目的。第二是组建专门的重甲骑兵部队。金太宗时期金军可以大规模使用甲具，组建了硬军之类的军队。硬军在完颜亮统治时期演变为精锐部队细军。重甲骑兵部队单独整编的做法，直接引发骑兵战法向冲击性方向发展。金熙宗时期，骑兵部

第四章 提兵百万西湖侧,立马吴山第一峰

队的职能更加细化,对战术的运用也更独特。轻骑兵与重骑兵布阵,采取分队而立的方式。这种编队方法中,最具代表性的便是重甲骑兵铁浮屠与轻甲骑兵拐子马。这种重轻骑相互配合的战法,提高了战场上的灵活度,增加了胜算。并且,这些骑兵在战斗时,极具耐力。金朝骑兵列阵时一般会设立多个小队,如与宋将赵立对抗时,金军列三队邀战,立为三阵。仙人关之战中,金军为了攻下仙人关,分五十队发动进攻,并使用云梯等攻城器械,试图攻下宋军阵地。仙人关战争打到后期,金军依然不分昼夜地对宋军进行攻击。在金朝骑兵的意识里如果不能打100多回合,就不能称为骑军。这大概就是宋将吴璘称其坚忍的原因。

利用自己强大的骑兵部队,金朝先后攻灭辽与北宋。金朝在与南宋的战斗初期几乎是一边倒的胜利,甚至将南宋皇帝赵构赶至海上。金朝较为著名的几次转折性战役,基本都与骑兵的运用有着直接的关系。纵观有金一代的历史,在开疆拓土获得大片土地,与南宋以淮河为界,压制南宋等方面,骑兵可谓发挥了关键的作用。而骑兵征战依托于战马,战马资源就成为决定金军成败的关键一环。

完颜阿骨打起兵之前,完颜部通过吞并周边部族已经拥有一定规模的骑兵。起兵反辽时拥有骑兵2500人,赢得宁江州之战

正隆南伐：图治之君的"疯狂"选择

后，骑兵数量增至3700余人。随后，女真与辽军10万步骑决战获胜，兵力才满万人。不断的胜利，使得金朝军队的人数激增，金军对战马的需求也急剧增加。金朝的战马资源变得紧张起来，民众为了生计还出现了藏官马的情况。金太祖完颜阿骨打为了解决这个问题，曾下令检括马匹。有鉴于此，金朝有大臣曾建议废除以良马为贵族殉葬的国俗，以减少战马损失。完颜阿骨打一边整顿旧制，一边将视线转向辽朝的战马畜养地。辽朝战马之多前所未有，从战争中俘获战马，是这一阶段金朝战马的最重要获取形式。有了这一渠道，金军对辽朝的战事进展顺利，很快灭亡辽朝。在攻打北宋过程中，金军取胜后，搜刮的战利品之一就是马匹，如先后获得宋朝燕山府的万匹战马，汴京马1万匹，等等。对宋战争中，金朝甚至还以俘获的宋人至榷场换取马匹。

有了充足的战马供应，金朝的铁骑动辄以万数出兵，几乎攻无不克。但是，至金熙宗时期，随着金宋的多次战争，宋人找到了一套克制金军重甲骑兵的战法。宋将韩世忠采取重点攻击金军骑兵坐骑的战法，令军队各持长斧，上砍人胸，下斫马腿。这种战法在顺昌之战和郾城之战中都被证明具有良好的杀伤效果。此外，韩世忠还创造出一种新式武器——克敌弓。这种弓可以洞穿犀象，每射铁马，则一发应弦而倒，对金军战马的打击是致命

第四章 提兵百万西湖侧，立马吴山第一峰

的。金宋战争直接导致战马数量急剧减少。而北方战马忽入南土出现水土不服，也是战马数量减少的一个原因。

金熙宗及之前的统治者忙于征战，根本无暇顾及马政。随着对宋和对蒙古诸部战争的失利，金朝还未及时调节好马政以适应当前战局。至完颜亮统治时期，金朝的马政才开始正式建立。他首先是整顿群牧所。针对金熙宗以来金朝战马逐渐不足的情况，先着手整顿沿袭于辽朝的群牧所，括马所得几十万。其次是建立户马制，即改官方养马为民户养马。再次是打击边境马匹走私。因为南宋战马资源短缺，所以宋人偷偷从金朝购买马匹，完颜亮注意到这一点立刻下令禁止。经过一番整顿，金朝的马政逐渐完备，正隆四年（1159），完颜亮为南征尽括天下马时，得56万余匹。金朝的马政虽然在完颜亮的努力下有所发展，但也着实劳民伤财，后来在南征失败和契丹农牧民起义后，金朝的战马资源又陷入空前不足的状态。

完颜亮的种种备战措施严重损害了百姓的利益，官吏借机牟利，造成富者用贿以免，贫者破产益困的局面。官府在收取赋税之外，以和籴为名，强取民间谷物。两年之内，不下七八次。民间有米者，全部被搜刮殆尽。以此，官府继续常年富庶，民间却是匮乏无以为食。征发劳役造成的伤亡，更是不计其数。

正隆南伐：图治之君的"疯狂"选择

完颜亮在全国大肆征发劳役、兵役，使得百姓生活艰难，不得不揭竿而起。自正隆五年（1160）二月起，金朝派遣引进使高桢、刑部郎中海狗分道监视所获盗贼，或凌迟处死或截去手足，并告诫屯戍的千户谋克等再有抓获者，一并处死。完颜亮为了惩罚和杜绝境内的反抗者，用酷刑来惩治和威慑他们。同年十月，金廷遣护卫完颜普连等24人督捕山东、河东、河北、中都盗贼。此时民众的反抗已经遍及各地。山东地区的反抗地有徐州（山东西路，今江苏徐州）、济州（山东西路，今山东济宁）等。正隆末年，胡剌以行军猛安讨伐徐州南部的1500名起义军；以乌延蒲辖奴为归德尹、神策军都总管，射杀济州起义军百余人。河北地区的起义地有洺州（河北西路，今河北永年）等地。伯德特离补为洺州防御使守城，防止附近起义兵攻城。南京地区的起义地点有单州（今山东单县）等地，正隆六年（1161）八月，单州杜奎据城而叛，金廷派都点检耶律湛、右骁骑副都指挥使大磐前往征讨。甚至连中都附近也有起义，中都路兵马判官完颜蒲查曾追捕起义兵40余人。

其时规模最大的两次起义在东海县和大名府。东海县是山东东路海州属下五县中的一个县，包括东海县在内的海州曾时而属宋，时而属金，处于金宋交界处。正隆年间完颜亮横征暴敛，导

第四章 提兵百万西湖侧，立马吴山第一峰

致东海县人反抗。正隆五年（1160）三月，东海县民张旺、徐元等起兵造反，金廷派遣都水监徐文、步军指挥使张弘信、同知大兴尹事李惟忠、宿直将军萧阿窊率水师900人浮海征讨。完颜亮并未将这一小规模叛乱放在心上，只是叮嘱出征将领说："朕意不在一邑，只是试一试我们的水师如何。"徐文等到东海县，与张旺等作战，随即击败张旺军，斩首500余级。张旺等人请降。虽然完颜亮如此说，但是在宋金边境重要的州城，甚至州府军也未能将起义镇压下去，不得不派出准备南伐的专用水军。而金朝之所以选择徐文为将领，是因为他有着丰富的水战经验。徐文出生于沿海城市莱州，最初以贩卖私盐为业，对于山东沿海的地理形势了然于胸。他曾经作为低级武官与西夏作战，宋高宗南渡后担任淮东、浙西沿海水军都统制。在宋朝受到排挤后，愤然选择率领数十艘战船渡海投降伪齐，在伪齐担任海州、密州沧海都招捉使兼水军统制，后又迁海道副都统兼海道总管。金朝废除伪齐政权后，徐文随之仕金。金熙宗天眷年间，以南京步军都虞候权马步军都指挥使，兼水军统制。正是由于有如此丰富的水军经验，徐文在这次平定东海县起义中发挥了重要作用。平定起义后，徐文因功升官。

由于东海县临近宋朝，其起义还波及宋廷。这些起义者意图

正隆南伐：图治之君的"疯狂"选择

归附宋朝，宋朝却不愿接纳他们。宋朝一方面怕引起与金朝的冲突，本来金朝就想以此挑事起兵，一旦接纳金朝叛亡岂不是坐实了罪名？另一方面，宋朝担心起义军与金军串通好，起义军先以归附的名义入境南伐。故而，在这节骨眼上，宋朝完全不理会起义军的求援，只是派遣宋将刘光辅驻扎在楚州以防出事。但是，刘光辅到任后私自招纳东海县的起义者。这些人入境后不安分守己，寻衅滋事。很快，宋朝就命刘光辅移驻他地，防止金朝找借口挑事。

大名府民众的起义爆发于正隆六年（1161）九月，由王九带头据城反叛，参与者达数万人，大者连城邑，小者占据山头，有人以十数骑张旗帜而行，官军也不敢靠近。十月，王友起兵于大名，耿京起兵于济南，陈俊起兵于太行。当时乘机聚集起兵者到处都是。由于大名府是大名府路的治所，地处南下伐宋的要地，完颜亮采取了残酷的手段镇压起义。完颜亮遣都统斜也将兵万人攻取大名，见到起义军，无论男女，皆杀之，仅居民就屠杀了30万口，被灭族者达1700余家。闻者皆吓得四散而逃各求生路。至此，大名府起义被镇压下去。

然而，完颜亮的残酷镇压未能阻止境内民众反叛。金朝的运粮官移剌道在运粮过程中，因叛乱四起，道路梗塞难以前进，未

第四章　提兵百万西湖侧，立马吴山第一峰

能将军粮运至战争第一线。完颜亮认为是移剌道办事不力，很是生气。为此，移剌道还遭到了完颜亮杖责七十的惩罚，并被命令督战船渡江，直到完颜亮被弑，才返回军中。从完颜亮决定伐宋到被杀，金朝境内民众起义一直未曾断过。即使如此，完颜亮依旧无视境内处于水深火热之中的百姓，一意孤行地发动了战争。

第五章

断锁机谋，垂鞭方略，人事本无今古

　　旌麾初举。正驶骎力健，嘶风江渚。射虎将军，落雕都尉，绣帽锦袍翘楚。

　　怒磔戟髯，争奋卷地，一声鼙鼓。笑谈顷，指长江齐楚，六师飞渡。

　　此去无自堕，金印如斗，独在功名取。断锁机谋，垂鞭方略，人事本无今古。试展卧龙韬韫，果见成功旦莫。问江左，想云霓望切，玄黄迎路。

第五章　断锁机谋，垂鞭方略，人事本无今古

《喜迁莺》是完颜亮攻宋途中为了鼓励韩夷耶冲锋陷阵而作，也是他对于南征充满信心的寄托。正隆六年（1161）九月，做足准备的完颜亮亲自率军南下，开启攻宋之战。

一、秣马厉兵，兵分四路

完颜亮做好一切战前准备后，将征发的军队编为神策、神威、神捷、神锐、神毅、神翼、神勇、神果、神略、神锋、武胜、武定、武威、武安、武捷、武平、武成、武毅、武锐、武扬、武翼、武震、威定、威信、威胜、威捷、威烈、威毅、威震、威略、威果、威勇32军。每军设都总管、副总管、巡察使、巡察副使各一人。诸军分隶左右领军大都督及三道都统制府。诸军设置巡察使、副各一员。其中，左右领军大都督及其下兵马由完颜亮亲自率领。按照地理位置划分，完颜亮所率主力军与其他三道都统制府，可分为东、西、中、海四路，试图以海陆夹击的方式一举灭亡宋朝。

完颜亮的南征部署是有历史依据的，史称："自古立国于东南，其攻守之势有三：曰淮甸，曰陇蜀，曰荆襄。"南宋自建立之初就与金朝并立，在长期的对峙与争斗中，自东向西逐步形成

正隆南伐：图治之君的"疯狂"选择

江淮、荆襄、川陕三大战区，共同承担防御外敌进攻的任务。江淮之地距离临安最近，是拱卫南宋政治中心的第一道屏障。江淮得失，直接关乎东南安危。荆襄处在南北东西的中心位置，向北可连接京洛地区，向东、向南与江淮地区接境，西北又与川陕接壤。完颜亮的三路陆路大军，再加上一路海上大军，可相互配合全面进攻南宋。

此外，完颜亮的南征部署与金朝的军区划分有所关联。金朝军区划分经历了一个演变过程。金太祖完颜阿骨打进行灭辽战争时，随着势力范围的变化，军区的设置和划分也随之变动。此时的军区长官"军帅""都统"和"都孛堇"通用，而军帅司、都统司也可以称为统军司。金初陆续设置的军区有黄龙路都统司、保州路都统司，南路——咸州路都统司，南京路都统司，泰州都统司，上京都统司（辽上京临潢府），中京都统司，奚路都统司，西北、西南路都统司。此外曷懒路、耶懒路、曷苏馆路也有设都孛堇、都统、军帅的记录。金初一路的长官既掌军政也掌民政。

金宋战争时期，金朝北部与西夏、蒙古、高丽接壤地区的军区设置逐渐稳定下来。南部军区的设置则变化不定。因金朝集重兵对宋作战，北方军区基本上属于军事治安区。东部军区由于与高丽相接，并未对金朝构成威胁。故各军区地位逐渐降低，或并

第五章 断锁机谋，垂鞭方略，人事本无今古

或废。咸州路都统于天德二年（1150），改为咸平府都统司，后为总管府。南路都统司和南京路都统司先后被撤销，金太宗改南京路军帅司为东南路都统司，后置兵马都部署司，又改为都总管府；婆速府路统军司改为总管府，曷苏馆路都统司废。北部军区，金朝继承辽朝原有的西北路招讨司和西南路招讨司，两机构隶属于西北、西南路都统司之下，后二都统司改为西京路统军司，因此在西京路统军司撤销之后，两招讨司便摆脱了原先的从属地位。南方地区本有燕京和西京两个元帅府，后随着战争进程的加速，又相继在河间、真定等路设统军司。大名府路、陕西、河南、山东等都曾设统军司。宋金和议之后，形成河南和陕西两大军区。到完颜亮统治时期，最后形成了北方三个招讨司——西南路招讨司、西北路招讨司、乌古敌烈招讨司和南方三个统军司——河南统军司、陕西统军司、山东统军司的军区部署格局。由此可见，完颜亮统治时期南方的军区划分基本与宋朝的江淮、荆襄、川陕相对应，而出兵之时，也是由其地方军事长官相应地配合作战。

完颜亮四路大军中的东路主力军首要任务是进攻宋朝寿春府下的寿春县（今安徽寿县）。这一路是针对宋朝的两淮地区。在南宋时期的行政区划中，两淮地区主要包括淮南东路与淮南西

正隆南伐：图治之君的"疯狂"选择

路。淮南东路辖六州、二军，即楚州、泰州、通州、扬州、真州、滁州、高邮军、盱眙军。淮南西路辖六州、二军、一府，即濠州、庐州、和州、光州、黄州、蕲州、无为军、安丰军、安庆府。

宋朝的两淮地区自古以来就是我国著名的水网密布的区域，东濒黄海，北面淮河，南临长江，又有大运河从北向南纵贯淮东地区，沟通起长江、淮河两大水系，形成抵御北方骑兵南下的天然屏障。对南宋来说，利用纵横交错的水系布防最直接有效的方式就是加强淮河南岸渡口的防御和对长江以北支流的控制。守江必守淮，是对中国古代历次战争经验的总结。所谓"自南北分疆，往往以长淮为大江之蔽"。然而，淮河最主要的几条支流大多来自淮河以北，即"长淮二千余里，河道通北方者五，清、汴、涡、颍、蔡是也"。淮河以北的这几个地点易攻难守，这就使得自北南下的军队可以轻松找到合适的渡淮地点。

金朝军队自然也了解历代战争的经验。以往金军渡淮首先利用的就是淮河重要的支流泗水，泗水下段是自北向南流，所以沿泗水河道入淮为金军首选。其中比较关键的点便是清河口（清口、泗口），这是泗水、黄河入淮之处。而清河口属于金朝的控制范围，因此金朝南攻的突破口经常选择在清河口。南宋在淮东

第五章 断锁机谋，垂鞭方略，人事本无今古

的防守以楚州（今江苏淮安）为重点，就是担心金军自清河口南渡，即南宋时人所谓"淮东要害在清河口"。

涡河是淮河第二大支流、淮北平原重要河道。涡口对岸是南宋的濠州（今安徽凤阳），州境有东、西两条濠水。淮河与濠水之间是相通且能行船的，因此防御自涡口渡淮南下的金军，是南宋濠州布防的重点。金军进入淮河后又可以通过西濠水进入淮南地区，因此南宋对淮河这一渡口只进行初级防御，而将防务重心放在庐州、和州、滁州、真州等重镇。

对于南宋而言，江淮地区需要着重防控的是今天的东淝河与西淝河地区。其中，东淝河作为淮河南岸重要的支流，尤为重要。自从南宋与金朝和谈约定划淮而治，原来北宋统治时期的寿州被分为两个部分，淮河以北的区域归金朝，由南京路统辖，仍然沿袭旧名寿州，治所设在下蔡。淮河以南的区域寿春归南宋统辖，成为防守重镇。

完颜亮定下灭宋的战略目标，欲攻入临安捉拿宋高宗。为确保战争进程，金军进入两淮地区第一要务就是避免与南宋军队陷入拉锯战，以最快的速度穿越两淮地区渡江，长驱直入，攻入南宋都城临安。故而，完颜亮在选择行军路线时须尽可能地依据两淮地区的地形作出有利判断。按照以往经验，能够快速通过江淮

正隆南伐：图治之君的"疯狂"选择

地区的线路主要有两条。第一条路线为：寿春（今安徽寿县）—合肥（今安徽合肥）—巢县（今属安徽巢湖）—和州（今安徽和县），也就是由淝水顺流进入淮河，攻取寿春，然后进军庐州，夺取合肥进入巢湖水系，经濡须水到达长江，最后自采石渡或车家渡渡过长江。第二条路线为：楚州（今江苏淮安）—承州（今江苏高邮）—扬州（今江苏扬州），即自清河口渡淮，取楚州，沿运河南下至扬州，由瓜洲渡渡江。两条路线相较，完颜亮选择经由寿春的路线。

中国历史上南北对峙时期，南北争战的热点区域就是寿春，其"自东晋以后，常为南北两朝疆场之地，彼废此立，改变无恒"，北方政权几次大规模南征行动多经过寿春，如前秦淝水之战、北魏数次大举南下、北周攻占淮南之役、隋朝灭陈之役。完颜亮南征的东路寿春一线相较于其他线路，在位置上居中，水旱道路交会，军队主力由此南征，便于东西两线作战策应。寿春作为这一线中途的转运枢纽，有四通八达之利。南宋在失去寿州城及北岸渡口后，寿春作为淝水入淮的通道，成为淮防重镇。如果不考虑其他因素，行船顺利，金军就能够沿着西淝河进入淮河，再自东淝河出淮河，直接抵达淮西的核心地带庐州，接着再沿着南淝河抵达巢湖，顺濡须水进入长江。一旦这样的水陆进攻方式

第五章 断锁机谋，垂鞭方略，人事本无今古

得以实现，对南宋政府就是致命的打击。

按照第一条进攻路线，完颜亮率领的主力军在淮西基本就是沿寿春、庐州、巢县、和州一线进攻。基于此，对于东路将领的安排完颜亮也是费尽心思。他任命太保、枢密使完颜昂为左领军大都督，尚书右丞李通为左领军副大都督，尚书左丞纥石烈良弼为右领军大都督，判大宗正事乌延蒲卢浑为右领军副大都督，御史大夫徒单贞为左监军，同判大宗正事徒单永年为右监军，左宣徽使许霖为左都监，河南尹蒲察斡论为右都监。

完颜昂，本名奔睹，是景祖完颜乌古乃之弟完颜孛黑的孙子，完颜斜斡的儿子。他年幼时是金太祖的侍从，深受太祖的信任和喜爱。金太祖曾赐他金牌，因此被称为金牌郎君。完颜昂的一生历金朝太祖、太宗、熙宗、海陵王、世宗五朝，一度官至都元帅、太保，并被封为汉国公，参加了亡辽灭宋的战争。于金世宗大定三年（1163）去世，享年64岁。

李通，以奉承谄媚得幸于完颜亮，累官至右司郎中、吏部尚书。完颜亮南征，离不开李通等人的推动。完颜亮南征李通虽为左领军副大都督，但实际的负责人仍是李通。《金史》将其列入《佞臣传》，其中关于李通的记载几乎全是贬斥。李通传记中记载完颜亮南征途中，李通曾先后更造战船，劝谏完颜亮不要回朝镇

正隆南伐：图治之君的"疯狂"选择

压完颜雍，最终完颜亮和他皆身死瓜洲。

纥石烈良弼，本名娄室。纥石烈太宇之子。良弼自小聪明睿智，博览群书，擅长文章词赋。先后为吏部主事、吏部郎中、南京留守兼开封尹、尚书右丞、尚书左丞，进拜平章政事，封宗国公等。在海陵王完颜亮和金世宗完颜雍两朝皆受到重用。纥石烈良弼曾劝谏完颜亮不要南征，被拒后依然跟随出征。于金世宗大定十八年（1178）去世，追封金源郡王，于金章宗明昌五年（1194），配飨世宗庙廷。

乌延蒲卢浑，曷懒路乌古敌昏山人，父亲为龙虎卫上将军亭古剌。蒲卢浑擅长武艺，臂力惊人，能挽弓强射270步。曾参加过灭亡辽宋的战争，特别是曾跟随完颜宗弼打到长江以南，有着丰富的实战经验。金世宗大定二年（1162）进阶开府仪同三司，并于当年去世。之后金世宗褒奖功臣，绘图像于衍庆宫，将其定为衍庆亚次功臣。

徒单贞，即完颜亮的妹夫，曾跟随完颜亮弑杀金熙宗。完颜亮登基后，徒单贞曾先后担任殿前都点检、大兴尹、临潢府路昏斯鲁猛安、枢密副使、同判大宗正事、安武军节度使、御史大夫等职。至完颜亮南征，为左监军。完颜亮身死瓜洲后，北还见金世宗于中都。后被任命为太原尹、咸平尹、真定尹、博州防御

第五章 断锁机谋,垂鞭方略,人事本无今古

使、震武节度使、河中尹、东京留守、临潢尹等职,后徒单贞及其妻儿被金世宗赐死。

徒单永年,正史无传。据载其正隆五年(1160)八月,以太子少保迁为枢密副使,正隆六年(1161)正月罢枢密副使。至同年九月南征,以同判大宗正事之职为右监军。徒单永年和李通是姻亲关系,完颜亮遇弒后与李通等人一起被杀。

许霖,正史无传。金熙宗朝担任尚书令任上,告发田瑴在卸任吏部侍郎之职的情况下擅自修改龚夷鉴的覃恩日期,由此引发皇统党狱。海陵王贞元二年(1154)以吏部侍郎身份为贺宋生辰使,曾与李通等人串通收受贿赂、牟取财物。正隆四年(1159)二月,以左宣徽使之职转任御史大夫,四月被罢官。六年(1161)二月,仍为左宣徽使,完颜亮南征,担任左都监。金世宗即位,令其解甲归田。

蒲察斡论,上京益速河人,后徙居临潢府。斡论其人刚毅、身怀绝技。天辅初年,以功臣之子充当护卫,后迁左卫将军、定武军节度使、右副都点检。天德初年,授予其世袭临潢府路曷吕斜鲁猛安,改任东平尹,累除河南尹。完颜亮南征,以河南尹之职任右领军都监。金世宗大定二年(1162),仍为河南尹,兼任河南路都统军使。

正隆南伐：图治之君的"疯狂"选择

金朝西路军负责进攻宋朝的川陕地区。川陕地区主要指四川、重庆、陕西南部、甘肃东南部、贵州西北部和云南东北部等地区，大致包括秦岭以南、大巴山以北的秦巴山地和大巴山以南、巫山以西、横断山脉以东的四川盆地。川陕地区物产丰富，经济较为发达，在唐代便有"扬一益二"的美誉。宋代形成了成都府路、梓州路的成都平原，利州路的汉中盆地，永兴军路、秦凤路的关中平原三大经济繁荣区。以京兆府、秦州为中心的西北市场和以成都府、梓州为中心的川蜀市场之间物资交流频繁，并带动蜀道沿线以兴元府、洋州为中心的区域商业中心出现。宋代川陕地区首次形成系统完善的商税征收体系，逐渐形成以蜀道为轴线，以成都府、梓州、兴元府、洋州、京兆府、秦州等三府三州为支点的蜀道城市带。

多元化的地理单元和丰富的物产使川陕地区成为南北双方争夺的焦点、南宋时期宋朝抵御金朝进攻的前沿阵地。对于宋朝来说，川陕地区前可控制周边各方的军队，后有四川的粮食供应，左有荆州襄阳的财富，右有陕西的良马，所以控制天下，就要控制川陕，"号令中原，必基于此"。因此，确保西北战区的稳固是实现宋朝东南安全的关键环节。最为代表性的即金天会八年（宋建炎四年，1130）金宋之间的富平之战。金军试图由陕入川，接

第五章 断锁机谋,垂鞭方略,人事本无今古

连与宋在富平、和尚原、饶凤关、仙人关进行了四大战役。宋朝失去了关陕部分城池。宋朝时人仍称,关陕虽然丢失了,但是四川仍然稳定,还可以牵制东南局势,这样长江淮河流域仍能保持基本稳定。这种认识,自然更多的是溢美之词。如果没有吴玠兄弟坚守,南宋在蜀的形势并不乐观。宋军战事不利后,张浚控扼由陕入川的要道,又命吴玠在陕西西南大散关一带据险设置栅栏等防御设施。宋军死守川陕之地,粉碎了金军一鼓而入四川的企图。

宋朝的缙云才子冯时行曾上书岳飞:朝廷自渡江以来,十余年间,金人竭力相图而终不得志,在于东南与川陕之间的相互协作,"设使此虏今冬遂得川蜀,控带上流,俯视吴、楚,是犹一柱已摧,而余柱皆侧,其首已断,其尾可知……四川一失,东南利害愈重,不待言而可知"。冯时行强调一旦突破川陕,东南安全岌岌可危,意在表达守住川陕地区的重要性。

鉴于宋朝川陕地区与其他地区的联动作用,完颜亮分兵西路,由凤翔进攻大散关,然后驻军待命,牵制此区的宋军。大散关是中国古代关中四关之一,位于今陕西省宝鸡市南郊秦岭北麓。此关扼守四川与陕西之间的山道,为"川陕咽喉",所谓"北不得散关,无以图汉中巴蜀;南不得散关,无以图关中",故

正隆南伐：图治之君的"疯狂"选择

历来为兵家必争之地。完颜亮以河中尹徒单合喜为西蜀道行营兵马都统制，平阳尹张中彦为副都统制，负责此路。

徒单合喜，上京速苏海水人，父亲蒲涅，为世袭猛安。徒单合喜长得高大魁梧，臂力过人，多次参加对宋战争。天会六年（1128），以功为谋克，不久领完颜娄室亲管猛安，后权元帅府左翼军事。其后先后担任陇州防御使、平凉尹、临洮尹、延安尹、元帅左都监、陕西统军使、河中尹等职。正隆六年（1161）南征，为西蜀道兵马都统。金世宗即位后，先后担任陕西路统军使、元帅右都监、平章政事等职，封为定国公。大定十一年（1171）去世。

张中彦，他的父亲张达仕宋至太师，封庆国公。张中彦以父荫出仕于宋，为泾原副将，知德顺军事。完颜宗辅攻打陕西，张中彦投降，被任命为招抚使。随后跟随金军攻打熙、河、阶、成诸州，为本路兵马钤辖，后迁都总管。曾先后担任兴元尹、秦凤经略使等职。后因金朝将河南、陕西之地交给宋朝，张中彦与其兄张中孚皆被留在宋朝。金朝恢复河南之地后，张中彦曾先后历静难军节度使、彰化军节度使、凤翔尹、庆阳尹，兼庆原路兵马都总管、彰德军节度使等职。在完颜亮营建汴京过程中，张中彦克服重重困难采运关中材木运往汴京。完颜亮南征，召张中彦赴

第五章 断锁机谋，垂鞭方略，人事本无今古

阙，授其为西蜀道行营副都统制，命其先取散关，然后待命。金世宗即位后，先后任吏部尚书、南京留守、真定尹兼河北西路兵马都总管、临洮尹兼熙秦路兵马都总管等职。以疾卒于任上。

金朝的中路军由蔡州进攻宋朝的荆襄地区。荆襄地区位于中原的腹心地带。其地北接河南西部山地，南接五岭控湖湘，西北靠武当、荆山、神农架诸山脉，西南与恩施高原接壤，东北有桐柏山、大别山阻隔。汉水由西北而流入东南，汇于长江，顺流可至江淮。溯江而向西北，通汉中之地，北越秦岭山脉可达陕地，南越大巴山可进入四川盆地。荆襄地区丰富的水资源使其成为重要的农业区，奠定了荆襄的防卫物质基础。

辛弃疾曾从南北对立的大势中分析荆襄的地位："自古南北之分，北兵南下，由两淮而绝江，不败则死，由上流而下江，其事必成，故荆襄上流，为东南重地，必然之势也。"宋朝名将岳飞在世时曾屯守在这一地区，并建立了以襄阳、江陵、鄂州为核心的防御体系。襄阳在北，江陵在南，鄂州居东南，襄阳在被攻打时，江陵和鄂州既能从侧翼包抄，又可以通过水陆直接支援襄阳。如果金军攻下荆襄防御体系中的第一道防线襄阳，还要面对江陵和鄂州依托长江构建的第二道防线，而这才是整个荆襄防御体系的核心。

正隆南伐：图治之君的"疯狂"选择

完颜亮对于这一路的定位基本也是使其牵制宋军兵力，不令其救援两淮。此路以太原尹刘萼为汉南道行营兵马都统制，济南尹仆散乌者为副都统制。

刘萼，父亲刘彦宗在辽朝担任签书枢密院事。刘萼是刘彦宗的小儿子，辽朝末年以父荫补任阁门祗候。天辅七年（1123）跟随父亲投降金朝，任礼宾使、德州防御使。完颜亮即位后，先后任右宣徽使、左宣徽使、参知政事、尚书省左丞、临洮府尹、太原府尹等职。完颜亮南征，刘萼任汉南道行营兵马都统制。金世宗统治时期，历任兴中府尹、顺天府尹、济南府尹等职，封为任国公。大定十二年（1172），因贪污被削官一阶，免职回乡，后在家中去世。

仆散乌者，即仆散忠义，上京拔卢古河人，宣献皇后之侄。父亲背鲁，金朝建国初为世袭谋克，婆速路统军使。仆敬乌者身材魁伟，留有长须，非常喜欢谈论兵事，有大谋略。曾跟随完颜宗辅、完颜宗弼南下攻宋，被完颜宗弼称赞勇略过人、为将帅之才。历任博州防御使、真定尹兼河北路兵马都总管、西北路招讨使、兵部尚书、震武军节度使、平阳尹、济南尹。完颜亮南征，以济南尹担任汉南路行营副都统制。金世宗即位，与诸将一起镇压移剌窝斡叛军，事后拜尚书右丞相。后继续参与攻宋战争，以

第五章 断锁机谋，垂鞭方略，人事本无今古

丞相兼都元帅。大定六年（1166）去世。

金朝的海路军则以工部尚书苏保衡为浙东道水军都统制，益都尹完颜郑家为副都统制，从海上直接进攻临安。

苏保衡，字宗尹，云中天成人。父亲是辽朝进士苏京，为辽西京留守。完颜宗翰兵临辽朝西京城下，苏京出城投降。苏京病死后，苏保衡隶属于完颜宗翰。宗翰向朝廷推荐他，被赐进士出身，补太子洗马。曾任解州军事判官、兴中尹。完颜亮修缮中都时，张浩举荐苏保衡分督工役，后改大兴尹，督诸陵工役。后又迁工部尚书。完颜亮准备南征前，苏保衡与徐文等受命在通州造船。南征时，完颜亮任命苏保衡为浙东道水军都统制，率水军泛海直趋宋朝都城临安，失败。金世宗即位后，诏赴中都，命其安抚山东百姓，还朝先后担任刑部尚书、太常卿、礼部尚书，拜参知政事、尚书右丞。大定六年（1166）因疾去世。

完颜郑家，他的父亲郓王完颜昂本名吾都补，为世祖幼子。完颜郑家在熙宗皇统初年，以宗室之子身份授定远大将军，除磁州刺史。完颜亮天德年间为右谏议大夫，累迁会宁尹、安化军节度使，又改任益都尹。完颜亮南征，为浙东道副统制，与工部尚书苏保衡海上攻宋。完颜郑家因不信宋朝战舰将速至，未做准备被宋军打败，跳水溺亡，时年41岁。

正隆南伐：图治之君的"疯狂"选择

面对完颜亮的进攻，宋朝在提前部署军事防御措施的基础之上作了调整。事实上，宋朝目前的形势不容乐观。自绍兴和议之后，金宋之间和平相处20年。当年的抗金名将岳飞被赐死，韩世忠、张俊、吴玠已经去世，到此时宋朝竟然找不到一员年轻的骁将，只得起用年事已高，且久病缠身的刘锜、吴璘。

在这种情况下，宋朝针对金军的四路大军，相应地采取了兵分四路的战略方针：一是，任命吴璘为四川宣抚使兼陕西、河东招讨使，负责西线川陕防务；二是，以权侍卫马军司公事成闵为湖北京西制置使兼京西、河北西路招讨使，率兵三万屯驻鄂州，与守卫襄阳的吴拱掎角相应，扼守长江中游防线；三是，起用正在患病的抗金名将刘锜为江淮、浙西制置使兼京东、河北东路招讨使，节制诸路兵马，以建康府都统制王权为副使，池州都统制李显忠、江州都统制戚方互相策应，负责江淮地区的防御；四是，以早年在岳飞部下统领义军、屡立战功的浙西马步军副总管李宝为沿海制置使，节制水军，率海舟120艘、水兵3000人进驻江阴，以防备海道。

吴璘，字唐卿，顺德军陇干县（今甘肃静宁县）人。宋朝名将、四川宣抚使吴玠之弟。北宋末年，吴璘与兄长吴玠一同入泾原军，累积战功官至阁门宣赞舍人。曾跟随吴玠抵御西夏。建

第五章　断锁机谋，垂鞭方略，人事本无今古

炎二年（1128），起兵抗金。建炎四年（1130），金军南下，吴璘随吴玠退守和尚原（今陕西宝鸡西南大散关东）。绍兴元年（1131），金军攻和尚原，吴璘率3000强弓手伏击金军，射伤完颜宗弼，金军大败，授泾原路马步军副都总管、康州团练使。绍兴三年（1133），迁荣州防御使，知秦州，扼守和尚原。次年，退守仙人关（今甘肃徽县东南），与吴玠互为掎角，打退金军，升任定国军承宣使、熙河兰廓路经略安抚使、知熙州。绍兴九年（1139），吴玠病卒，吴璘代替兄长任龙神卫四厢都指挥使。次年，金军南下，西路军已攻占长安，直趋凤翔，拜镇西军节度使。吴璘与众将在扶风以北大战金军，收复秦州和陕右诸郡。后任利州路西路安抚使，坐镇兴州（今陕西略阳县），节制西部阶、成等七州军马。后累官至检校太尉、奉国军节度使、御前诸军都统制等。1161年，完颜亮南征，西路军出大散关，吴璘出任四川宣抚使，带病至凤翔督师。金宋议和后，退守汉中。1167年去世，获赠太师、信王，与韩世忠、刘光世、张俊、岳飞、杨沂中、吴玠并为南宋抗金七王。

成闵，字居仁，邢州（今河北邢台）人。靖康初年，成闵隶真定帅刘韐麾下。宋高宗时，随韩世忠追击叛将苗傅、抗击完颜宗弼、镇压范汝为起义，以战功累迁棣州防御使、殿前游奕军

统制、保宁军承宣使。绍兴二十四年（1154），拜庆远军节度使。完颜亮南征，成闵奉诏领 3 万禁军镇守武昌。战争期间，先后任湖北、京西制置使，节制两路军马，后又兼任京西、河北招讨使，又任淮东制置使，驻守镇江。完颜亮死后，成闵引兵渡江，奏请克复淮东。被左正言刘度弹劾，依然超拜太尉，主管殿前司公事。不久后被御史弹劾，罢太尉。乾道五年（1169），再次都统镇江诸军，淳熙元年（1174），卒于平江。

吴拱，顺德军陇干县（今甘肃静宁县）人。宋朝名将、四川宣抚使吴玠之子。早年随父从军。"绍兴和议"前，吴拱为右武郎、泾原路兵马都监，转任右护军后部军官。绍兴十七年（1147），宋朝进行改制，右护军改制为"兴州御前诸军"后，吴拱任后部同统制，阶、成、西和、凤州都钤辖兼成州知州。绍兴二十九年（1159），升任枢密院副都承旨，后来又担任利州西路驻扎御前中军都统制，阶、成、西和、凤州副都总管兼成州知州。1161 年三月，完颜亮南征前，吴拱以利州西路御前中军都统制率领 3000 名士兵，向东镇戍襄阳，继而改任襄阳知府，由此离开西部防线。后吴拱升任鄂州驻扎御前诸军都统制，成为宋朝中部防线的主要军事统帅。吴拱同时兼任湖北、京西制置使，与镇江府御前诸军都统制兼淮东制置使成闵、建康府御前诸军都统

第五章　断锁机谋，垂鞭方略，人事本无今古

制兼淮西制置使李显忠，并称为三大帅。此时，吴拱的地位已经接近于"绍兴和议"前的岳飞。绍兴三十二年（1162）二月，吴拱进屯南阳，又派部将协助赵樽固守新占领的蔡州（今河南汝南），击败企图重占蔡州的金军。后金宋议和，以吴拱为安远军承宣使，主管侍卫步军司公事。和议后，吴拱先后任利州路安抚使、兴元府知府、驻扎御前诸军都统制、武康军节度使等职，于淳熙二年（1175）去世。

刘锜，字信叔，顺德军（今甘肃静宁县）人，泸川节度使刘仲武之子。刘锜自少年时跟随父亲征战，北宋徽宗时为阁门祗候。南宋高宗即位，录用刘仲武的后代，刘锜因此被派知岷州（今甘肃岷县），任陇右都护，多次与西夏作战。宋朝名臣张浚巡视陕西，赏识刘锜的才华，上疏提拔其为泾原路经略使兼知渭州（今甘肃平凉）。建炎四年（1130），刘锜率泾原军在富平（今属陕西）与金军作战，败绩后被贬知绵州（今四川绵阳）兼任沿边安抚使。绍兴三年（1133），任宣抚司统制，同年冬，负责文州、龙州至威州、茂州一带防务。绍兴四年（1134）与川陕宣抚司都统制吴玠会师于仙人关（今陕西略阳西北），抗击金军。此战后，刘锜先后担任带御器械、江南东路马步军副总管、兼权提举宿卫亲军、浙西淮东沿海直指副使、权主管侍卫亲军马军及殿

正隆南伐：图治之君的"疯狂"选择

前司、侍卫亲军步军司公事、兼任庐州知州、淮西制置副使、枢密院都统制等职。绍兴十年（1140），金宋再次开战，刘锜率军赢得顺昌（今安徽阜阳）之战。次年，于柘皋之战再破金军。此后被罢去兵权，任知荆南府。绍兴二十九年（1159），完颜亮南征前，宋廷命刘锜节制荆南府屯驻御前军，再被起用。后因病，被召回朝廷，命他提举万寿观，刘锜借建康都亭驿居住。因金朝议和使者将要到来，官府要清理驿馆等待金使，派人劝刘锜移居别试院。刘锜认为庭院会洒扫以待，且朝廷另有安排，到院后却发现"粪壤堆积"，致使其忧愤交加，病情加剧，吐血数升而死，时为绍兴三十二年（1162）二月初十。宋孝宗追封其为吴王，加太子太保。

王权，曾跟随韩世忠与金朝作战。先后任建康都统制、清远军节度使等职。完颜亮南征为江淮浙西制置副使，与金军作战不战而溃，一路逃跑。

李显忠，初名世辅，绥德军清涧（今陕西清涧）人。李显忠出身将门，17岁随父亲李永奇抗金。宋建炎四年（1130）被俘降金，以鄜延路兵马副都监镇守边寨，屡败西夏军，后迁知同州。绍兴八年（1138），设计抓获金朝元帅右监军完颜杲，归宋途中因追兵所迫将其放还。随后被迫投奔西夏。绍兴九年（1139）入

第五章 断锁机谋，垂鞭方略，人事本无今古

宋，四川宣抚使吴玠派人前来抚慰，封指挥使、承宣使，入见宋高宗，赐名显忠，授枢密院都统制。绍兴十年（1140），金朝攻宋，李显忠以三京招抚司前军都统制率军屡败金军，拜保信军节度使。绍兴二十九年（1159），任殿前司选锋军都统制。绍兴三十一年（1161），改任建康府御前诸军都统制。采石之战后，率精兵万余渡江收复淮西诸郡。宋孝宗即位后，兼权池州御前诸军都统制。隆兴元年（1163），任淮西招讨使，受命渡淮攻金，在符离之战中，克灵璧、降虹县、拔宿州，擢殿前都指挥使。后在金军反击下，兵溃宿州符离，以咎贬官。淳熙五年（1178，一说为淳熙四年）去世。

戚方，是东京留守杜充的部将，杜充降金后，其率溃兵为盗。岳飞与张俊奉命讨伐戚方，被岳飞打败后，戚方投靠张俊，成为其部将。绍兴二十四年（1154）为侍卫步军司统制、龙神卫四厢都指挥使。绍兴三十年（1160）为江州驻扎御前诸军都统制，与李显忠配合防备金军，绍兴三十二年（1162）为两浙路马步军副都总管，绍兴府驻扎。乾道三年（1167）为镇江府驻扎御前诸军都统制。

李宝，河北人。曾在金境内聚众抗金，绍兴五年（1135）率众投奔至岳飞麾下。完颜亮南征，派苏保衡率水师偷袭浙江，宋

正隆南伐：图治之君的"疯狂"选择

廷以李宝为浙西路马步军副总管兼副提督海船。李宝驻扎在平江（今苏州），编练水军，并打败金朝水军。因功为静海军节度使、沿海制置使。宋高宗赐"忠勇李宝"四字。去世后，赠检校少保。

金宋此次全面交战，双方可谓各自派出了当时最为豪华的将领阵容，大战一触即发。宋朝还发布了《契丹通好榜》和《续榜措置招谕事件》等榜文。《契丹通好榜》内容如下：

契丹与我朝为两百年的兄弟之国，因奸臣误国，招致女真起兵，双方皆深受其毒。朕移跸江南，而辽朝也远居漠北，相去万里，音信不通。今天我们就联合起来灭亡女真，让他们上门送死。朕提兵百万，收复中原。你们这些大辽豪杰忠义之士，也应乘势协力，歼灭金军首领，以报耶律灭亡之深仇。将来事定之后，我们和好如初。望周知。

《续榜措置招谕事件》内容如下：

今续措置招谕事件如后：一、渤海、奚、契丹诸国，与我朝本无仇隙，只因女真不义，以兵力威慑，征发诸人从军，不能逃脱。如今朕亲自讨伐，仓促之间恐怕无法分出是完颜还是其他诸族。本榜下放之日，如能归附我朝或杀其首长来归，除了依格给赏外，也可以授予节钺令其管军。二、女真与我中国，虽为不共

第五章 断锁机谋，垂鞭方略，人事本无今古

戴天之仇，然念其国人迫于兵威，各为其主。完颜亮弑君杀母，屠兄戮弟，大兴工役，残虐生民，自古至今，从未有如此凶逆之君。尔等各有知识，如见到此榜文，能幡然悔改，以身来降者，从前过错，一切不问，仍优加爵赏。

这些榜文在后来的战争中起到了一定作用，战争之始就有一些自金朝降宋者，也有一些临阵倒戈者。

反观金朝一方，完颜亮则是在后来的占领区禁止士兵烧杀抢掠，有火烧民居草舍者，立刻处斩。完颜亮进入庐州，亲自抚恤在城内外被抓的数十名百姓，下令如果金军中有谁迫害宋朝百姓，见一个杀一个，并且赐给每人10两银子作为慰劳，令其各自归业。至扬州，完颜亮又以帛书射至对岸，称是宋朝遣人焚毁南京宫室，在沿边买马、招诱军民，今金朝兴师问罪，义在吊伐，大军所到之处，秋毫无犯。完颜亮所领军队一路南下，为了突显自己怜惜天下苍生、一统天下的明君形象，十分注意行军的纪律。足见金宋双方为拉拢百姓，赢得民心，采取了诸项措施。

二、西路入散关，中路攻荆襄，海路下临安

1161年九月，金朝大军出动向南宋进军。之所以选在这个季

正隆南伐：图治之君的"疯狂"选择

节是因为金朝与宋朝的作战区基本在河流密布交错之地，受季节影响较大。秋冬季河水较浅，有称："江南故国，每至暮冬，淮水浅涸，则分兵屯守，谓之'把浅'。""把浅"即把守浅涸河道以防备敌人渡河袭击。因此，金军渡淮往往选择秋冬季节。金太宗天会七年（宋建炎三年，1129）金军分三路攻宋，天会十二年（绍兴四年，1134）金、伪齐联军攻宋，与这次完颜亮南征均在九月，就是出于尽量避开对自己不利的自然条件的考量，以便下一步军事活动顺利开展。

临行前一日，完颜亮专门召集诸将当面讲授、商讨方略，赐宴于尚书省。完颜亮还不忘威慑诸将："太师梁王（完颜宗弼）连年南征，已经是很久之前的事情了。现在举兵南征必定比不上他，远则百日，近则十日。惟愿我朝将士不要以出征为劳，应勠力一心，以成大功，我自有厚赏，若懈怠则杀无赦。"以此激励诸将。

为分散江淮宋军的兵力，并为在淮河建造浮桥争取时间，完颜亮命令西路和中路金军先后发动进攻。按照计划，金朝西路军由徒单合喜与张中彦率军，自凤翔进攻大散关，然后驻军待命。中路军由刘萼与仆散乌者率军自蔡州进攻荆襄。

金朝对宋朝的战争首先爆发于西路。九月初，徒单合喜和张

第五章 断锁机谋,垂鞭方略,人事本无今古

中彦率 5000 名骑兵自凤翔入凤州界 30 里,扼大散关,分三寨驻扎。尔后派出小股部队进攻黄牛堡,宋朝守将李彦坚向四川宣抚使吴璘告急。吴璘当时患病,接到前线告急后,随即乘肩舆亲赴杀金坪指挥战斗。吴璘率所部驻军青野原,遣部将高松率军增援黄牛堡,与守将李彦坚等同力拒战,用神臂弓射退金军。接着,吴璘调遣内郡兵分道而进,并命杨从义知凤州,率军攻打大散关。由于完颜亮明令西路金军取大散关后原地待命,因此陕西的金军一边高垒深沟,坚持扼守大散关,一边调动西路诸军在陇州(今陕西陇县)方山原、秦州(今甘肃天水)、凤翔等地集结,两军形成掎角之势。

两军在大散关一带相持不下,宋将吴璘及时调整战略部署,只留下杨从义部牵制大散关金军,他自己则亲率主力军悄悄西进秦州、陇州等地,准备反守为攻。

九月十八日,金军与宋将吴璘所部对垒于宝鸡河。宋将吴璘趁夜派遣骁将彭青袭击金军,斩首数百,降伏 2000 人。有了吴璘亲自坐镇,宋朝一方愈挫愈勇,渐渐占据上风。二十三日,宋军刘海、王中正部奔袭秦州,乘夜色攻破秦州城,擒获秦州安抚使高同知、明威将军乞永闹、奉信校尉宝登、天使大郎君、二郎君等,俘获数以万计,获战马、兵甲、器械等不计其数。二十六

正隆南伐：图治之君的"疯狂"选择

日，宋将彭青等率所部兵马进逼陇州方山原，与金军交战十余次，迫使金军退出方山原。二十七日，吴璘部下曹淋攻克洮州，捉拿到同知、昭武大将军奥屯蝉只等。三十日，宋将张德攻破陇州，金朝知州卢奉国、同知刘昭武被杀。张彦忠攻克兰州，擒获金朝刺史、安远大将军温都鸟鸟等。

十月初，宋将吴璘命令兴元都统制姚仲、金州都统制王彦分兵北上关中佯攻长安。宋将姚仲部将王俊率部攻下盩厔县（今陕西周至），王彦所部先后占领商州（今陕西商洛市商州区）、虢州（今河南灵宝）、华州（今陕西渭南市华州区）、陕州（今河南三门峡市陕州区）等地。然而，整体看来，南宋军队进攻金朝的陕西州县，或久攻不下，或得失反复，双方基本也陷于僵持态势。宋军虽然挫败了金军入川的企图，但金军也达到了牵制川陕地区宋军的目的，避免了宋军出中原威胁两淮地区的金军主力。

中路军由刘萼与副都统仆散忠义率军直扑荆襄。九月二十四日，金军进攻宋朝的光化军（通化军，今湖北老河口西北）。此时宋将吴拱刚刚派游奕军将领张超暂领光化军，刚进城就遇到金军先锋700余骑发动的袭击。宋将张超与金军展开巷战，金军在战死数十人后退出城外。即使金军在光化军受到宋将阻击，但很快又连续攻下宋朝数城。

第五章 断锁机谋，垂鞭方略，人事本无今古

面对金军的进攻，宋朝一方自然也不会坐以待毙。宋军这一防线的最高长官即鄂州驻扎御前诸军都统制，兼任湖北、京西制置使的吴拱。果然，在吴拱的沉着指挥下，双方打了几个回合，互有胜负。十月初，金军在刘萼的率领下连续攻下宋朝的信阳、罗山、光州等地。十月初五，成闵部下张喜克复信阳军，十月初七，吴拱下属郝敦书率领游击兵至湖阳，途中遇到金军铁骑千余、步军700人，双方战于真陂，金军大败。十月十五日，金军3000名骑兵攻入襄阳府樊城。宋将翟贵、王进战死，宋军死亡过半。十二月初二，金将刘萼乘船渡汉水进攻南岸的茨湖（今湖北老河口西北汉水南岸），吴拱部将史俊涉水登上金朝船只杀敌，金军船队惊慌失措，其余宋军乘势进攻，金军战败退走。

直到十二月初三，刘萼听闻完颜亮在扬州遇弑，才急忙下令撤军北归，北撤途中阵列杂乱，许多士兵掉队迷路，被南宋乡民所杀。

金宋双方在中路展开拉锯战，反复争夺蔡州、新蔡（今河南新蔡）、平舆（今河南平舆）、邓州（今河南邓州）等地。金宋之间在中路的交战处于对峙局面。总体看来，对于率先发起战争的金朝来说，战况并不乐观，虽然金军一开始进攻顺利，但随着宋朝开始反攻，西路军全面溃败，中路则与宋军进入相持状态。不

正隆南伐：图治之君的"疯狂"选择

过两路军都基本完成了牵制任务。

再来看海路。为了配合金主力军，完颜亮命令水军直接攻击南宋临安府，以瓦解宋军的抵抗。水军都统制苏保衡与副都统制完颜郑家，以神锋军总管辅上将军蒲辇、神锋军副总管昭毅大将军阿兀、威震军总管昭毅将军都水使者孟斌、威震军副总管宝迁大将军御前引进高什为将佐，寝殿小底、武义军将军、都水军使（姓名缺载）为监军，并以熟知海道的忠翊校尉倪询、承信校尉殷简等为向导。苏保衡与完颜郑家率领女真、渤海军2万人、签军1万人、水手4万人，乘坐600艘战船自山东出胶州湾海口南下。他们的原计划是十月十八日达到海门山，入钱塘江攻取宋朝的都城临安。攻取成功后，遣阿虎至江上汇报完颜亮，双方合力夹击，消灭宋军的其他有生力量。

宋朝一方为配合两淮宋军抗击金军，原岳飞部将、时任两浙西路马步军副总管兼率舰队守卫海防的李宝，主动请缨出海迎战。得到宋高宗的同意后，李宝率领一支包含120艘战船、3000名水军的军队自苏州出发至海上阻击金朝水军。从兵力对比来看，双方海军的规模相去甚远，并且当时海上所吹为北风、西北风，对宋朝海军颇为有利。不过，实战中往往并非数量多就能决定胜负，处于优势就能占据上风。

第五章　断锁机谋，垂鞭方略，人事本无今古

对于海上一路，金军所得到的情报是宋朝水军十分疲弱，不堪一击。因此，金朝水军的行动较为缓慢。为了照顾晕船的北方水手，金军舰队在出发后，每逢暴风雨天气，都会沿岸寻找港口停下稍作休息，并不急于与南宋水师交战。反观宋朝一方，则担心金朝军舰声势浩大，一旦接近临安就会造成不可挽回的后果。故而，宋朝认为拒敌越远，临安才会越安全。所以，李宝接到命令后，便立刻动身率军自苏州北上，向金军驶去。

金人将大举南攻的消息传入宋境之后，宋朝山阳（江苏淮安）的一名弓箭手魏胜自发招集300名义军北渡淮河，陆续收复了涟水军（今属江苏）、海州等州县。完颜亮此时正举兵渡淮，担心魏胜所部从后偷袭，为了免除后顾之忧，分出数万金军去攻打魏胜。面对来势汹汹的金军，魏胜镇定自若率兵固守。双方对战七天，箭矢如雨，金军最终死伤甚多。适逢宋将李宝正率水军北上，获知此事，便迫不及待地派人去海州联系魏胜，与魏胜军约定夹击攻城的金军。于是，在李宝军和魏胜军的联合打击下，金军大败，海州之围遂解。接着，李宝在魏胜等义军的配合下，继续从海上进军，于十月下旬抵达陈家岛以南30里的石臼岛，与金朝水军战船停泊的唐岛仅有一山之隔。

十月下旬的山东海域风浪滔天，不利于航行。金朝军队因不

习水性，被困在密州胶西海域的陈家岛（又称唐岛，今山东青岛附近）。宋将李宝则乘机率军迎风而上，为了鼓舞军心，他当众折箭为誓，立下遗书以表决心。凭借顽强的毅力，宋朝舰队即使在航行期间几次被风浪打翻，最后都按照计划在指定地点集结，然后又继续向前方驶去。

金朝舰队还未驶出山东，宋朝这边已经接触到了金朝水军的先锋军。原来是金军在港口停靠时，未对船上的汉军严加看管，几名汉军悄悄出逃，一路向南，遇到了停泊在石臼岛（今山东日照东）的李宝战舰编队，投靠了李宝部。

宋将李宝从金朝汉军口中得知，金朝舰队目前正在陈家岛一带，距离李宝所驻地仅有30里。他们还告诉李宝金军大约有600艘战舰，7万名水军，由于金朝水军大多来自北方，不谙水性，不习水战，见到海上的风浪就害怕，所以平时都在船舱中休息。

宋朝水军得到了金军详细的情报，副将曹阳当即请求李宝逆风开战。随军的县令高弼则建议避其锋芒，不能轻易出兵，应伺机而行。李宝思考一番说道："目前是敌众我寡，贸然逆风开战绝对不行，但是等敌人离开再交战就为时已晚了，不如我们悄悄地接近敌人，先发制人，突然袭击，然后用火攻破敌军。"

二十七日黎明，宋朝战舰缓缓向金军驻地驶去，双方离得越

第五章　断锁机谋，垂鞭方略，人事本无今古

来越近。金朝水军远远望见宋朝的战舰驶来，急忙向完颜郑家报告。完颜郑家没有出海经验，认为宋军的战舰不可能这么快达到，并没有做好防备。一些金朝的汉人水军看出是宋军驶来，并没有声张，反倒挡在金军眼前不让其发现宋军。这就为李宝的战舰争取了时间并降低了损失。其时海上南风骤起，风使舟急，宋舰迅速穿过山头，鼓声震天，一时间海浪腾跃，冲向金朝战舰。

由于没有防备，金军顿时乱了手脚，急忙下令让船上的汉军出港迎战，没想到却几乎没有人回应。金朝将领只得亲自开船驶向宋军，又因巨大的船帆被南风裹挟，军舰一时间不受控制挤在一起。宋朝舰队见状，立刻向金军战舰发射大量的火箭、火炮。宋朝的火箭是一种在弓箭上加装发射筒的远程武器，只需点燃引弓便可以快速发射。而金军战船的帆都是用油绢制成，遇火即燃。于是，随着宋军火箭命中金朝战舰，金舰立刻开始燃烧起来。再加上，金朝的汉人水军纷纷倒戈，不知所措的金朝长官大多弃船跳海逃向岸边。

宋军早就料到被打急的金军肯定会弃船逃跑，提前想好应对之策。他们一边加大火力进攻，一边加速朝水中的金军追去，猛烈撞击金朝的军舰。随后，李宝命宋军跳上金朝军舰与其短兵相接。双方相互厮杀，砍杀声、叫喊声混作一团，一时间竟分不清

是火光映红了海面,还是血水染红了海水。金宋两军一番激战下来,完颜郑家战死,金朝水军几乎全军覆没,只有在舰队末尾的主将苏保衡率小部分军队及时撤离。

当时魏胜所部转战沂州(今山东临沂),由于作战没占到什么便宜,便暂时退守海州。宋将李宝本来还想乘胜追击山东地区的金军,但后方忽然传来金军主力渡淮南下,并且已经占领了江北通州、泰州一线的消息。李宝担心孤军深入会陷入腹背受敌的困境,便向南撤军屯驻东海县(今属江苏),由此扼守海道,向北以魏胜作声援,向南威胁金朝东路军的侧后方,牵制金军。

这次海战是现有记载中,最早大规模使用火药兵器的海战,是中国海战史上一次著名的以少胜多的战例。北宋初年灭南唐之时曾在水战中施行火攻。到北宋末年,开封仍然藏有灭南唐时所用的火箭、火炮,但并无水战中施用火器的确切记载。南宋初,宋朝水军中已装备了火炮、火箭等兵器。李宝此次将火器大规模用于海战乃是历史上首次。尽管宋时的火药兵器还是相当原始的,但这并不妨碍我们实事求是地评价此战在世界海战史中的历史地位。南宋早期的沿海地区一直未组建固定戍守的水战部队,在海防需要时,南宋政府或临时调兵戍守,或指令陆上部队兼顾沿海防御。沿海正式设立固定戍守的水军是从设立沿海制置司开

第五章 断锁机谋，垂鞭方略，人事本无今古

始的，后来逐渐发展起来。此战李宝在陆路战场三路紧急的情况下，保住了临安后方的安全，同时也极大地挫败了金军锐气。这次海战也对南宋沿海水军的建设起到了很大作用。李宝本人更是凭借此战一战成名，被宋高宗表彰为"忠勇李宝"，与"精忠岳飞"待遇相当。之后，宋军还使用李宝之名作为水师旗帜以威慑金军。这次海战，也彻底打乱了完颜亮的军事部署。金军兵败的消息传到完颜亮耳中，连吃败仗的完颜亮愤怒之下令金军三天之内必须渡过长江，否则全部处死，进而引发一连串的连锁反应。

三、精兵在淮东，重兵入淮西

完颜亮在制定攻宋计划时，四路军中的三路都有人主动请缨，唯有宋朝抗金老将刘锜坐镇的两淮地区无人敢接。完颜亮气得咬牙切齿，无奈只得亲自率军上战场。

金朝主力军的作战思路是以精兵在淮东进攻刘锜部，以重兵入淮西。完颜亮的这一进攻方案，早在南宋初年叶梦得所上的奏折中就曾提及，被叶梦得认为是金军进攻诸策中的中策。叶梦得曾担任江东安抚制置使，兼知建康府，总管四路漕计，致力于抗击金朝。当时，叶梦得依据两淮地理形势及金军的军事部署，认

正隆南伐：图治之君的"疯狂"选择

为金军可能率众进攻南京，这是非常有见解的看法。可惜，叶梦得的策论在当时没有引起重视，现在也无人想起。

本来渡过淮河之后，过长江两处最合适的进攻点为采石渡和瓜洲渡。完颜亮的真实目标是采石渡，故以偏师佯取扬州，造成将攻取瓜洲渡的假象。为进攻淮东方向的淮阴（今江苏淮安），完颜亮派徒单贞率领一支2万人的部队前去攻城。完颜亮所在主力军则先派蒲察通率领精锐的隆州猛安谋克军为先锋，过河探察敌情。蒲察通果然不负所望，表现得十分英勇，率领200余名骑兵轻松渡过淮河。事后蒲察通得到了完颜亮的称赞。有了先锋军的顺利探路，十月初八，完颜亮率领主力部队渡过淮河，占领寿春。接下来，完颜亮派遣韩夷耶为先锋，并赐其《喜迁莺》词一阕作为鼓励。

宋朝这边已经做好迎战准备，任命刘锜为浙西江淮制置使，统一指挥军队。刘锜驻守扬州，指挥镇江府驻扎御前诸军，负责淮东防务，都统制王权为副统帅，统领建康府驻扎御前诸军，负责淮西防务。

宋主将刘锜抵达扬州以后，准备采取的战略部署是守淮防江，即：其自身坐镇扬州，兼守淮东，遣部将分屯宝应、盱眙等地；命副都统制王权镇守淮西，屯驻淮河南岸。为了表示与金军

第五章　断锁机谋，垂鞭方略，人事本无今古

死战到底的决心，刘锜下令将城外的居室都焚烧掉。一切准备就绪后，副都统制王权却出了岔子，此人畏敌惧战躲在建康府迟迟不肯出发到镇。最后在刘锜的再三催促下才磨蹭着率军出发，刚至庐州地界就又命令部队停驻不再前进。

绍兴三十一年（1161）十月初，宋将刘锜行至淮阴布防。此时，金军也进抵淮河北岸，发现宋军完全没有防备，便于二日自涡口（今安徽怀东北涡水入淮处）至正阳（今安徽寿县西南）一带南渡淮河，占领了清流关（今安徽滁州）。驻军寿春西南的李显忠部稍作抵抗，即撤军南去。战略地位如此重要的寿春这么容易就失守了。

渡过淮河后，完颜亮一面留精兵与刘锜所部对抗，一面以重兵转入淮西。完颜亮渡过淮河向庐州进军途中捕获一名宋朝的散兵，从他口中得知宋朝副将王权此时统领5万军马，驻屯庐州。为了吓唬和试探王权，完颜亮让这名宋兵带给王权一封书信，告知他金朝的大军已经在来的路上了。果然，王权知晓完颜亮大军即将压城的消息后吓破了胆，留下一些士兵断后，自己领着大部队先弃城而去。

没过多久，金朝的先锋完颜阿怜部与宋朝断后的姚兴部在庐州与和州（今安徽和县）之间的尉子桥相遇。宋军数次向王权告

正隆南伐：图治之君的"疯狂"选择

急，王权则躲在仙宗山上以群刀斧手自卫，迟迟不发兵救援。姚兴所部见不到援军，只能死战。宋军凭借着强烈的求生欲望杀掉数百名金军，活捉其先锋士卒回城邀赏。返城途中，姚兴部遇到假立王权旗帜的金军，误以为追上了大部队，结果被金军擒获处死。宋将王权则继续与金军玩起了捉迷藏，辗转回到了和州。

十月十五日，完颜亮在庐州城东北 5 里的地方安营扎寨。稍作休整后，金军于十七日进入庐州城。待到庐州城内局势稳定后，完颜亮于十月二十日率军向和州进发。不久，金军增兵拿下和州，王权退保采石。

庐州，南宋时居于淮南两路之中，版图狭长，是北守淮、南控江的战略要地。宋朝南迁后，庐州的军事地位的价值更加重要，"失合肥，则失淮南"，成为淮南西路防守重地，经常有重兵据守于此。庐州防御的关键为庐州治所合肥城（今安徽合肥），"合肥捍蔽寿春，自古北军，悉自涡口渡淮"。中国古代军事史上经常有"淮西有事，必争合肥"之说。宋建炎三年（1129）完颜宗弼亲自率大军接连攻克庐州、巢县、和州等地，最后由马家渡渡江，突入江南地区，进攻的突破口就选在庐州。所以，完颜亮南征的路线也是自涡口至正阳一带渡淮，占领寿春后，主力向庐州、和州一带推进，以完颜元宜为前锋，取昭关，拔和州。完颜

第五章 断锁机谋，垂鞭方略，人事本无今古

亮亲率军准备自采石渡江。

和州（今属安徽巢湖），是长江江防要地。和州境内的长江沿岸渡口要津较多。其防守重点为长江北岸渡口，如采石渡、濡须口、乌江渡等，所辖历阳（今安徽和县）、含山（今安徽含山县）两县的城镇防御部署也是围绕这一重心展开。在诸多长江渡口中，属横江渡口最为重要，因其南为采石渡，有采石山而得名，有东采石和西采石之分，是自横江渡长江必经之路。此处江面较瓜洲一带要狭窄得多，是淮南江北难得的渡口，由此成为和州的防御重点。

与此同时，完颜亮派出一支 10 万人的分队，由萧琦统领向东经定远（今安徽定远县）向滁州（今安徽滁州）进攻，与东线的徒单贞部会合。宋朝滁州知州陆廉听闻金军将至，连夜弃城逃跑。宋将刘锜为了防止徒单贞渡过淮河，调集重兵在淮阴和楚州（今江苏淮安），与金军相持于淮河两岸。宋将刘锜屡次派出几百名士兵渡过淮河与金军作战，避免金军主动采取攻势。

楚州，是南宋东北边界门户，楚州距淮河南岸仅 5 里，由楚州城楼远望，淮河近在咫尺，是控扼淮南之要地。若楚州失守，则淮东及江南即失去外围屏蔽，扬州及瓜洲渡岌岌可危。南宋时，楚州作为东北边防重镇，有屏蔽淮东的重要作用，又与广陵

正隆南伐：图治之君的"疯狂"选择

和盱眙唇齿相依。金军为了防止腹背受敌，通常不会绕开楚州进攻扬州。金军渡过淮河后，下一步就是攻占楚州，沿运河南下取扬州、瓜洲渡，然后再渡江。因此，临淮河南岸设防的意义并不大，宋人的注意力主要在城镇防御上。南宋在楚州一线的防守就集中于对金军渡淮后的军事行动进行遏制。刘锜调重兵守楚州，就是想首先在楚州外围抢占有利地势，逐次防御，保护楚州安全。

金将萧琦在攻下滁州后，又经六合县（今江苏南京市六合区）进攻真州（今江苏仪征）。宋朝守将中军统制邵宏渊此时正处于醉酒状态，迷迷糊糊听到金军来攻的情报后，仓忙中率领数千名游击兵与金军相拒于西府桥。由于没有准备，面对金军如雨般的弓箭，不过片刻宋军已经伤亡过半。溃败的宋军早就把守城任务抛诸脑后，一路逃过长江远去。金将萧琦部无暇追击宋朝溃兵，其目标并非真州，随后率部沿江北向扬州进发。

此时，驻守在淮东的刘锜部腹背受敌，面临着金朝徒单贞部和萧琦部两方的压力。二十一日，刘锜放弃楚州城，退屯扬州。没想到，金军已经朝扬州逼近，刘锜又后撤至瓜洲渡（今江苏扬州长江北岸老运河入江处）。金军为与宋军抢占瓜洲渡口，派出万户高景山率骑兵进攻宋军。宋将刘锜命镇江府左军统领员琦率

第五章　断锁机谋，垂鞭方略，人事本无今古

部邀击。

扬州（今江苏扬州），是扼守由运河进入长江的重要地点。对扬州严密布防，并依托长江之险，是捍卫南宋首都临安的重要举措。扬州的主要防御任务就是对实现长江北岸的控制。扬州江防的关键就是守卫重要渡口瓜洲渡。从瓜洲渡渡江就到达南岸的京口。因此瓜洲渡江经常是金军的战略目标之一。清代顾祖禹评价道"古来江南有事，从采石渡者十之九，从今口渡者十之一，盖江南狭于瓜洲也"。完颜亮先选择自采石渡渡江，失败后才选择自瓜洲渡渡江。

二十六日，金将高景山部与宋将员琦、统制官贾和仲、吴超等人在皂角林相遇。宋朝中军第四将王佐以百余名步卒设伏于皂角林内，员琦则率部与金军作战，设法将金军引诱到埋伏圈内。金军果然上当，待至宋朝的伏击圈，宋伏兵突起，强弓劲弩齐发。金军突遭袭击，加上运河河岸地势狭窄，难以发挥骑兵的优势，立刻撤军。宋将员琦乘势追击，大败金军，斩金将万户高景山，俘获数百名金人。捷报传至宋廷，宋高宗当即赐金500两、银7万两犒赏军队。

此前，宋军屡屡作战不利，宋高宗已下诏调整部署。诏书曰：

正隆南伐：图治之君的"疯狂"选择

朕德不足以怀远人，导致金人复叛盟好，劳我将士，蒙犯矢石，朝夕念之，坐不安席，食不甘味。自今月二十四日，当避正殿，减常膳，以枢密院叶义问为督视江淮军马，中书舍人虞允文、朱夏卿参赞军事，户部侍郎汪应辰充浙东沿江制置使，兵部侍郎陈俊卿除浙江沿江制置使，各自筹措海船。户部侍郎刘岑充浙西淮南江东四路发运使，督水陆漕运以饷诸军。张浚复观文殿大学士，召知建康府事。

毫无作战经验的宋将叶义问只会摆谱，讲究繁文缛节。他到镇江至江上巡视，乘船还要让两名使臣拿着器械站在他面前。周围的人见到此情景无不讥笑。十一月初四，金军向瓜洲渡进攻，宋军统制李横迎战。叶义问收到战报后开始督促驻扎在镇江的部队前往增援。众人经过分析，认为不能贸然前去，但是叶义问听不进去建议，强行带领部队渡江。结果还没有到达北岸，叶义问就因为胆小，以前往建康府调发军队为借口，当即命令改变方向，选择逆流而上。

长江北岸的宋军在中军统制刘汜的带领下首先撤退，李横也随即撤退。宋军此战大败，左军统制魏友、后军统制王方战死，宋军遭到了金军的屠杀。宋军的主帅叶义问对此负有主要责任，而将领们也难辞其咎。刘锜的侄子刘汜虽身为武将，却并不像他

第五章　断锁机谋，垂鞭方略，人事本无今古

叔父一样有勇有谋，再加上叶义问瞎指挥，简直像是一场组合灾难。

眼见前线战事逐渐吃紧，宋朝的侍从、台谏们上疏乞求宋高宗亲征，鼓舞士气。于是，宋高宗下诏命步军统帅李捧为御营前军都统，率本部兵驻守江口。太傅、和义郡王杨存中为御营宿卫使，并以占卜的形式选择于二十九日出发至前线。

对于宋高宗是否有必要亲征，宋廷形成两派。右仆射朱倬、杨存中进谏，劝宋高宗金军正在乘胜追击，锐气十足，乘坐辇舆行动不够轻便。万一王师小跌，可能惊扰圣上，为祸不浅。不如先令诸将并力御敌。金军远来，只图速战，我们宜坚壁自守以挫其锐气，等到其沮丧解气，我们再一鼓作气打败他们。侍从、台谏反对杨存中之言，称昔日澶渊之役，真宗亲幸军前，契丹之师不战自溃。绍兴之初，赵鼎、张浚力劝亲征，敌军才退走。如今乘坐舆车宜立刻启程，以振士气，金军听闻必定却步。鼓舞我军士气，必能够破敌。杨存中反对说，澶渊之役偶然杀死其统军，敌人才引退。怎么能够因为当时侥幸取胜，就认为今日一定能够成功呢？宋高宗听完双方的争议，碍于面子也不好直接说其实自己也不想御驾亲征，因而始终犹豫不能作出决断。后来，杨存中自请至江上观看战事，与诸将共议事。宋高宗这才点头应允。

正隆南伐：图治之君的"疯狂"选择

十一月初五，杨存中抵达镇江，刘锜夜里渡江至杨存中帐中议事，令李横守瓜洲。金军经打探得知刘锜渡江，以轻兵偷袭瓜洲。李横自为先锋，领兵击败金军，追击金军途中遇伏，身中数枪，之后力战突出重围，还保瓜洲。

十一月初六，金军进攻宣化渡，被宋将邵宏渊击败。初七，金军再次急攻瓜洲、宣化二渡。此时宋将刘锜呕血益重，遂命令放弃瓜洲，退守京口。随后，宋军放弃沿江诸处要害，退屯长江以南。至此长江以北军事要塞皆为金军所得。宋将叶义问责备刘锜，瓜洲咽喉要害，当以死守。赶紧下令进兵抢夺回来。刘锜回复说，官兵连日苦战疲倦，又寡不敌众，金军新胜锐气十足，不可与其相争，应当尽全力扼守长江，蓄势以待。叶义问怒道："你为大将军，提兵十万众，竟然害怕一战，昔日的智勇到哪里去了？"于是，叶义问取下刘锜的军印，举示诸将说："谁能跨江一战，我就将此印授他，功成后我上奏朝廷给予重赏。"数次询问之下，李横才勉强出列请行。

宋军在其他战线也取得了一些小胜利。初八，宋将李显忠分遣2万名骑兵分数路进攻金军，部将崔定破巢县，擒获金军的女真千户会达、汉军千户贺阳生。赵端在庐州西蜀山破金军三大寨，还保庐州。十七日，王彦拔商州，擒获知州昭毅大将军完颜

第五章 断锁机谋，垂鞭方略，人事本无今古

守能，同知、武骑尉马彦，千户、信武将军浑达，安远军阿华，女真降军千人。任天锡攻克虢州、华州，获同知、昭武大将军韩端愿，信武将军韩镕。成闵部下赵樽攻克蔡州，戚方部下张宝攻克光州。二十日，李道打败金将刘萼麾下的数千兵马，克复光化军。

但是，总体看来东路战区宋军处于不利局面。刘锜令军队放弃瓜洲之时，完颜亮在和州，听闻宋军退保长江以南，亲自率领精锐部队驻屯于西采石，想从此处强行渡过长江。完颜亮迫切地想要征服长江天堑，金宋双方进入新一轮争夺。

第六章

不知何处片云来，做许大通天障碍

停杯不举，停歌不发，等候银蟾出海。

不知何处片云来，做许大通天障碍。

虬髯捻断，星眸睁裂，惟恨剑锋不快。

一挥截断紫云腰，仔细看嫦娥体态。

《鹊桥仙·待月》虽然不是写于南征之时，但其中的"不知何处片云来，做许大通天障碍"完全印证了完颜亮南征引起的一系列连锁反应，他也身死其中。

第六章 不知何处片云来，做许大通天障碍

一、后院起火，契丹起义

完颜亮前方伐宋进行得如火如荼，金朝后方却未能安生。由于完颜亮为南下攻宋做了大量的准备：积极修建南京（今河南开封），长期征发劳役、兵役，到处招兵买马，还向民间借了5年的税钱，弄得境内百姓苦不堪言，整日生活在水深火热之中。终于，完颜亮率军南征之际，金朝境内相继爆发了耶律撒八、移剌窝斡等人领导的契丹人大起义。

起义首先始于金朝征发西北路招讨司下的契丹人。西北路招讨司是金朝设置在西北的军事机构，负责管辖这一地区的契丹、奚等部族，主要防备蒙古草原众部落。金朝在西北路设置了几处群牧所，由女真人担任长官群牧使。而西北路契丹部落多编制在群牧所下，负责放牧马匹，提供战马。

群牧所成为金朝的官营牧场，是重要的经济生产单位、军事后勤供给组织，也是管理游牧民族的组织。女真起兵反辽过程中，俘获大量契丹部族的畜产。随着战争的推进，辽朝的畜牧机构群牧所以及其管理的优质牧场逐渐被金朝吞并。完颜亮天德年间，在吸收辽朝畜牧业组织的基础上，置有迪河斡朵、斡里保、

正隆南伐：图治之君的"疯狂"选择

蒲速斡、燕恩、兀者五群牧。完颜亮下令从富庶人丁兴旺之家子弟、官家子弟、猛安谋克蒲辇军以及官吏家多余的奴仆中决定人选，与原来的契丹牧民组成群牧所畜牧业生产者。到其统治末年增加有乣斡、耶鲁瓦、特满、大盐泊，共九群牧。这些群牧所在继承辽朝群牧制度的基础上有所损益，将原来地方上依照不同牲畜建立的牛群牧所和马群牧所合并，统一畜养。多种牲畜混合饲养有利于提高草场的利用率。

牲畜畜养是群牧所主要的经济活动，其畜养的牲畜主要有马、牛、羊、骆驼四种。牛是金朝经济生产重要的依靠。建国后，金朝农业生产广泛使用牛耕，牛无需大范围长时间移动以满足觅食的需求，需要的人力相对较少，不影响对群牧所其他牲畜的畜养。骆驼负重能力非常强，可以驮运相当重量的物品，且能够长时间行走，这些都便于群牧所转移牧场。群牧所的族群构成和生产方式相较于女真猛安谋克的牛头地有所差别，是以契丹、奚等族为主体进行游牧生产。群牧所中的牛主要用于经济开发，羊则更多的是满足群牧所内牧民的生活需要。金朝群牧所中马匹是畜养的重点。金廷对群牧所制定的诸种规则主要是针对马匹的饲养、繁殖的。金初对契丹人实施拉拢、安抚的政策，建立契丹猛安谋克，但不打破其原有的部族组织。以契丹人为主的群牧组

第六章 不知何处片云来，做许大通天障碍

织，是主要培养战马的地方，具有一定的军事职能。群牧所在辽朝也曾多次参与作战。金朝在管理地方时，也注意利用群牧所的军事潜力。

金军以骑兵见长，对战马的需求量大。有金一代，始终未能占领大量的游牧区，群牧所数量大大少于辽朝。金朝对农业较为重视，建国后在辽朝的基础上继续将蒙古草原的东部开拓为农耕区，挤占了大量优质牧场，也使其自然环境遭到破坏，使得群牧所的发展受到限制，因而金朝群牧所的设置地西北路的地位就凸显了出来。再加上西北路的契丹人战斗力强悍，故每有征战，西北路皆是金朝统治者征发的重要对象。

鉴于西北路契丹人担负着牧马、戍边的重要责任，女真老臣耨碗温敦思忠曾向完颜亮建议：山后契丹诸部恐怕不能全部征用。对此，完颜亮全然不听，执意要征发所有契丹壮丁。

正隆五年（1160），完颜亮在内地大量征兵的同时，派遣牌印燥合和杨葛到西北路征发契丹丁壮从军。西北路的契丹人与蒙古草原的游牧部族为邻，契丹人担心大量的青壮年入伍以后，剩下的族人会遭到掳掠，故向燥合求情说："西北路接近邻国，世世征伐，相为仇怨。如果男丁都去从军，敌军来，则老弱必定尽被杀死。请使者入朝美言。"鉴于此前完颜亮的喜怒无常与残暴，

正隆南伐：图治之君的"疯狂"选择

为了保住身家性命，燥合回朝后并未敢向完颜亮汇报西北路的真实情况。而杨葛虽不敢向完颜亮上报，却也忍受不住内心的折磨，日夜忧思，竟致病逝。

不久燥合再次受命与牌印耶律娜、尚书省令史没答涅合等再次前往西北路督促契丹出兵，强迫25岁至50岁的契丹人全部从军。眼看求情行不通，若征发全民则部族也不能保全，愤怒至极的契丹人在西北路招讨司译史耶律撒八、孛特补的率领下起兵反抗。这些契丹军杀死燥合与西北路招讨使完颜沃侧等人，囚禁了耶律娜与没答涅合，夺取了西北路招讨司3000副兵甲，正式宣布起义。

起义军商议立辽朝天祚皇帝耶律延禧的后代子孙、都监老和尚为西北路招讨使。见有人带头起义，契丹五院部人老和尚那也不想直接起兵，就先劝说耶鲁瓦群牧使完颜鹤寿投降。完颜鹤寿说自己为宗室之子，受国厚恩，宁可死也不能屈服。老和尚那也无法说服完颜鹤寿，只能将他杀掉。完颜鹤寿被杀之事传遍整个西北路，诸群牧使人人自危。兀者群牧使温迪罕蒲睹为防备属下契丹人与耶律撒八呼应，命令几十个家奴配备兵器时刻警卫。反抗必然需要武器，群牧所辖下的契丹民想出一条正当理由，他们对温迪军蒲睹的家奴说，将要出兵伐宋，官府需查看兵器，请把

第六章 不知何处片云来，做许大通天障碍

兵器借给他们用一用。蒲睹的家奴也没有多想，就将兵器借给契丹牧民。结果等到契丹人起事之时，温迪罕蒲睹只能束手就擒。被擒的温迪军蒲睹与完颜鹤寿一样，也不肯屈服于契丹人，因而被杀。当时还有一些在群牧所任职的其他女真官员被杀，如迪斡群牧使徒单赛里、副使赤盏胡失答、欧里不群牧使完颜术里骨、副使完颜辞不失、速木典糺详稳完颜速没葛、辖木糺详稳高彭祖等。

耶律撒八起兵反金后，金朝境内的其他契丹人也纷纷起来响应。移剌窝斡、十哥等先后加入耶律撒八领导的起义军。在山后屯戍的咸平府（今辽宁开原北）谋克括里，率领自己的部下逃回了咸平府。咸平府少尹完颜余里野以为括里已经加入起义队伍，准备逮捕他的家属。还未到达咸平府的括里得到消息后委屈不已，只好联合部下招诱富家的奴隶2000人，一起加入起义军。没过多久，括里等人就攻陷了韩州、柳河县，向咸平府前进。完颜余里野出兵迎战，败绩。括里等人占据咸平府。他们休养生息，修缮器甲，发府库财物募兵，势力益加强大。

接下来，括里派人前往曹家山招降屯驻当地的猛安绰质（赤）。不承想绰质誓死不从，还联合附近村寨，集结千余人，补充百余匹马匹，守卫干夜河渡口。两军相持月余，后括里兵发

正隆南伐：图治之君的"疯狂"选择

展至4万人，数量是绰质的数十倍，绰质不久就被打败。括里继续向北进军济州，途中围攻信州。当时金朝的宿直将军孛术鲁吴括剌在速频路征兵，猛安乌延查剌率领部下准备加入完颜亮的伐宋大军，路过咸平府，急忙回军信州。乌延查剌率领2000名士兵以巨木压制敌人登城，击败括里等人。括里等人又被追至韩州东，双方又大战一场。括里的军队已经不能成列，只能逃走。随后，括里率军向东京辽阳府进军，时任东京留守的完颜雍麾下仅有400名士兵，为了虚张声势，在括里还未到达前完颜雍就令属下击鼓传声，漫山遍野都插上军旗。括里以为完颜雍拥兵已达10万，实在不可敌，故转而向西与耶律撒八合兵。

完颜亮这边听闻境内发生契丹人起义，以为只是寻常造反，并没有太当回事。他一边继续准备出兵南伐，于正隆六年（1161）九月正式发动攻宋战争，一边布置安排将领前去镇压起义。

完颜亮最初的安排是派遣枢密使仆散忽土、西京留守萧怀忠、北京留守萧赜、右卫将军萧秃剌、护卫十人长斡卢保前去征讨。萧秃剌与斡卢保率领先锋部队，与耶律撒八数日连战皆不胜。而此时粮饷又供应不足，众军只得退守临潢府。

耶律撒八担心金军大部队会源源不断地跟进，以目前的实力

第六章 不知何处片云来，做许大通天障碍

恐怕难以抵挡，便萌生了投奔西辽耶律大石的想法。于是，耶律撒八率领部队沿龙驹河（胪朐河，今蒙古国东部克鲁伦河）向西而行。萧秃剌的先锋军与仆散忽土、萧怀忠率领的主力军在克鲁伦河岸会兵，没有追到耶律撒八的部队，三人经过商量决定不再追击，率军还朝。契丹与奚人本就是同源，至金朝同为其下部民，两族关系密切。耶律撒八领导的起义是由契丹人发起的，萧怀忠的奚人身份本就十分敏感，再加上他在萧裕谋反时犹豫再三才向完颜亮告发；而仆散忽土则因与徒单太后走得太近，早已引起完颜亮的忌惮。此次围追契丹人失败，完颜亮难免怀疑他们对自己不忠，索性借口办事不力，将他们全部处死。

八月，完颜亮重新任命平乱的指挥长官，以枢密副使白彦敬为北面兵马都统，开封尹纥石烈志宁副之，中都留守完颜毂英为西北面兵马都统，西北路招讨使唐括孛古副之。完颜毂英和唐括孛古率军3万驻扎在中都西北的归化州，作为白彦敬等人的后援。完颜亮另外派遣庆阳少尹尼庞古钞兀协助北面这一支行军。临行前，完颜亮对尼庞古钞兀说："你久在边陲，屡立战功。之前遣枢密使仆散忽土、留守石抹（萧）怀忠等讨契丹军，出师久无战功，他们已被正法。现命你与都统白彦敬、副都统纥石烈志宁共同进讨契丹军。"说罢，完颜亮还赐给他4匹身披铠甲的战马。

正隆南伐：图治之君的"疯狂"选择

南征的前线军战事吃紧无法抽调，且路途遥远不宜速行，完颜亮令白彦敬、纥石烈志宁这一路行军北上，率领还未出发的北京、临潢、泰州三地兵马讨伐契丹人。他们一行人至北京时，完颜亮已经率军渡过淮河攻宋。与此同时，白彦敬与纥石烈志宁还未将军队集结起来，便听说完颜雍有异心，准备南征的军队都跑到东京推戴完颜雍称帝了。他们转而联络会宁尹完颜蒲速赉、利涉军节度使独吉义，攻讨完颜雍。后完颜亮被弑，大势已去，白彦敬、纥石烈志宁、尼庞古钞兀等人皆被招降，此为后话。

而向西逃跑的耶律撒八等人此刻内部却起了冲突。很多人不想离开世代生活之地去投奔耶律大石。趁着群情激奋之际，这些人在六院节度使移剌窝斡及陈家等人的带领下杀掉耶律撒八，擒获老和尚、孛特补等人。移剌窝斡自任都元帅，陈家为都监，返回原来的契丹内地，驻军于临潢府东南的新罗寨。正隆六年（1161）十二月，移剌窝斡称帝，建元天正。直到金世宗即位后，才逐渐将这场令金廷易主的起义完全镇压下去。

当然，尽管这次契丹人起兵反抗的规模如此之大，依旧有许多契丹人选择站在金朝统治者一方。契丹人起义之时，同知北京留守事移剌斡里朵正率军南下，准备参加攻宋大军，但是至松山县被起义军江哥所执，并且想推他为盟主。移剌斡里朵称自己深

第六章 不知何处片云来，做许大通天障碍

受厚恩，不能造反，宁可被杀。江哥只得令手下将其监押起来。移剌斡里朵后来说服了监管他的奴隶，才得以脱身。即使存在这样的契丹将领，完颜亮还是怕其他契丹将领叛乱，随意找借口屠杀他们。武毅军都总管移剌成当时率军驻守磁州，为了打消完颜亮的疑虑，将妻儿送到金朝南京当作人质。

金朝此次的契丹人大规模起义及契丹诸将的反应，与金朝对境内契丹人管理模式有关。金朝根据契丹人分布的地域、生产的经济类型等，采取了不同的治理方式，将以农业为主的契丹人安置在猛安谋克组织之中，以经营游牧业为主的契丹人安置在部族、乣（边防军事组织）之中，还有一些被安排在官营群牧所之中。金朝前期契丹猛安谋克主要分布在辽河流域。为了加强对中原汉人地区的统治，金朝统治者实行大规模的移民政策，将包括契丹人在内的大批猛安谋克户迁往黄河流域。

金朝境内的部族、乣分别隶属西南路招讨司、西北路招讨司和东北路招讨司三个招讨司。东北路招讨司以部族为主，西北路招讨司、西南路招讨司则以乣为主。诸部族和乣的长官以女真人为主，但因契丹人有着丰富的畜牧业管理经验，其基层官吏多用契丹等游牧部族之人。他们强大的战斗力也利于防范蒙古草原诸部落和西夏。因此，虽然金朝多次爆发契丹人的反抗战争，但金

朝统治者为了保证这一主要兵源，也需要确保其游牧部族组织的特性，保留了契丹人的猛安谋克、部族和糺组织。

金世宗完颜雍在平定契丹人起义后，尝试对契丹猛安谋克进行大规模调整。为了防止契丹人再起义，金世宗将一部分契丹猛安谋克解散、分隶诸女真猛安谋克，又将一部分参与起义的契丹猛安谋克由西京迁徙到北京路、咸平路、上京路等地区。经过调整，金朝的咸平路、东京路、北京路、西京路、中都路、南京路、山东东路、山东西路、大名府路皆有生活在猛安谋克组织下的契丹人，或者是契丹猛安存在。分布于金朝境内的契丹人在金蒙战争打响后，有一部分加入蒙古一方对抗金朝，跟随蒙古南征西讨，加速了金朝的灭亡。

自古以来，"得民心者，得天下"。完颜亮连境内百姓的民心都无法取得，何以认为被战争血洗过后的百姓会被那丝毫的怜悯与赏赐打动？完颜亮的大兴徭役、劳民伤财之举所导致的契丹人起兵反叛，也给了他人以可乘之机。

二、变起肘腋，东京政变

随着金朝境内越来越多的契丹人起兵反金，时任东京留守的

第六章 不知何处片云来，做许大通天障碍

完颜雍嗅到了机会，借着这股东风趁乱发动政变。

完颜雍，本名乌禄，是金太祖完颜阿骨打第五子完颜宗辅的儿子。金熙宗朝封葛王，任兵部尚书。金熙宗统治末期，杀戮亲贵大臣，而海陵王完颜亮则一登基就对太祖、太宗子孙进行屠杀。同为金朝宗室，面对这两位猜忌心重、嗜杀成性的统治者，完颜雍能够幸免于难，自有其过人之处。史书并未明确记载完颜雍参与完颜亮弑君自立的活动，但是作为诱使完颜宗敏和完颜宗贤入宫的关键人物，完颜雍虽然发出了为何要杀他们的疑问，但是不得不说他事前是知情的，或者说他至少是外围参与者。这也说明完颜雍平时的存在感较低，属于人畜无害型，没有人对他的行为产生怀疑。

而完颜雍的妻子乌林答氏是他能够明哲保身的重要因素。乌林答部本为女真诸部族之一，分布在今牡丹江流域，在女真完颜部崛起过程中，逐渐归附完颜部。金朝建国后，乌林答演变为女真姓氏之一。乌林答氏虽不在女真后族贵姓之中，但其家族与完颜氏却是世代结为姻亲。伴随着金朝开疆拓土，乌林答氏家族的部分成员逐渐迁移至中原地区生活，并在金世宗统治时期势力达到鼎盛。乌林答氏成员积极参与女真灭辽征宋的战争，平定境内叛乱，出使他国进行交流活动，为维护金朝统治贡献了自身的力

量。一直到金末，乌林答氏仍在抗击蒙古的战争中发挥着重要作用。

完颜雍的贤内助乌林答氏聪明伶俐、贤惠能干，夫妻二人感情甚笃。因此，乌林答氏经常替完颜雍出谋划策。完颜雍的父亲完颜宗辅戎马一生，攻打宋朝之时曾得到一条宋朝皇帝的白玉带，完颜宗辅对其无比珍爱。完颜宗辅去世后这条白玉带被传给完颜雍，被完颜雍视为传家宝珍藏。当时的金熙宗已经处于酗酒嗜杀、疑神疑鬼的状态。乌林答氏敏锐地察觉到朝廷内部众臣皆是小心翼翼、努力自保，此风口浪尖之际，绝不能出任何差池。于是，她便劝完颜雍道："白玉带乃为天子之物，不该是臣子家所有，应当将其呈献给熙宗，否则一旦被发现可能招致杀身之祸。"完颜雍听罢，认为乌林答氏所言有理，只能忍痛割爱将白玉带献给金熙宗。金熙宗也由此对完颜雍放下疑心。

完颜亮即位之后并没有特别关注完颜雍，即使完颜雍为宗室求情也认为这是人之常情。直到完颜乌带在谋害完颜秉德之时，曾提及完颜秉德计划拥立完颜雍为帝，完颜亮对完颜雍的猜忌之心骤起。完颜秉德被杀后，乌林答氏劝完颜雍多向完颜亮进献珍宝讨其欢心，以打消完颜亮对他的疑心。完颜雍在妻子的建议下将灭辽时所得骨睹犀佩刀和吐鹘良玉茶器等奇珍异宝进献给完颜

第六章 不知何处片云来，做许大通天障碍

亮。要知道，女真人起兵之初在战争中得到的宝物皆归个人所有。完颜雍如此大方，将祖上宝物一一进献，让完颜亮以为他是恭顺畏己，猜忌之心也就随之渐消。

尽管完颜雍已经如此低眉顺耳，这位要"得天下绝色而妻之"的君王却要强取完颜雍的挚爱乌林答氏。这等奇耻大辱如何能够忍得，完颜雍立刻就要拒绝，找完颜亮理论。识大体的乌林答氏本也想誓死不从，但又担心自己如果死在济南会连累完颜雍，只得好言相劝。为了夫君着想，乌林答氏答应北上中都，在行至离中都仅70里的良乡驿站投湖自尽。可叹一代秀外慧中的绝色佳人就此香消玉殒。完颜雍登基以后，追封乌林答氏为昭德皇后，终身未再立后。

完颜亮听闻美人已逝，下意识地以为是完颜雍不肯将妻子献给自己，故意安排的，对其大为不满。不久，完颜雍就从济南尹改任西京留守，贞元三年（1155）调任为东京留守，正隆二年（1157）降封为郑国公，正隆三年（1158），再任东京留守，改封为曹国公。完颜亮想通过频繁调动的方式，削弱完颜雍的势力。完颜亮在改任完颜雍为东京留守的同时，任命自己的岳父高存福为东京副留守，以李彦隆为推官，让他们监视和牵制完颜雍。

完颜雍出任东京留守，也算是有了稳定的大本营。东京辽阳

正隆南伐：图治之君的"疯狂"选择

府是渤海人的聚集地，众多渤海贵族之后在此居住。完颜雍的母亲贞懿皇后李氏就出自东京渤海大族。李氏的父亲雏讹只曾在辽朝担任桂州观察使（辽朝并无桂州，此为虚衔），高永昌据东京叛乱时，雏讹只率军攻城，不胜而死。李氏自小有着很好的汉文化素养，对完颜雍也是言传身教。李氏很喜欢自己的这个儿子，常常夸他有奇相，将来一定贵不可言。完颜雍长到13岁时，他的父亲完颜宗辅去世，按照女真接续婚的旧俗，李氏应嫁给完颜宗辅的亲族。李氏自小接受的中原传统文化不允许她顺从女真风俗，因而出家为比丘尼，号通慧圆明大师。李氏至辽阳，入住为其营建的清安禅寺。自此，母子二人居住在一地便宜了许多。清安寺在完颜雍起事时成为众人商讨事宜之地。

不久，完颜雍的舅舅李石也回到了东京。李石曾跟随姐夫完颜宗辅和都元帅完颜宗弼出征，先后担任过行军猛安、汴京都巡检使、大名少尹、汴京马军副都指挥使、景州刺史等官。完颜亮营建中都时，李石负责皇城端门的工程。完颜亮迁都后，李石跟随众官员一同按例觐见，完颜亮特意指着李石问是不是葛王（完颜雍）之舅。事后李石猜度完颜亮忌惮宗室，很可能已经盯上自己和外甥完颜雍了。为了避免受到迫害，李石在兴中少尹任期满后，便托辞身体抱恙，辞官返回东京。

第六章　不知何处片云来，做许大通天障碍

尽管身边有人监视，但有了母亲和舅舅在身边，完颜雍过了一段舒适日子。直到正隆六年（1161）五月，李氏去世，舅舅李石成了完颜雍最为信任和依赖的亲人。完颜雍居家守丧时，收到完颜亮的命令，让他立刻回到东京留守任上，镇压蔓延全境的契丹人大起义。

重新回到东京留守任上的完颜雍借机调兵遣将，征集兵马，用为攻打宋朝制造兵器的剩余材料制造了几十副盔甲，以进讨起义军。这一切都被副留守高存福看在眼里，还质问完颜雍为何造铠甲。接着高存福一边悄悄地遣人通报完颜亮，一边与推官李彦隆等人商议，企图以击球为名，设局将完颜雍囚禁起来。高存福等人的密谋无意间被他的仆人听到，仆人将密谋内容全都告诉了完颜雍。紧接着，平定知军李蒲速越也向完颜雍报告了高存福等人欲对完颜雍动手的消息。高存福也敏锐地觉察到自己的计划已经泄露，立刻终止了抓捕完颜雍的行动。

完颜亮得到高存福的密报后，有意对完颜雍采取措施，却碍于战事不得抽身，只能经常派人以探望完颜雍为名，伺察其动静。

完颜雍率军征讨括里回至清河，遇到以前的部下六斤。六斤刚从前线回来，见到完颜雍就告诉他完颜亮有杀他之心。完颜雍

正隆南伐：图治之君的"疯狂"选择

确定完颜亮真的对自己动了杀心之后，急忙去找舅舅李石商量。李石思考片刻后表情凝重地说道，若果真如此，为保全自己，建议先除掉高存福，然后再举事自立。几次三番的为难与夺妻之恨使得完颜雍对完颜亮的不满已经达到极致。再三思索后，完颜雍听从了李石之言，决心在东京发动政变。

正隆六年（1161）十月，按照计划，完颜雍趁完颜亮渡过淮河、督促将士进抵长江之机，以讨论防备契丹农牧民起义军为名，召集官属到清安寺商讨军机。李彦隆没有多想，便率先到达，高存福感觉此行完颜雍的目的不纯，一开始并不想去，可经不住再三催促还是去了现场。果然，等到二人到齐，完颜雍立刻下令将他们一起擒获。

此时完颜雍手中的军队不多，恰逢完颜福寿也率领军队赶到。原来，完颜亮的伐宋大军渡过淮河之后，命令军队直抵长江北岸，同时勒令完颜福寿率领娄室、台答葛两猛安迅速赶赴长江北岸，与他率领的军队共同渡江，一举拿下临安。然而，完颜亮发动的攻宋战争不得人心，许多将士并不愿至前线作战，完颜福寿亦在其列。于是，完颜福寿率领军队由山东道至泰安（今山东泰安）领取盔甲和武器以后，大着胆子煽动将校北还，并与高忠建、卢万家奴等人率领的万余人相会，想要拥立完颜雍为帝。

第六章　不知何处片云来，做许大通天障碍

完颜福寿等人快到东京时，完颜雍听说有前线军队前来投奔，急忙派徒单思忠、府吏张谋鲁瓦等人前往迎接。徒单思忠率数骑驰入军中，问完颜福寿为何出现在此。完颜福寿向南而指，怒斥完颜亮失道，不能保天下，称完颜雍乃金太祖的亲孙子，他们想推戴其为皇帝，所以才来投奔。说罢，诸军皆向东而拜，高呼万岁。为了表示忠心，完颜福寿等人写下誓书交给徒单思忠。徒单思忠见他们确实是真心拥立完颜雍，便与他们一同渡过辽水，来到东京城下，主动承担起保护城池的责任。随后，完颜谋衍率领5000名军士也赶到东京。至此，完颜雍的势力再次增长。

正隆六年（1161）十月初六，完颜福寿、完颜谋衍等人率军进入东京城，先除掉了高存福和李彦隆，接着劝完颜雍称帝自立。完颜雍假装推辞一番之后，于十月初七正式于宣政殿即位，是为金世宗。

完颜雍即位后，大赦天下，宣布改元大定，大肆宣扬完颜亮弑君、弑母、屠杀宗室、劳民伤财、好色无耻等罪状。他任命完颜谋衍为右副元帅、高忠建为元帅左监军、完颜福寿为元帅右监军、卢万家奴为显德军节度使。

政变成功后，金世宗曾就定都于何处征求群臣意见。他对参知政事独吉义说，完颜亮率军伐宋，如果北还该怎么办。独吉义

正隆南伐：图治之君的"疯狂"选择

回答说，完颜亮多行无道，如果北还必将自寻死路。您是太祖之孙，即位正适时。世宗又问他是如何知道的。独吉义说，陛下迁都太早，完颜亮还未渡淮，太迟则移剌窝斡等人势力必定大涨。如今完颜亮已经渡淮，移剌窝斡之势还未盛。众将士在南征战，其家属皆在此，唯有早日临幸中都才是。李石也劝金世宗进入中都，他称，完颜亮远在江淮，万姓引领东向，宜趁着现在直达中都，占据腹心之地，以号令天下，这才是万世之业。听完舅舅的劝导，金世宗这才决定入主中都，开启对金朝的统治。

完颜雍在东京发起政变之时，在前线作战的完颜亮已经率大军渡过淮河，抵达长江北岸，打算自西采石（今安徽和县东）渡过长江。当金朝后方发生政变的消息传到前线，完颜兀不喝不敢停留片刻，立即上奏完颜亮。听完奏报，完颜亮异常冷静，沉思良久才说道："卿等刚刚听说的这个消息，我早已知晓，派人前往镇压了。此大事不要外泄。"完颜亮虽然很想封锁消息，但也知道世上没有不透风的墙，便决定召诸将帅北归，然后分兵留下一部分军队渡江攻宋。

李通却不同意完颜亮这样做，劝谏道："陛下亲师深入异境，无功而返，如果军队崩溃，敌人乘机攻击，并非万全之策。如果留兵渡江，车驾北还，诸军也会解体。现今辽阳附近的燕北诸军

第六章 不知何处片云来，做许大通天障碍

恐怕还有不服从完颜雍者，我们宜先发兵渡江，敛舟焚船，杜绝将士归家之望。然后陛下再北还，平定南北皆指日而待。"听完李通的一番话，完颜亮一时也梳理不清目前的局势，又改变了原来的计划，采纳了李通的建议，开始督促将士从采石渡江。

后院之火已熊熊燃烧，前方之路尚未可知，孰轻孰重难辨。完颜亮一心只想南下，轻信他人建议，可谓丢了西瓜，去捡芝麻，结果最终连芝麻也没有了。

三、采石之败，瓜洲身死

金军一路进抵长江北岸，并准备从采石渡江的消息不断传到临安。宋高宗瞬间惊慌失措，打算遣散百官，浮海避敌。经过陈康伯等主战派官员耐心且坚定的劝阻，宋高宗这才打消了逃跑的念头，重新做了战略部署，以抵御金军。他下令命知枢密院事叶义问到建康府督视江淮军马，中书舍人虞允文为参谋军事，起用抗金老将张浚为判建康府兼行宫留守，由李显忠接任王权建康府都统制一职，命虞允文以中书舍人参谋军事的身份前往芜湖催促李显忠迅速至采石就职，并代表朝廷慰劳东采石（今安徽当涂西北）驻军。

正隆南伐：图治之君的"疯狂"选择

王权这个贪生怕死之徒，宋朝终于不再放任他四处逃窜，扰乱军心，下令将他罢免。负责交接事宜的虞允文，距离东采石还有五六里地，就看见到处都是王权麾下的散兵游勇，便向他们询问作战情况。这些士兵说，跟随王权之时，只听到金军的声音，并未实际作战。此时，完颜亮的大军在长江北岸驻扎，时刻准备渡江，鼓声震天动地，仿佛势在必得。但正式任命的宋军统帅李显忠尚未到任，虞允文眼见事关江山社稷，必须自己先顶上，便主动承担起了防务工作。他召集张振、时俊等将领，将王权部散布在采石一带的游兵组织起来，宣布宋廷的抗金命令，动员将士与金军决一死战。同时，在沿岸部署步兵和骑兵，配备弓弩手，派遣战船运载军队。

下定决心渡江的完颜亮于十一月初七在江边筑起祭坛，杀一匹黑马祭天，又以一羊一猪投于江中，以乞求出船顺风顺水，准备于第二天渡江。

因日前秘密收到完颜雍发动政变的消息，完颜亮不知道现在自己手下的这些兵还能不能专心作战。为了试探军心，完颜亮召集左领军大都督完颜昂和右副领军大都督乌延蒲卢浑，对他们说，舟船已经准备好，可以渡江了。没想到，还真有人想退缩。右副领军大都督乌延蒲卢浑回答道："宋军船高大，我方船小，

第六章　不知何处片云来，做许大通天障碍

恐怕不能贸然渡江。"完颜亮大怒吼道："你昔日跟从梁王（完颜宗弼）追赵构于海岛，他们皆是大船，如今却挫我军士气。假如不能渡江，不过是有些损失而已。你已经70岁了，纵使自爱，岂有不死的道理。明日你与完颜昂最先渡江。"听完颜亮要让他们冲在第一线，完颜昂害怕得想要连夜逃跑。缓过气来的完颜亮只得说，之前只是一时愤怒，不用你们先渡江。完颜亮没有从二人这里得到满意的答案，转头问身边的近臣马钦。马钦怎能不知道完颜亮的心思，于是奉承地说道："臣即使是划着木筏也可以渡江。"完颜亮这才龙颜大悦。

完颜亮之所以对渡江信心满满，就是因为当初完颜宗弼凭借仅有的一只不过只能装下50人的20只船，很轻松地从采石附近渡过了长江。完颜亮对完颜宗弼充满了敬佩，也处处比拟他。据载，完颜亮曾问大臣完颜宗弼昔日是如何渡过长江的，有人回答说从马家渡过江，那里虽有兵，但是看见我军就被吓跑了，等到船靠岸，已经没有一人一骑了。完颜亮想当然地认为现今渡江肯定也是这样。再加上完颜亮以为河对岸守卫之人还是怯懦畏战的王权，更加坚定了他渡江定会不费吹灰之力的想法。

不知宋军已经易将的完颜亮，还向王权发布了一道檄文：我提兵南渡，你望风而逃不敢抗拒，深知你是惧怕天威。我现在已

至江上，看见你南岸的兵甚少。只因我所用新造船与你南岸的船只大小不一，再加上你操舟进退有度，甚合我意。你要是能尽人臣之礼，率众投降，大者可封王，小者可封侯。如若执迷不返，我将渡江把你们屠戮殆尽。

虞允文对于完颜亮的恐吓，针锋相对地回书道：王权不曾一战，朝廷已经督责。现任的统兵官乃是先前抓住完颜杲的李世辅，现已更名显忠，之前奉使一箭中的者虞允文亦在此地。你想较量胜负，我就坐等你来。

李显忠出身将门，早年投军抗金。绍兴八年（1138），设计俘获完颜杲，归宋途中因追兵所迫将完颜杲放还，后投奔西夏，又转投宋朝，可谓身经百战。虞允文在绍兴三十年（正隆五年，1160）十月曾以贺正旦使的身份出使金朝，在与金朝馆伴使的射箭比赛上，虞允文一箭中的，金人深为惊讶。虞允文在回书中故意提到这两件事，就是为了灭一灭金人的威风。

十一月初八午后，完颜亮身披镀金铁甲坐镇高台之上，命令武平军都总管完颜阿怜、武捷军副总管完颜阿撒、宿直将军温都奥剌、国子司业马钦、武库直长完颜习失等人，率军登舟渡江。完颜亮在岸上以黄旗、红旗为指挥号令，立红旗则前进，立黄旗则后退。金军本来打算先派先锋千余人分别乘坐40余艘小船南

第六章　不知何处片云来，做许大通天障碍

渡长江，却因西采石杨林河口江沙淤积阻断河道，仅派出17只小船渡江。

放出狠话的虞允文没想到完颜亮这么快就发起进攻，仓促组织军队迎战。但因据有战舰的水军蔡将、韩将二人，不听调遣，迟迟不动。虞允文只能急忙命令当涂县民兵登上海鳅船踏车而行，每只船上只有几名军士，共发出10艘海鳅船阻击金军。

此时有两三艘金朝战船抵达南岸，船上的金军与岸上的宋军以弓箭对射。金军因寡不敌众，大多数战死，少数被俘虏。其他正在渡江的金军船只被宋朝的海鳅船截断，并被宋军趁机在船上放了霹雳炮。烟雾和石灰弥漫在江面上，金军看不清方向，船只接连被冲散。金军所用船只是在和州临时赶造的，由于工期紧急、材料缺乏，导致金军船只就像州县渡口的普通小船一样，实在不能充当战舰，并且金军意在直接夺取渡口，没想到还要在水中作战，并未准备战具。因此，江中的金军船只多被海鳅船撞沉了，只有少量船只且战且退才得以保全。

初九上午，完颜亮再次命令金军登船南渡。前一日之战令虞允文已有防备，除了留部分战舰守护南岸外，其他战舰皆被调往北岸上流的杨林渡口，以阻止金军的战船从这里出来。杨林渡，是横江分出的杨柳河入江口。虞允文首战告捷后，预料到金

正隆南伐：图治之君的"疯狂"选择

军会反攻，便命诸将分路追击，遣舟师于杨林河口夹击金军，以防其由此渡江。此时，已经进入长江的金朝战船见识过海鳅船的厉害，不敢与其直接对阵，杨林渡口也已经被宋军封锁，无路可退。在宋朝战船的前后夹击之下，金军只能弃船而逃。有的金朝战船陷入淤泥，船上金军被宋军射杀，有的金朝战船堵在渡口为宋军焚毁。完颜亮见没有多少战船了，便焚舟而去，返回和州。十二日，完颜亮引兵至扬州，改为自瓜洲渡江。就此，采石之战以宋军取胜而结束。

金朝在采石之战中失败，除去狂妄轻敌之外，主要还是因金军的造船技术和水上战斗能力不足。这场战争中宋军运用霹雳炮和海鳅船，略施小计就将金军一网打尽。

霹雳炮，南宋文人杨万里《海鳅赋后序》描述其用纸包裹着石灰、硫黄，自空中扔入水中，硫黄得水而着火，从水中跳出，其声如雷，纸裂后石灰撒为烟雾，眯人马之眼，人和物皆不得见，趁机压制敌方，使人马皆溺水，遂能大败敌方。霹雳炮在北宋靖康元年（1126）时已被宋将李纲用于击退金军。这次金宋之战，又被虞允文装备在水师船舰之上，反击金军。后来，蒙古军南下之时，金朝军队也学会了用类似的方法制成"震天雷"，抗击蒙古军。

第六章 不知何处片云来，做许大通天障碍

海鳅船，又称鳅头船，因形似海鳅而得名，始见于宋代。在宋时杨么农民军和水军中装备普遍。海鳅形长10余丈，皮黑如牛，喷水到半空中，皆成烟雾，人们皆怀疑是龙，因此海鳅船又名"浑江龙"。杨万里《海鳅赋后序》对其性能和实战情况有生动记载："其迅如风，其飞如龙，俄有流星，如万石钟陨自苍穹坠于波中，复跃而起直上半空，震为迅雷之隐谷，散为重雾之冥蒙，人物咫尺而不相辨，其众大骇而莫知其所从，于是海鳅交驰，搅西噪东，江水皆沸，天色改容，冲飙为之扬沙，秋日为之退红，敌之舟楫皆躏藉于海鳅之腹底，吾之戈铤矢石乱发如雨而横纵。"海鳅船的特点就是可高速行进，战斗力强。此次采石水战中，宋军用海鳅船迎击金军船舰，即使由民兵操作也发挥了主力战舰的巨大威力。

宋人的战船根据形制和功能称呼的战船有楼船、海鳅船、刀鱼船、戈船、走舸等40余种。其中海鳅船和戈船属于最为常见的战船。海鳅船在采石之战中大放异彩，戈船也发挥了很大作用。戈船，早在西汉就已经出现。有人认为它是因为装载干戈，才有此称，有人则认为此船是因在楼船上建楼橹，戈船上建戈矛。戈船在南宋既用于海防，也用于江防，属于中型船只。

通常来讲，战船要制胜，一是靠作战功能，二是靠快速灵

正隆南伐：图治之君的"疯狂"选择

活。作战功能表现在战船的形制和功能上，快速灵活则表现在战船的动力构成上。南宋时期，将使用轮（车）叶推动的多种形制的战船统称为车船。李心传《建炎以来系年要录》中记载：车船者，置人于前后，踏车进退，每舟载兵千余人。岳珂《金佗续编》亦载其令人夫踏车，于江流上下往来，极为快利。实际上，车船就是两舷外置轮，每轮贯一轴，谓之一车，以人踏车，以轮激水，驱动船舶。车船有数车、十余车、二十余车，乃至三四十车者。

宋军此次使用的海鳅船和戈船就是车船。南宋时期车船已经成为内陆江河水战的常见战舰，无论是官军还是起义军皆大量使用车船作战。宋朝的几位知名将领手中全都有强大的舰队。张俊、韩世忠等人的战舰在300艘以上，著名的抗金将领岳飞手中更有战舰上千艘。在金宋之间的这场采石之战中，金军被宋军的车船压制，可见车船及其编队的威力。事实上，在接下来的战争准备中，金军也确实为宋朝强大的水军舰队所震撼。

虞允文得知完颜亮移军扬州的消息，立即率军驰赴镇江，积极备战。刚在采石打了胜仗的虞允文命令士兵踏戈船上下中流如飞，向金军展示宋朝水军的实力。不仅如此，虞允文还调集了海鳅船，改造马船为战舰。北岸的金军将领凭垒观望，皆认为宋军

第六章　不知何处片云来，做许大通天障碍

已经早有防备。金将立刻遣人至扬州向完颜亮汇报。完颜亮来到军中，问诸帅有何渡江之策。有将领便将看到的如实描述一番。还说采石之渡口如此狭窄，我军尚处于不利，请完颜亮考虑一下再慢慢图谋。完颜亮自然是非常气愤，命令在二十七日必须渡江。

自从金军将士亲眼见到南宋军队的战舰，知道宋军早有准备，便不愿意再次渡江。有一位万户跪在完颜亮面前恳求道："陛下不数日便能拿下两淮之地，自古无人能比。现如今既不能渡江，就请先驻屯在扬州，屯田练兵，待日后徐图霸业。"完颜亮听完不由得心头一紧：好小子，我刚训斥完一个又来一个，真是长他人志气，灭自己威风。完颜亮怒斥他是不是想动摇军心，随即命令士兵打了他50皮条。

经此类事，完颜亮心知肚明，有人敢提出退兵，不仅仅是因为宋朝军队有实力，大概也是因为完颜雍拥兵自立的消息已经在军中传开，动摇了军心。完颜亮知道眼下已经无路可退，只能孤注一掷，于是强行命令军队渡江作战。到达扬州后，完颜亮首先切断逃兵的退路，他派遣符宝郎耶律没答率领神果军扼守淮河渡口，凡军中北上想渡淮河者，如果没有都督府的通行文书，一律处死。即使如此，还是有人违抗命令，擅自离军。骁骑高僧和他

253

正隆南伐：图治之君的"疯狂"选择

的部下就曾冒着违犯军令的风险想要逃跑，事发后，被完颜亮凌迟处死。为了稳定军心，完颜亮又颁布军令：军士有逃亡者杀其蒲里衍，蒲里衍逃亡者杀其谋克，谋克逃亡者杀其猛安，猛安逃亡者杀其总管。完颜亮试图通过制定这样层层监管、连坐的方式威慑诸军。这种方式非但没有起到作用，反而弄得人人自危，军心更加不稳。

一些有着强烈危机感的将士，找到由神武军都总管刚升任浙西道兵马都统制的耶律元宜，希望他主持公道。

耶律元宜，本名阿列，一名移特辇，他的父亲是耶律慎思。天辅七年（1123），完颜宗望追击辽朝天祚帝至天德军，耶律慎思率军投降。耶律慎思告知完颜宗望西夏将迎辽帝入境，完颜宗望派人送信诫夏人，西夏才停止接受天祚帝入境。因此，金廷赐慎思姓完颜氏，官至仪同三司。元宜早期随父姓完颜，天德三年（1151），完颜亮下诏赐姓者皆恢复本姓。元宜恢复耶律姓氏。金熙宗时期完颜元宜充护卫，累迁欧里本群牧使，入为武库署令，转符宝郎。完颜亮即位，为兵部尚书，历顺义、昭义节度使，后复为兵部尚书、劝农使。完颜亮南征，以兵部尚书领神武军都总管，以大名府路万余骑兵归其麾下。在柘皋、和州等战中表现英勇。完颜亮增置浙西道都统制，由其统领，并令其督促诸

第六章　不知何处片云来，做许大通天障碍

军渡江。

尽管完颜元宜受到如此重视，但是金朝后方发生耶律撒八、移剌窝斡等人率领的契丹人起义后，完颜亮一直对前线的契丹将士不太放心，还曾一度下令屠杀军队中的契丹将领。完颜元宜自然也不免每日提心吊胆。如今完颜亮又是下令严惩逃亡者，又是恐吓如果他手下的兵将少了，就连他一同诛杀。

完颜元宜自然清楚不过，自己的部队早就已经逃亡过半了，只是一直未上报。这件事要是完颜亮追究起来，完颜元宜的脑袋必定得搬家。因同处一样的困境之中，完颜元宜答应与这些将士合谋。猛安唐括乌野趁机向完颜元宜建议："现在我军有长江天堑阻隔，宋军凭借天险抵抗我军，弄不好，我们都会被擒获，听说辽阳新天子即位，不如共行大事，然后举兵北还。"完颜元宜听罢思考着这是要让我领兵弑君呀，可按照目前的形势，在前线无论进退皆是身死他乡，只能拼死一搏了。于是，完颜元宜派人将其子骁骑副都指挥使完颜王祥叫来，一同商量具体对策。

他们首先将完颜亮身边精锐紫绒军设计调走，引诱他们去抢夺从淮东跑到泰州城的女子以及其所带财宝。接着完颜元宜告诉部下，完颜亮有令，清晨渡江，一时间众人纷纷紧张起来。见此，完颜元宜才向他们透露出弑君的计划，众人自是欣然同意。

正隆南伐：图治之君的"疯狂"选择

正隆六年（1161）十一月二十七日清晨，天未大亮，完颜亮还在龟山寺旁的寝帐中休息。完颜元宜、完颜王祥、唐括乌野、武胜军都总管徒单守素、谋克斡卢保等人，借着完颜亮的贴身侍卫换班的间隙，率领一部分士兵冲进完颜亮的行宫。听到寝帐外有嘈杂之声，完颜亮以为是宋军打过来了，急忙起床更衣，衣服还没穿好就有一支箭飞射进来。完颜亮捡起箭一看，惊愕地喊道："此乃我军是也。"近侍大庆山让完颜亮快逃，完颜亮回答已无路可走，便准备殊死一搏。完颜亮刚把弓取来，就被箭射中倒地。延安少尹纳合斡鲁补最先冲进帐中，对准完颜亮就补了一刀，见他手脚还在拼命抓蹬，完颜元宜一众人又将其缢杀。

其后听闻消息的骁骑指挥使渤海人大磐立刻率兵营救完颜亮，完颜王祥对他说已经来不及了，大磐这才放下武器投降。经过一阵折腾，完颜亮行宫中的物品都被士兵瓜分殆尽，众人只能用大磐的衣服包住完颜亮的尸体，将其就地火化。之后，完颜元宜等人以撺掇完颜亮南伐等罪将完颜亮的心腹尚书右丞李通、浙西道副统制郭安国、监军徒单永年、近侍局使梁珫、副使大庆山一并杀死。至于完颜亮的另一位心腹左领军大都督完颜昂听说完颜亮已死就马上叛变，派遣专人到南京杀死皇太子完颜光英，专门遣他的儿子寝殿小底完颜宗浩和女婿牌印祗候回海等人，奉表

第六章　不知何处片云来，做许大通天障碍

恭贺金世宗登宝位。因此，圆滑的完颜昂幸免于难。紧接着，完颜元宜自任左将军副大都督，最后率领大军北还。

可以看出来，完颜亮这次全面进攻南宋花了很大心思，采取了以两淮为主，以荆襄和川陕牵制宋军的高明策略。与东路相比，金朝的西路军和中路军兵力不多，西、中两路的战争规模也不大。这两路距离宋朝的都城临安较远，集中兵力攻打拿下这两路也改变不了最终战局，因此只需要牵制住这两路的兵力就可以。故而是这两路先对宋军开战，以防宋军互相救援。这样一来，自然也无需浪费过多的兵力和粮草。因此，宋朝一方能在中路和西路取得一定优势十分正常。东路军是金军的主力军，即使是海路也只是配合东路军作战。而在东路战区完颜亮又采取声东击西的策略，派徒单贞猛攻淮阴，吸引宋军主力，自己则亲率大军自淮西进攻。这样金军主力渡江之后，就可以绕过宋朝的主力军直接进攻临安，从海路包抄宋高宗。为保险起见，完颜亮还派出军队奔袭扬州。此时宋将刘锜被淮阴前线金军吸引，打得难解难分，很明显不知道已经被金军抄了后路。刘锜是两淮战区和长江战区的总负责人，他回不来的后果很严重，宋军长江防线将会出现群龙无首的局面。就当时宋军的战斗力和意志力来说，结局必然是长江易手，全军溃败。但金朝海军失利，无法与完颜亮

正隆南伐：图治之君的"疯狂"选择

合力攻打临安，完颜亮也没能从采石顺利渡过长江，被迫转战瓜洲，企图从此处过江。

宋朝一方虽然取得了一些胜利，但在此次金宋之战中亦暴露出许多问题。在朝廷方面，宋高宗宁肯接受屈辱的和议条件，在半壁江山中安度晚年，也不愿积极迎战。即便主战派大臣说破嘴皮，宋高宗依旧无动于衷。等到完颜亮大兵压境，宋高宗才被迫应战，实际上却依旧奉行战而后和、和而后安的政策。即使是后来继位的宋孝宗倾向抗金，但他既不多谋，亦不善断，在关键时刻易于受投降派的怂恿，举棋不定。宋朝没有坚定的积极抗金的战略指导方针，这是它一直以来的根本性劣势。在军队方面，宋军战斗力明显退化。在和平环境中容易出现军政腐败、军纪废弛的情况。绍兴和议以来，南宋一直处于中外解弛、无战守备的状态。岳飞等一众猛将中冤死者、隐退者、年事已高久病缠身者，皆已不在军中。在任的宋将不治兵，专于治财。完颜亮对宋之战并非突然袭击，而是实施先声夺人、恫吓对手的方针。双方开战前，南宋能有两年多时间重整战备，成效却不尽如人意，实因宋军腐败已积重难返。如昔日韩世忠的部将王权、成闵、刘宝在战后20年间已然成为典型的庸将和贪夫，对战事失败负有重大责任。在战区指挥方面，宋朝军队不能集中兵力交由一人统一

第六章　不知何处片云来，做许大通天障碍

指挥。当时的宋军有九都统司御前诸军和三衙军，共12支大军。除去另外派遣李宝军防备海道外，针对金朝军队南下，宋廷按照惯例划分两淮、荆湖和川陕三大战区。刘锜、成闵和吴璘名义上是三个战区的统帅，声讨金朝的檄文就是以他们的名义发布的。但是，刘锜和成闵在实际作战部署过程中根本不能全权指挥本战区的军队，各都统司军仍各行其是，互不协同。后来宋孝宗发兵北上，李显忠和邵宏渊二人就因为谁是最高统帅的问题互相不服，导致军败。

从开局到转战瓜洲，完颜亮在战略战术上基本没有失误。所以他明知后方爆发起义和完颜雍发动政变，依然听从李通的建议，坚持渡江南下。当然，这更是他自己内心所向。但是，就是这一决定无异于堵死了完颜亮的后路，完颜亮似乎已经忘记了他刚刚在采石打了败仗，也没有了可以与其夹击临安的金朝海军。如果南下不成功，他就再也不可能返回金朝当皇帝了。不仅如此，完颜亮还要将前方战士的后路也堵死，下令谁撤退就杀死谁，谁投奔完颜雍就连坐其将领。在完颜亮极端的选择下，他的生命停留在了他所向往的统一大业的路上，时年40岁。完颜亮当初潜入金熙宗寝宫弑君自立，如今自己落得个同样的下场，也算是因果轮回。他标榜的统一大业终究未能完成。

第七章

世称小尧舜，可为后世师

海陵王完颜亮被弑后，金世宗完颜雍正式开始全面管理金朝。史称金世宗"天资仁厚，善于守成"，被人们誉为"小尧舜"。金世宗即位伊始，即以纠正完颜亮对宋朝的战争策略失误为己任。在作了一定让步的基础上，与宋朝签订"隆兴和议"，开创了金宋之间长达40余年的和平相处局面。

第七章 世称小尧舜，可为后世师

一、世宗即位，镇压起义

自移剌窝斡自为都元帅，拥众东还至临潢府东南的新罗寨，负责镇压起义军的金世宗就派出移剌扎八、前押军谋克播斡、前牌印麻骇、利涉军节度判官马脑等人前去招降移剌窝斡。移剌窝斡领导的众起义军此时也不想再打仗了，本来已经与移剌扎八等人约好准备投降。移剌窝斡不放心投降之后的去处，就问移剌扎八如果投降，他们是否能保众起义军无事。如果此时移剌扎八的回答是肯定的，招降大概就成功了。然而，可能是出于同为契丹人的本能，移剌扎八只能如实相告，他只管招降，其他不能保证。

听闻此言，移剌窝斡自然是不肯被招降。反倒是移剌扎八见移剌窝斡兵强马壮，车帐满野，金世宗又刚即位朝中局势尚未稳定，保不齐这些契丹起义军能够起义成功。于是，移剌扎八留在移剌窝斡军中未归金廷。

金世宗即位后面临内有起义，外有宋军的情形很是苦恼，刚刚接到完颜亮被弑的消息，还没来得及高兴，又杀出个称帝的移剌窝斡。金世宗绝对不允许出现这种情况，于是立刻采取行动，派出元帅左都监吾扎忽、同知北京留守事完颜骨只昼夜兼行，夺

正隆南伐：图治之君的"疯狂"选择

回临潢府。

尽管如此，等到金将吾扎忽和完颜骨只到达临潢府时，契丹起义军已经掉头去攻打泰州（今吉林城四家子古城）。吾扎忽率军追击起义军，两军相遇于窊历，双方马上布阵准备作战。不料此时金朝押军猛安契丹人忽剌叔突然加入起义军一方作战，吾扎忽所部来不及反应，被起义军打得溃不成军。

战后，移剌窝斡率军继续向泰州方向进军。接到消息的泰州节度使乌里雅率守军千余骑出城迎战，未经几个回合就败下阵来，仅以数骑脱归。经此一战，移剌窝斡众人士气愈加高涨，在泰州城下锣鼓震天地向城中守军叫嚣。与城外形成鲜明对比，泰州城内却是一片哗然，士气低迷，不敢有出城迎战者。见泰州守军始终没有动静，移剌窝斡下令立刻攻城。契丹起义军架起云梯，配合投石车，对泰州城发起四面攻击。好在泰州城足够坚固，胆识过人的押军猛安乌古孙阿里补竭力保持镇定，安排军士各持刀与起义军死力斫刈，这才打退起义军，保下泰州城。

移剌窝斡攻泰州不成，又引兵进攻济州（今吉林农安），想要邀击金军粮队，补充军给。得知消息的金军也作出应对战略。金军元帅完颜谋衍与右监军完颜福寿、左都监吾扎忽合兵1.3万人，准备分左右翼攻打起义军。曷懒路总管徒单克宁、广宁尹仆

第七章 世称小尧舜，可为后世师

散浑坦、同知广宁尹完颜岩雅、肇州防御使唐括乌也为左翼，临海军节度使纥石烈志宁、曷速馆节度使神土懑、同知北京留守完颜骨只、淄州刺史尼庞古钞兀为右翼。两翼军行至术虎崖，将辎重置于此处，给将士们发放数日粮食就地整军待命，打算先派轻骑袭击起义军。

先锋骑军还未出发，契丹纥椀群牧人纥者与其弟孛迭、挼剌投奔完颜谋衍大军。纥者告诉完颜谋衍：移剌窝斡军中的马匹肥健，而金官军之马疲弱，这里距离起义军80里，等遇到起义军马匹早就疲惫不堪，而起义军的辎重离这里不远，不如先攻打他的辎重，等起义军赶过来，马也疲惫不得战，我军之马得以省力，岂不以逸待劳？完颜谋衍随即采纳纥者的建议，趁夜出发偷袭契丹起义军辎重。果然，收到情报的移剌窝斡赶紧回军救援。

两方军队在长泺相遇，立刻列阵作战。完颜谋衍设伏兵在左翼军之侧，起义军400余骑出现在左翼军和伏兵之间，徒单克宁率军射退起义军。金军与契丹起义军打了几个来回，几次重新整阵力战。忽然战场刮起一阵风扬起沙石，契丹军阵被打乱，金军乘势追击，打败起义军。

移剌窝斡率军西走，完颜谋衍追至雾淞河，移剌窝斡又被打败渡河而逃。完颜谋衍见移剌窝斡等人败逃，并没有立刻追上

正隆南伐：图治之君的"疯狂"选择

去，而是选择在白泺驻军整顿。逃跑的移剌窝斡攻打懿州未果，又攻下川州，向山西方向逃跑。移剌窝斡之众逃跑速度之快，使北京守军根本来不及拦截。于是，金朝发骁骑军2000人、曷懒路留屯京师军3000人、会宁济州军6000人前往征讨起义军。以元帅左都监高忠建总兵，沃州刺史乌古论蒲查为曷懒路押军万户，邳州刺史乌林答刺撒为济州押军万户，右骁骑副都指挥使乌延查剌为骁骑万户，祁州刺史宗宁为会宁路押军万户，右宣徽使宗亨为北京路都统，吏部郎中完颜达吉为副统，会元帅府之兵讨伐起义军。

与此同时，金世宗派遣尚厩局副使蒲卢浑前往懿州告诫众将帅，敕曰：朕委任卿等讨伐起义，听说你们不抓紧追赶，反倒驻兵闲缓，还不就有水草之地，导致战马疲弱不能行百里之路。后贼虽破，却纵诸军劫掠，追敌至雾淞河，又不乘胜追击，起义军遂闯入近地，导致北京、懿州遭遇兵燹。朕想重重谴责你们，因各任兵事，又图后功。尔等当尽心竭力，莫要怠弛。金世宗令蒲察蒲卢浑监督作战，又以纥石烈志宁为元帅右监军，将原来的右监军完颜福寿召回京师，咸平路总管完颜兀带官复原职。大定二年（1162）六月，金世宗以仆散忠义为平章政事兼右副元帅率军讨伐契丹起义军。与此同时，金世宗多次颁布诏书赦免归降的契

第七章 世称小尧舜,可为后世师

丹起义军,采取剿抚并施的策略。

易将改帅后,仆散忠义、元帅左都监高忠建率军追击契丹起义军于花道,兵分两翼,与起义军夹河对阵。移剌窝斡此时尚有8万兵马,先以4万兵马渡河攻击金军左翼完颜宗亨部。金军万户查剌随即以600名骑兵冲击起义军的渡河部队。起义军进攻不利,移剌窝斡随即令余下的4万士兵攻击金军左翼。面对强大的武力攻击,完颜宗亨一时间方寸大乱,导致金左翼军大败。金将又派右翼完颜宗叙前去援助,准备加入战斗。为了保存实力,契丹起义军遂向西退兵而去。

金将仆散忠义和纥石烈志宁率领军队继续追击起义军,追至袅岭西方的陷泉,金军先据南冈,左翼军自冈为阵,缓缓向北移动,步军跟随其后。右翼军继步军北引后向东,作偃月阵,步军居于中,骑兵据其两端,使起义军不见首尾。所谓偃月阵,即全军阵列呈弧形,形如弯月,是一种非对称的阵形,大将通常位于月牙内凹处的底部。作战时注重攻击侧翼,以厚实的月轮抵挡敌军,月牙内凹处看似薄弱,实际却暗藏凶险,因此运用本阵应具备较强的战力,兵强将勇者适用,本阵也适用于在某些不对称的地形作战。偃月阵在中国古代战争中被广泛使用,多次在战场上发挥关键作用。

正隆南伐：图治之君的"疯狂"选择

移剌窝斡见金军左翼军占据了南冈这一制高点，不敢攻击，只能选择攻右翼军。金将乌延查剌力战起义军，起义军稍微退却。金将纥石烈志宁、夹谷清臣、乌林答剌撒、铎剌等合兵共战，起义军大败。战败的起义军争相想要渡河逃跑，却因泥泞不能立刻渡过，被金军追上。起义军人马相蹂践而死者不可胜数。金军杀掉万余名起义军，俘获包括移剌窝斡的弟弟移剌袅在内的5万余人，尽获其辎重。移剌窝斡仅与数骑逃去。

战后，仆散忠义遣使向金世宗报捷。听到使者的捷报，金世宗下诏作进一步指示：有被我军俘获者，有能自己来投降者，有无处所归来投拜者，有以全家或分领家族来降者，有曾与我军敌斗者，皆释其罪。其余散亡之人，除了移剌窝斡，不论大小官员是何名色，如果来归附，皆准予释放。有谁能诛杀捕获移剌窝斡，或者诛捕不招纳者，或能招降其掌军官者，并给官赏。各路抚纳来者，不要加以侵损。无资给者，不管是哪一路，随有粮处安置，仍官为养济。

金世宗的招降政策，无疑给了移剌窝斡很大压力。移剌窝斡收集散兵万余人，进入奚部领地，补充了兵力。移剌窝斡联合奚人诸部，经常出兵袭扰速鲁古淀、古北口、兴化等地。古北口守将温迪罕阿鲁带战败失守。金世宗下诏命完颜谋衍、蒲察乌里

第七章 世称小尧舜，可为后世师

求将归德府交还给南宋朝廷时，他依然让官吏和将士先行，自己最后撤出城内，安安静静地率军回朝，对百姓没有任何惊扰。

天眷三年（1140），完颜宗弼重新发动攻宋战争后，完颜雍被再次任命为归德府知府，率军前往收复故城。完颜雍受命后，以数千骑至宋王台，遣人告谕城中的百姓、官吏、学生，其有不杀不掠之意。一下步辇，完颜雍便去请宋朝任命的南京（归德）留守路允迪，设宴款待后将其送还至汴京，随后不费一兵一卒，鼓吹入城。可见，金世宗完颜雍骨子里是一个主张和平的人。其实，完颜亮准备发动攻宋战争时，完颜雍即在反对者之列。然而，当时完颜亮对完颜雍的猜忌颇深，完颜雍自然也不敢作出任何的反对行为。

金世宗在东京发动政变成功登上皇帝之位后，立刻改元大定。在揭露完颜亮罪过的诏书中，金世宗指出：自从金宋两朝和谈之后，宋朝谨遵交聘礼节。金朝突然违背信誓，想行吞并之举，兴师动众，远近皆是怨气。诏书明确指责完颜亮发动攻宋战争是背信弃义的行为，并准备与宋朝和平相处，实现天下"大定"。

另一方面，金世宗刚刚即位，内外形势皆不稳定。内部各方势力还没有完全归附，契丹人起义势头正盛，金世宗迫切地需要

正隆南伐：图治之君的"疯狂"选择

集中力量安抚军民、镇压契丹人起义。与宋朝尽快议和，才是金世宗当下所需。

正隆六年（1161）十一月，金世宗得知完颜亮被金朝南征将士射杀以后，立刻主动向南宋送去一封求和的书信。书信中称：我朝自太祖皇帝创业开基，奄有天下，迄今已经40余年。其间，讲信修睦，兵革寝息，百姓安居乐业。不承想正隆（完颜亮）失德，师出无名，致使两国生灵涂炭。如今奉新天子诏，废除旧帝，大臣将帅已至朝中商议班师回朝之事，我们各自宜休战，以敦旧好。金朝向宋朝表示发动攻宋战争的罪魁祸首是完颜亮，新即位的皇帝金世宗愿意与宋朝保持和平友好关系。

此时金世宗只想维持"绍兴和议"以来的金宋格局，意欲通过归还完颜亮攻占的宋朝土地，达到与宋人议和的目的。金世宗也确实说到做到，在向宋朝发出求和书信以后，下令将金朝的大军主动从前线撤回。

然而，这时还不知道金人打算求和的宋朝仍在思考向北进攻的问题。朝中许多大臣认为金世宗刚刚通过政变夺取皇位，金朝上下尚未归心，一些宗室贵族恐怕也有觊觎之心，一定会出现互相攻杀的局面。金朝境内的契丹起义军则会乘机发展起来，将出现汉代匈奴"五单于争国"之势，而中原百姓则由于祖宗德泽之

第七章 世称小尧舜，可为后世师

深，日思箪食壶浆以迎接宋朝之师。这正是上天赐予宋朝的绝佳时机，如果乘此时机出兵，不仅恢复中原易如反掌，还可以一举打垮金朝。

宋高宗对这些言论深以为然，特别是在得知完颜亮被杀的消息后，也曾表示要御驾亲征。在众大臣的鼓励下，宋高宗下达了追击北撤金军的命令。因此，当金世宗送来求和的书信时，宋高宗下令回信说让金朝送文牒请照会。实际上是对金世宗的议和请求置之不理。

在宋高宗允许追击北撤金军的情况下，宋军很快收复了海、泗、唐、邓等州。只是，三个陆地战场中，唯有川陕军大举反击，深入金朝的陕西地区。1161年十二月，宋廷趁完颜亮被杀金军北撤之机，命吴璘率军反攻，收复所失州县。次年正月，吴璘遣兴元都统制姚仲率步骑6000余人，出秦亭（今甘肃张家川回族自治县东）取巩州（今甘肃陇西），围攻三昼夜未克，后引兵转攻德顺军，于二月十八日进抵城下。金军据城坚守，姚仲督军久攻不克。吴璘以知夔州李师颜接替姚仲，与中军统制吴挺共同节制诸军攻城。金将徒单合喜自凤翔、泾源（今甘肃泾川北）等地，遣军增援，吴璘命吴挺率军阻击，与金军相遇于瓦亭（今宁夏隆德东北）。宋军冒矢石进击，金军被迫弃马步战。宋军乘机

正隆南伐：图治之君的"疯狂"选择

多路突击，将其击退，擒千户耶律九斤等百余人。三月初五，宋将吴璘率军进至德顺军城下，由于城坚难攻，遂决定先占领有利地形，以数百骑挑战金军，诱其出城。金军果然倾城而出，双方进行了一场激战。金军大败，退入城中固守，十二日夜，金军趁着风雪弃城逃遁。宋将吴璘乘机收复德顺军，以副将张舜中守城，自己则率军还屯河池（今甘肃徽县）。

1162年六月，宋孝宗赵昚继位。吴璘料到金军必定会再来争夺德顺军，遂率军先行驰援。没过多久，数万名金军果然自凤翔等地来攻。吴璘命吴挺率军于城东将其击退。九月初，金将徒单合喜命陕西都统完颜璋、副都统完颜习尼列率兵2万，复攻德顺军。两军激战于城东，接战数次，宋军稍却，金军追至城下。吴璘命北岭兵与城中守军，用弓弩夹射，击退金军。徒单合喜又遣统军都监泥河领兵7000与完颜璋合兵，企图攻取东山。宋将吴璘令军队依险列阵，环列剑盾、拒马，多次击退金军的进攻。其时北岭的宋军已控扼金军的退路，并夺其粮饷。十月，徒单合喜率兵4万来援，吴璘分兵袭击，双方伤亡甚众。由于宋军控扼东山、北岭，金军难以攻克，遂移师德顺军东南水洛城，企图切断宋军粮道。十二月初四，宋廷为向金朝乞和，下诏令吴璘班师。隆兴元年（1163）正月，吴璘奉诏仓促引军退往河池。不料，金

第七章 世称小尧舜，可为后世师

军却乘机追袭，导致宋军亡失2万余人。之前收复的秦凤、熙河、永兴三路十三州、三军，皆复归金朝。此战，宋廷在宋金两军相持之际，令吴璘班师从而导致失败。

金世宗为了缓和宋金关系，采取了不抵抗政策，令金军尽量不与宋军交战，以便尽快达成和议。在陕西战场，金世宗将副都统制张中彦召回朝廷，令徒单合喜统兵，并告诫他驻守将士数量有限，不宜深入，只领军屯驻即可。因此徒单合喜扼守大散关，挖深沟以自固，控制蜀道出口。金军在陕西战场的失利与金世宗的不抵抗政策有很大关系。为此，金世宗又于大定二年（1162）正月，派元帅左监军高忠建、礼部侍郎张景仁等出使宋朝，以向宋朝报告金世宗登位为名，请求议和。

面对金人的不断示好求和，究竟如何应对成了摆在宋朝君臣面前的一个重要问题。宋高宗虽然下令收复故土，但其实并没有抗战的决心，一直摇摆不定。在接到金世宗的第一封求和书信时，宋高宗就曾说过："大酋既灭，余众皆南北之民，均是强迫而来，他们有什么罪过呢，即日起就将他们放还吧。多杀人有什么好处呢，只告诉诸将缓慢进师，收复故土，抚定我朝民众就可以了。"如此看来，宋高宗只是想有限度地进攻。如今，听说金朝使节即将渡过淮河，又明确表示可以与金人议和，只是在如何议和的问题上需要与金人商量。

宋朝知枢密院事叶义问则认为：金人乞和之议不能立刻答应，也不能明确拒绝。答应了则不能再攻打金朝，盟约一成中原之人就不能归附我朝。拒绝了则兵连祸结。为今之计，不如慢慢回复，先答应他们求和的请求，同时下诏诸将帅与其相持，等我军将京、陕之地收复过半，金朝对我朝有敬畏之心时来请盟，我们再答应。

当然，宋人一直犹豫不能决断的一个重要原因是金宋之间势力均衡的形势并没有被打破，双方都不具备完全将对方打败的实力。面对金朝的主动求和，宋廷多数朝臣是不反对的，更多的是想在极限拉扯中争取利益的最大化。

在这种情况下，宋高宗很快决定派出洪迈、张抡等为接伴使前往边境地区迎接金朝使者入京。

洪迈，字景庐，号容斋。其父洪皓，曾出使金朝，遭到金人扣留，后返回宋朝。洪迈的哥哥洪适曾官至宰相，哥哥洪遵曾官至副相。洪迈于绍兴十五年（1145）中进士，授两浙转运司干办公事。其后历任福州教授、饶州知府、起居舍人、秘书省校书郎、吏部员外郎、枢密院检详诸房文字等。至绍兴三十二年（1162）金世宗遣使议和，为接伴使。后以翰林学士的名义充

第七章 世称小尧舜，可为后世师

贺金国主登位使。回朝后，先后任赣州知府、婺州知府、翰林学士、龙图阁学士、端明殿学士等。卒赠光禄大夫，谥号文敏。

张抡，字才甫，自号莲社居士。史载鲜少。宋高宗时知阁门事。绍兴三十二年（1162），与洪迈为接伴使。孝宗年间以词章邀宠。淳熙年间再知阁门事，兼客省四方馆事。

洪迈与张抡出发前入朝请示使旨，宋高宗对宰执们说："朕料到此事终归要议和，卿等先讨论一下名分，接着是土地。依朕所见，当以土地人民为上，名分则不是第一位的。为何如此说呢？如果能够恢复旧疆，则陵寝在其中，使两国生灵不被兵革残害，这是要紧事。如果以小事大，朕所不耻。"宋高宗主张与金人进行议和谈判应首先考虑收回故疆的问题，至于金宋的君臣名分等问题则是次要的。不过一些大臣也强调了名分正，岁币才能减少的问题。经过讨论，决定洪迈等人接伴时，既须重视划疆问题，也要重视名分问题。这无疑使得两位使者顶着更大的压力前往接伴。

宋朝大臣之所以注重名分，有其历史渊源。金朝与宋朝立下海上之盟，约定共同灭辽期间，双方为对等国，聘使往来皆用"国书"。宣和五年（1123），距离辽朝灭亡的前两年，金朝与宋朝确立了对等往来的交聘礼仪。宋朝给金朝的国书称"大宋皇

正隆南伐：图治之君的"疯狂"选择

帝致书于大金皇帝阙下"，金朝给宋朝的国书称"大金皇帝致书于大宋皇帝阙下"，双方互称皇帝。至两方签订"绍兴和议"（又称"皇统和议"），金宋两国转变为君臣之国，双方的地位不再平等。双方关系转变之后，宋朝给金朝的文书改称"奉表"，金朝给宋朝的文书则改称"诏书"。宋朝给金朝的文书中"大宋"去掉"大"字，"皇帝"去掉"皇"字。使节往来，可传呼宋朝皇帝之名，却不能传呼金朝皇帝之名，只能传呼金朝皇帝的庙讳御名……在这种情况下，宋朝接受金朝诏书的礼仪改为宋朝皇帝亲自接受金朝使者送来的"诏书"，再交给内侍都知。这实际上是由宋朝皇帝代行原来接书匣阁门使之职，宋帝在金朝使者面前降为阁门使，反映了两方交往中宋朝地位的低下。

眼下金朝遣使商讨议和之事，宋朝许多大臣都主张先正名分，就是想改变原来不平等的君臣地位、交聘礼仪。洪迈和张抡受任为接伴使，按照朝廷的旨意，意图从接伴礼仪上改变原来不平等的交聘规定，为接下来在宋金正式和谈中提高宋朝地位作铺垫。

洪迈和张抡参考以前的接伴礼仪，上书提出更改不平等的称呼、礼节等十四事。随后，洪迈和张抡前往边境迎接金朝使者时，就按照他们上书中提出的更改后的礼仪施行。金朝使者高忠

第七章　世称小尧舜，可为后世师

建一看宋使的礼仪不比以往，便知晓了宋朝的小心思。为了打压宋朝接伴使，高忠建坚持要求他们按照原来的金宋君臣之礼接待金使，接着又要求按照"绍兴和议"划定的疆界让宋朝交出他们新收复的诸郡。

洪迈等人自是不肯退让，与金朝使者据理力争，移书金使说："自古以来，领邦往来，不用敌礼。本朝皇帝上为先帝下为生灵，勉抑尊称，以就和好。而贵国无故兴师背盟，是自取灭亡。我听闻大金新皇帝有仁厚爱民之心，我们也要求将帅，止令收复原有土地，不再追袭。如此还受到责问，岂有此理呢。"作为接伴使的洪迈坚持更改旧礼，与金朝对等往来。双方互不相让，此事也就不了了之。

不久，宋廷又命徐嚞、孟思恭等人为馆伴使、副，陪同金朝使者在京师活动。宋使又乘机提出更改原来不平等的馆伴礼仪十四事。但是，与洪迈等人抗争的结果一样，金朝使者不同意他们的请求，无奈最后并没有完全施行新的接伴礼和馆伴礼。为了不破坏和谈大局，洪迈并没有过分坚持彻底改变旧礼，而是选择了部分改变。

但是，礼部侍郎黄中不同意洪迈有关"土疆实利不可与，礼际虚名不足惜"的意见，认为"名定实随，百世不易，不可谓

正隆南伐：图治之君的"疯狂"选择

虚。土疆得失，一彼一此，不可谓实"。权兵部侍郎陈俊卿也持类似观点。在黄中、陈俊卿等人的坚持下，宋朝仍然把正名分作为这次与金人和谈的主要内容。于是，宋朝又想在金使觐见宋朝皇帝并递交国书之时，改变原来不平等的受书礼。

等到金使高忠建至殿中向宋朝皇帝进献国书时，双方经过反复争辩，以宋朝馆伴使徐嚞接过国书结束博弈。随后，在金使高忠建辞行回国时，宋朝宰相陈康伯当面授其报书，改变了以前宋朝外交文书称"奉表"的旧例，将宋朝外交之书改称为国书。

绍兴三十二年（1162）四月，宋朝派遣洪迈等人出使金朝，以贺金世宗登位为名，商议议和等事宜。临行前，宋高宗赐洪迈手札说道："祖宗陵寝，隔阂30年，不得以时洒扫祭祀，实在是痛心疾首。如果金朝能以河南地归还，必欲居尊如故，那么也可以勉强同意。"按照宋高宗的意思，和谈的主旨还是收复河南故地，只要能达成目标，像原来那样受点委屈也不算什么。洪迈自然明白宋高宗的意思，不过他还是打算先搏一搏，将正名分之事也摆到明面上与金人谈谈。

洪迈进入金朝境内就按照对等的交聘礼仪书写交聘文书，结果金人把所上表章全部退了回来。金世宗虽然主动向宋人求和，但并非毫无原则，他希望在保证既得利益的基础上与宋人议和。

第七章 世称小尧舜，可为后世师

金世宗希望按照"绍兴和议"确立的条件与宋人议和，既要保住"绍兴和议"确定的疆域，又需确立当时金宋君臣之国的关系。因此，金世宗为树立权威，对宋人以先正名分，企图改变金宋君臣之国关系的要求坚决不肯让步。金世宗要求洪迈按照臣礼"奉表"，并令洪迈于表中改称"陪臣"二字。为了尽全力争取平等地位，洪迈拒绝答应这一要求，结果被锁在使馆之中，不得脱身。洪迈以绝食威胁金朝。没想到，金朝根本无动于衷，大都督怀忠甚至扬言如果宋使不肯妥协，就将他们一干人等当作人质要挟宋朝。洪迈被金朝逼得无计可施，只得老实地按照金世宗的要求重新写表章奉上，直到金朝满意，才脱身归宋。

还未等到洪迈等人返回宋境，汇报与金朝的和谈结果，宋高宗就迫不及待地禅位于宋孝宗，自己称太上皇，撒手不管眼前之事了。宋高宗为响应金世宗主动求和所进行的议和活动也就暂时告一段落。

三、战事再起，隆兴议和

赵构胆子非常小，当初金人来攻时天天被金人追着跑，被吓得不能再生育。完颜亮南征即将打到临安，他的第一反应仍然是

正隆南伐：图治之君的"疯狂"选择

逃跑。对于赵构来说，皇帝身上的担子太重，遇到难题时手下的这群大臣从来达不成一致，吵吵嚷嚷把自己架起来。赵构一直主张求和，能不打仗就不打，如今这群人天天逼着自己腰杆子要挺起来，实在是太过煎熬。赵构也算是聪明人，在和尚原之战和川陕之战都取得了不错的战绩后，顺势提出禅位，打着将江山交还到宋太祖后代手中的名义，传位给赵昚。

绍兴三十二年（1162）六月，宋孝宗即位。宋孝宗赵昚生于秀州（今浙江嘉兴），初名伯琮，是宋太祖赵匡胤的七世孙，生父为赵子偁。绍兴二年（1132）被宋高宗养在宫中。绍兴三十年（1160）被立为皇子。绍兴三十二年（1162）被立为皇太子，改名为昚。同年，宋高宗让位于赵昚，宋朝的皇位再次回到宋太祖一系。赵昚在位时严惩官员贪赃枉法行为、重视官吏考核、裁汰冗官、裁汰冗费、提倡节俭、赈济百姓，等等，被认为是南宋最有作为、最贤明的皇帝，史家称之为"南渡诸帝之称首"。

宋孝宗赵昚刚刚即位不久，胸怀远大抱负，急于有所作为，重新起用主战派大臣。他首先恢复极力反对议和的胡铨之职，又起用抗战派人物张浚为江淮宣抚使，节制屯驻军马，进封魏国公。紧接着，为去世的主战派将领岳飞平反，恢复其官爵和其子孙俸禄，并追封岳飞为鄂国公，谥号"武穆"。扶持主战派的同

第七章 世称小尧舜，可为后世师

时，宋孝宗打击主和派大臣，削去秦桧官爵，逐去秦桧党人。宋孝宗这一系列举措，旨在改变以前屈辱求和的外交政策，进而恢复中原。

宋朝大臣史浩显然不认同宋孝宗的做法，他认为当时宋金势力均衡的局势还没有被打破，反对对金朝直接用兵。因此，他向宋孝宗建议派遣使者赴金，报告宋孝宗即位的消息，以继续与金人和谈。宋孝宗经过反复考量，考虑到自己刚即位确实经不起吃败仗，便采纳了史浩的建议，派遣刘珙等人使金报"登宝位"，仍坚持按照平等的交聘礼仪，携带国书赴金。宋孝宗愿意再次派遣使者前往金朝，不仅表示他愿意与金人继续和谈，同时也表明他试图改变宋朝屈辱地位的决心。

此时金朝方面，金世宗虽然在内部矛盾斗争的压力下，多次主动向宋朝求和，但仍是以保住"绍兴和议"以来确立的金宋和平相处局面为前提。宋人则想趁完颜亮南征失败之机，收复河南等地，改变原来的金宋君臣关系。双方的和谈一开始就充满矛盾，面对宋人的"不识抬举"，金世宗坚决不肯让步。当宋朝派遣使者刘珙携带新制"国书"来使，金朝强势责令其用旧礼，并逼宋使返回宋境。

金世宗气愤于宋朝实在是磨磨唧唧，和谈之心不诚。于是准

正隆南伐：图治之君的"疯狂"选择

备加强对宋朝的攻势，提拔完颜思敬为右副元帅，令其率兵经略南边。大定二年（1162）十月，金世宗派遣左副元帅纥石烈志宁经略南境。

完颜思敬，本名撒改。初名思恭，避显宗完颜允恭讳改名思敬。完颜思敬曾参与攻宋战争，充任金太宗护卫。金熙宗统治时期，先后任右卫将军、工部尚书、殿前都点检、吏部尚书等职。海陵王完颜亮统治时期，曾任尚书右丞、真定尹、益都尹、庆阳尹等。金世宗统治时期，曾任西南路招讨使、兼天德军节度使、北京留守、枢密使等职，以元帅右都监之职率军镇压移剌窝斡起义军。大定十三年（1173）去世。

纥石烈志宁，女真名撒曷辇，上京胡塔安人，完颜宗弼的女婿。纥石烈志宁在金熙宗时担任护卫，完颜亮称帝后，先后任右宣徽使、兵部尚书、殿前都点检、枢密副使、开封尹等职。金世宗统治时期，先后任左副元帅、平章政事、枢密使、右丞相等。金世宗时曾镇压移剌窝斡起义，在符离之战中大败宋军。大定十二年（1172）去世，谥号"武定"。

随后，金世宗又令都元帅仆散忠义以丞相之职总兵事，居于南京节制诸将。仆散忠义受命辞行时，金世宗特别嘱咐他说："如果宋朝归还侵占的疆土，并且贡礼照旧，就可以罢兵。"再次申

第七章 世称小尧舜，可为后世师

明他想要恢复"绍兴和议"以来金宋格局的主张。

遵照金世宗的旨意，仆散忠义率军进行反攻。除去海（今江苏连云港）、泗（今江苏盱眙西北）、唐（今河南唐河）、邓（今河南邓州）等州仍在宋人手中外，金军很快重新攻取了南宋先前收复的一些州县。仆散忠义思索着和谈的时机应该差不多了，便命纥石烈志宁向宋朝军中送去请求宋人归地的求和信，信中表示若是双方皆有通好言和之意，理应各守原来的疆域。金朝再次重申希望在维持"绍兴和议"以来疆域、金宋君臣关系的基础上与宋朝议和。

面对金人要求保持原来疆域和交聘礼仪的求和要求，宋孝宗也十分惆怅。金朝求守故礼，答应了则难忍屈辱，不答应则边患不息，宋孝宗一时也拿不定主意，便让群臣讨论出结果。参知政事史浩上奏说："先做好防备才是良策。若说是战还是和，是金朝说了算而非我朝。彼战则战，彼和则和。即使谈和也不能忘战，是为以后雪耻图谋。战亦不能忘和，才能出援师而自治。城防应当坚固，方能抵御攻击，谨慎地等待时机，以图恢复故土。"史浩主张以守为主，等到势力强大之后，再寻机恢复。应该说，此言对当时宋金形势的分析颇有道理，在势均力敌的情况下，发动战争不会取得预期效果。但是，这一主张被当时决心要建立恢

正隆南伐：图治之君的"疯狂"选择

复旧地这一奇功的张浚否定，他坚持要出兵北伐。而举棋不定的宋孝宗自从刘珙使金，金人不纳而还以后，也意识到通过和平方式改变宋朝地位已基本不可能，他在张浚的建议下决心以武力解决问题。

张浚，字德远，世称紫岩先生。北宋至南宋初年名臣。宋徽宗政和八年（1118）登进士第，历枢密院编修官、侍御史等职，苗傅、刘正彦之变时，与韩世忠等勤王有功，除知枢密院事。曾先后任川陕宣抚处置使、同平章事兼知枢密院等职，几度率军与金军作战。张浚作为主战派代表，曾几次遭到秦桧等主和派的排挤。张浚自南渡之初，即以从龙功臣的身份获得宋高宗和宋孝宗的信任，被称为"中兴之佐"。隆兴二年（1164）八月去世，追赠太保，加赠谥号"忠献"。

隆兴元年（1163）正月，宋孝宗任命张浚为枢密使，令其都督江淮东西路兵马，负责对金朝用兵等事宜。

此时金朝已经将耶律撒八、移剌窝斡等人领导的契丹人大起义镇压下去，开始全面经营与宋朝的关系。金世宗大定三年（1163）三月，右丞相兼都元帅仆散忠义和左副元帅纥石烈志宁再次移书宋朝枢密使张浚说："可归还所侵本朝内地，各守原来划定疆界，凡事一依皇统以来旧约，帅府亦当解严。如必欲抗

第七章 世称小尧舜，可为后世师

衡，请会兵相见。"金朝重申了"境土当以正隆以前为界"的主张，称宋人如果不答应双方将再次刀兵相见。

面对金人的咄咄逼人，张浚并不以为意，回书称："疆场之上此一时彼一时，兵家之或胜或负，变幻无常，不要再说了直接开战吧。"张浚明确拒绝了金人的请求。宋朝油盐不进的态度，让金朝也不好再一味和谈。纥石烈志宁遂分兵屯驻宿州的灵璧（今安徽灵璧）和虹县（今安徽泗县）等地，摆出一副准备大举南伐的架势。

此时宋朝还在为究竟开不开战吵得不可开交。淮西招抚使李显忠、建康都统制邵宏渊等人建议突袭灵璧和虹县，得到张浚的赞赏。史浩对此坚决反对。张浚又提出先攻取山东的计策，史浩又力论其不可。韩元吉等人也反对对金用兵，希望宋朝先议和打消对方的怀疑，以图日后为战。史浩劝张浚道："明公以大仇未报，决意用兵，此乃忠义之心，然而，不观时势而执意为之，岂不是徒有复仇之名。"张浚根本听不进去这些大臣七嘴八舌的意见，执意要北伐。后来，张浚嫌弃这些烦琐的讨论流程，干脆越过三省和枢密院，直接向宋孝宗请示，想要直接攻灵璧和虹县，还请求宋孝宗临幸建康，以促成北伐。

隆兴元年（1163）五月，张浚至扬州召集8万江淮兵，号称

285

正隆南伐：图治之君的"疯狂"选择

20万，由李显忠、邵宏渊统率。李显忠负责率军出定远，邵宏渊负责率军出盱眙北伐。战争之初，李显忠所部很快攻取灵璧，随后赶去虹县支持邵宏渊。金朝将领蒲察徒穆、大周仁及萧琦等金将相继出城投降。趁着士气大振，宋军愈战愈勇，李显忠又与邵宏渊乘胜攻入宿州（今安徽宿州）。

接到宋军来攻的消息，金朝左副元帅纥石烈志宁急忙率领一万大军赶赴宿州。宋将张浚为了方便统一管理，原本令邵宏渊听从李显忠的节制，后来又因邵宏渊不高兴，又改为李显忠和邵宏渊共同节制诸军。经此折腾，因为最高领导权的问题引起两将不和。李显忠一开始大获全胜，自以为志在必得，天天置酒高会。宋军打探到纥石烈志宁的军队只有1万人，甚为轻蔑地说："我有10万大军，当令10人抓敌方1人就够了。""骄兵必败"，李显忠不知道的是，他即将为接下来的错误判断买单。

金将纥石烈志宁率军赶到宿州，下令让军队尽执旗帜进驻宿州的西边以为疑兵。纥石烈志宁从军队中分出三个猛安的军队进驻宿州南部，自己则亲率主力大军进驻宿州东南等待时机断宋军归路。金军的部署果然迷惑了宋军，李显忠见州西旌旗蔽野，以为金朝的主力大军在州西，战术性地选择避其锋芒，决定先亲率大军进攻东南。待军队行至目的地，本以为东南兵力不足为虑的

第七章 世称小尧舜，可为后世师

公事卢仲贤等人出使金朝，与金人商议议和等事宜。

宋孝宗虽然同意与金人议和，但不同意将海、泗、唐、邓四州割给金人，在给金人的书信中称这些州郡是完颜亮背盟之后，宋朝未遣使之前所得。至于岁币，本来也不是要计较的，自两淮凋残之后，恐怕不能再按照原来的数目给金人。宋孝宗让卢仲贤力争保住四州之地。然而，汤思退担心和议不成再起战事，秘密授意卢仲贤逼不得已时，可以许归金人四州之地。卢仲贤深知其中利害，却也身不由己，只得硬着头皮答应下来。

卢仲贤一行人自建康启程，不日到达宿州金朝军营。金将仆散忠义上书请示金世宗接下来的安排。金世宗以诏谕叮嘱："如果宋人归还疆土，岁币如旧，就可以免去奉表称臣，许诺世为侄国。"接到命令的仆散忠义与卢仲贤展开谈判。双方商定四事：一、叔侄通书之式；二、唐、邓、海、泗之地；三、岁币银绢之数；四、叛亡俘掠之人。金人在改原来金宋君臣之国为叔侄之国方面作了让步，卢仲贤则表示将海、泗、唐、邓四州交还金人。

卢仲贤返回宋朝向宋孝宗汇报，宋孝宗得知他竟然答应将四州之地割给金人，觉得丢了面子，一气之下将卢仲贤送至大理狱治罪。卢仲贤就这样被械送至郴州（今湖南郴州）编管。出完气的宋孝宗逐渐冷静下来，思考再三还是觉得与金人正面抗争不划

正隆南伐：图治之君的"疯狂"选择

算，转而又听从汤思退的建议与金人进一步详谈。

隆兴元年（1163）十一月，宋孝宗本来打算派遣王之望、龙大渊等人出使金朝，但不久就因宋廷战和两派意见无法协调，令已在赴金途中的王之望一行人携礼物返程待命。与此同时，宋孝宗任命宣义郎胡昉、修武郎杨由义为使金通问国信所审议官，至金朝复议卢仲贤使金时商定的议和事宜。

胡昉等人到达仆散忠义军前，向金人重新传达了宋孝宗四郡不可割的旨意。仆散忠义一听宋人竟然出尔反尔，十分恼火，又借口右仆射汤思退上书只称侄国，不肯加"世"字，将其留在金朝军营。金世宗为避免冲突称"宋之失信，行人何罪"，令仆散忠义立即放人。胡昉等人这才顺利回到宋朝。

金朝仆散忠义、纥石烈志宁两位大将面对宋人的一再变卦日益不满，已经没有多少耐心了。仆散忠义等人上书金世宗，请求直接出兵攻宋。金世宗以天下苦于兵革，百姓需休养生息为由，下诏让仆散忠义适度地便宜行事。见金世宗一再坚持对宋朝尽量宽容，仆散忠义察觉到金世宗的真实想法是要以战促和，下令纥石烈志宁率军敲打宋朝。接到命令的纥石烈志宁率领部分金军很快渡过淮河，攻取了盱眙、濠、庐、和、滁等州，进一步向宋朝施加压力。

第七章 世称小尧舜，可为后世师

在金朝军队的进攻下，宋人果真又开始害怕起来，终于下定决心请和。隆兴二年（1164）八月，宋孝宗派宗正少卿魏杞、知阁门事康湑等出使金朝。临行前，宋高宗专门叮嘱说："如今遣使，一为正名，二为退师，三减岁币，四不遣发归附人。"魏杞也表示一定会尽其所能保全宋朝利益，如果起兵不必顾及自己。

魏杞到达仆散忠义军中，金人认为宋朝的国书未按要求书写，并且要求增割商（今陕西商洛市商州区）、秦（今甘肃天水）之地，送还归正人，岁币数为20万。宋孝宗按照金朝的要求几次更改国书内容，但仆散忠义仍然不满意。隆兴二年（1164）十一月，宋朝派王抃再次出使金朝。此次宋人同意割让四州，与金人正式议和，主要内容如下：

一、请正皇帝号，为叔侄之国。即改金宋君臣之国为叔侄之国，宋孝宗称金世宗为"叔"。这意味着宋朝皇帝在国书中可以称为"皇帝"。二、易岁贡为岁币，各减5万两、匹。将"绍兴和议"（皇统和议）确立的岁贡银、绢各25万两、匹，改为岁币银、绢各20万两、匹。此条将"岁贡"改为"岁币"，表示宋朝地位有所提高。三、割商、秦之地。在归还金朝海、泗、唐、邓四州的基础上，再割商、秦两州给金朝。金人退出其占领的盱眙、濠、庐、和、滁等州。恢复到"绍兴和议"时确立的疆界。

四、归还被俘之人,叛亡者不归。双方各自遣还被俘获之人,自愿逃往对方境内之人则不在遣返之列。

王抃与金人商定和议内容后,回去向宋孝宗报告详情。隆兴二年(1164)十二月,宋孝宗批准这一和议条款,标志着金宋和议的正式确立,史称"隆兴和议"。

商量签订"隆兴和议"以后,宋朝派遣试礼部尚书魏杞、崇信军承宣使康湑等奉国书、誓书出使金朝。进入金朝境内,金朝首先检查宋人是否按照盟约要求书写国书。国书道"侄宋皇帝眘,谨再拜致书于叔大金圣明仁孝皇帝阙下"。见宋朝确实按照要求书写国书,金朝使者热情接待了宋使。金朝按照盟约规定书写国书,回书称"'叔大金皇帝'不名,不书'谨再拜',但曰'致书于侄宋皇帝',不用尊号,不称阙下"。

大定五年(1165)二月,金朝以殿前左副点检完颜仲、太子詹事杨伯雄使宋报问。临行前,完颜仲向金世宗请示与宋朝皇帝相见的礼仪。金世宗指示说,宋朝皇帝亲自起立接书才能给他。等完颜仲到达宋朝见到宋孝宗,宋孝宗果然按照盟约的要求亲自站起来接过国书。至此,"隆兴和议"确定的条款,均正式付诸实施。

"隆兴和议"是金朝在原来和议的基础上作了一些让步的情

第七章 世称小尧舜，可为后世师

况下签订的。金世宗即位之初就有意纠正完颜亮对宋政策的失误，愿意与宋朝议和。因此，他主动撤回完颜亮南征的军队，尽量避免再起战争。但是，当见到宋人意欲打破"绍兴和议"确立的金宋格局时，金世宗也不是一味地求和，而是有限度地进行军事行动。在形势有利于金朝的情况下，乘机答应宋人不再称臣的请求，并减少岁币银、绢各5万两、匹，作出一定让步。

归根结底，金宋达成"隆兴和议"是双方势力均衡的结果。对于金世宗和宋孝宗而言，尽早议和把主要精力用到内政建设上才是当务之急。此次议和虽然对金宋间旧有的不平等关系作了调整，但金朝的地位仍然高于宋朝。此后，到宋宁宗开禧二年（1206）韩侂胄主持北征之前，金宋之间虽然也有关于"受书礼"等问题的矛盾，但双方之间仍以和平状态为主。

从宋孝宗的举动看，他与宋高宗秉持着一样的主张，是以和谈为主，并不想与金朝打仗。这一点从一个历史人物的生平经历可以看出，这个历史人物就是辛弃疾。

辛弃疾出生于金熙宗天眷三年（宋绍兴十年，1140）五月，祖上是陇西狄道西乡（今甘肃康乐）人，后迁居济南历城。其祖父辛赞在靖康之变、宋朝南渡后没有南下，仕于金朝。借着完颜亮南征的时机，21岁的辛弃疾纠集2000人，参加了由耿京领导的声势浩大的起义军，并担任掌书记，负责起草书檄文告，参与机密。根据当时的形势，辛弃疾力劝耿京向南发展，投奔宋朝。绍兴三十二年（1162）正月，耿京听从辛弃疾的建议，命其与贾瑞等人奉表南归，在建康受到宋高宗的接见。随后，宋朝任命耿京为天平军节度使，辛弃疾为右承务郎、天平军掌书记。就在辛弃疾与宋廷成功接洽，准备返回途中，义军内部发生了叛乱。在金朝的引诱下，张安国、邵进等人谋杀了耿京，并带领一部分人降金。辛弃疾等人行至海州得到军中发生变故的消息，立即约海州统制王世隆等50人袭击金营，抓获张安国，将其带至临安城斩首示众。

因在起义军中的表现以及惊人的勇敢和果断，辛弃疾名重一时。宋高宗任命作为"归正人"的他为江阴签判，从此开始了他在南宋的仕宦生涯，这时他23岁。金宋签订"隆兴和议"后，主和派占据上风，但辛弃疾依旧向宋孝宗上《御戎十论》，提出周密详尽的复业大计和克敌制胜的战略战术。后又向右丞相虞允文上《九议》，陈述抗金策略。可惜在宋廷逐渐偏安的情况下，辛弃疾的军事才能和满腔热忱并未引起重视。

宋廷虽对北伐反应冷淡，但还算重视辛弃疾的才干。从乾道四年（1168）开始，辛弃疾先后担任过建康府通判，滁州知州，

第七章　世称小尧舜，可为后世师

江西提刑，知江陵府兼荆湖北路安抚使，江西、湖南安抚使等职。后来，辛弃疾在地方大刀阔斧地进行整改、创置"飞虎军"等事触犯了权贵利益，于淳熙八年（1181）十一月被弹劾，罢去所有职务。此后二十年间，他大部分时间都在乡闲居。嘉泰三年（1203），韩侂胄主张北伐，开始起用主战派人士，已经64岁的辛弃疾被任命为绍兴府兼浙东安抚使，次年差知镇江府。年迈的辛弃疾精神为之振奋。嘉泰四年（1204），辛弃疾觐见宋宁宗上言金朝必乱必亡，被加为宝谟阁待制、提举佑神观，并奉朝请，不久出知镇江府，获赐金带。开禧元年（1205）三月，在谏官的攻击下，辛弃疾被降为朝散大夫、提举冲佑观，又被差知绍兴府、两浙东路安抚使，但他推辞不就职。后朝廷拜其为宝文阁待制、龙图阁待制、知江陵府，又令其赴行在奏事，试兵部侍郎，但辛弃疾再次辞免。开禧三年（1207），朝廷再次起用辛弃疾为枢密都承旨，令他速到临安府赴任。然辛弃疾此时已病重卧床不起，于同年九月逝世，享年68岁。绍定六年（1233）追赠为光禄大夫，德祐元年（1275）被追赠为少师，谥号"忠敏"。

从辛弃疾一生的经历就能看出，宋廷大部分时间里是主和派的天下。辛弃疾一生致力于抗金事业，在其抗金主张不被重视的情况下，只能郁郁而终。很多人为辛弃疾之类的抗金人士不值，

正隆南伐：图治之君的"疯狂"选择

只能"西北望长安"。

总之，金世宗即位后与宋朝小规模的战争可以看作是完颜亮"正隆南伐"的余波。王曾瑜先生指出，金世宗完颜雍固然是一位有相当统治经验的君主，然而他的成功，也有几分幸运。第一，当完颜亮大肆杀戮金朝皇族之时，他大概是采用韬光养晦之计，幸免于难。第二，完颜亮得知他另立政权的消息，并未全军倒戈北向，却因严令部属强渡大江而被杀，使金世宗不费吹灰之力，即顺利地解决了鹿死谁手的问题。第三，当金世宗政权立脚未稳之际，害怕南北夹攻，甚至"复谋割白沟河"，即全部归还北宋领土，"以丈人行事"于宋之时，宋朝却一反常态地遣使议和，白白地给了金世宗一年多的喘息之机。有了充足的缓冲时间，金世宗集中主要兵力，先行镇压境内各地的起义，尤其是北方契丹农牧民起义，很快便取得决定性胜利。等到金朝时局大致稳定后，宋孝宗转而又听从张浚的建议，令宋军北上攻打金朝。宋朝的所作所为完全没有把握战机，在错误的时间发动错误的战争。

"大乱之后必有大治"，历经战争，金宋双方签订"隆兴和议"，换取了几十年的和平。此后，金世宗完颜雍勤政节俭，选贤治吏，轻赋重农，尊崇儒学，广开榷场，使金朝国库充盈。金

第七章 世称小尧舜，可为后世师

朝出现"大定之治"。宋孝宗赵昚注重内政，整顿吏治，裁汰冗官，重视理财，赈济百姓。宋朝出现"乾淳之治"。

结　语

　　金朝中后期的德运之争异常激烈,在完颜亮及其之前的统治时期却并不是很明显。五德终始说最早是战国时期阴阳家邹衍的历史观。"五德"指土、木、金、火、水五种德行,"五德终始"指这五种性能从始到终,周而复始地循环运动。邹衍以此作为历史变迁、王朝更替的依据。五德终始说自秦朝以后成为讨论历代王朝正统性的理论基础,金朝是最后一个试图通过五德终始说寻求政权合法性的王朝。

　　大概在金世宗统治初年,金朝将其德运定为金德。金章宗时

结　语

期从明昌四年（1193）年底至泰和二年（1202）十月，又进行了数次德运讨论，到最后确定金朝为土德。金章宗朝的德运之争在解决金朝政权正统问题的同时，其反映的实质是金朝所面临的女真文化和汉文化两种政治文化的选择，或者说是坚持北方民族王朝立场，还是转向中国帝制王朝立场。确定金朝继北宋火德而为土德，标志着金朝政治文化、正统观念的转变。而诸次讨论中女真官员支持金承宋运土德之说，且立场出奇一致，这足以说明女真士人在本族文化和汉文化两者之间的抉择基本统一。金章宗此次更改金朝德运继承宋德，是统治者自身的政治诉求，同时也是女真统治集团共同的选择。在金章宗之后，金宣宗虽然也组织了关于金朝德运的大讨论，但是最后的结论是不能改变章宗裁定的结果的。

金朝中后期进行的旷日持久的德运之争，其初衷是要解决金王朝的正统问题。而文献对金朝前期的记载中，未明确见到德运相关的争论，与统治者一心想要往南拓土，无暇思考德运、正统等问题有关。直到完颜亮统治时期，他所具备和显现的是中国大一统王朝的政治伦理观念。"正隆南伐"前完颜亮制定的战略发展方针就是灭亡南宋之后，再相继灭亡高丽和西夏，构建了更为宏大的混一天下的目标。

正隆南伐：图治之君的"疯狂"选择

完颜亮的南向战略一定程度上受到其父完颜宗干的影响。金熙宗当年即位之后，金宋形势改变，金廷上下都倾向于同宋朝议和。特别是金熙宗打击了一直主战的完颜宗翰一派，在废除依附于完颜宗翰的伪齐政权后，基本扫清了与宋朝议和的阻力。但是对于如何处理伪齐刘豫所据的河南陕西之地，金朝统治阶层仍存在严重分歧。

天眷议和之时，商议是否将河南陕西之地归还给宋朝时，完颜宗干和完颜宗弼等主张金朝直接统治原来伪齐刘豫管辖的河南、陕西地区。此时金朝对占领地区统治经验和能力有所增强，在伪齐刘豫被废前后，金朝已经具备了直接管辖河南、陕西之地的能力。故完颜宗干和完颜宗弼有此主张，可见二人主张坚守土地，不向宋朝退让。完颜宗干与完颜宗弼的关系一直很好，完颜宗弼临终前虽叮嘱熙宗不要轻易与宋再开战，但绝对不是说一直坚持不再南下。而完颜亮崇拜的偶像之一正是完颜宗弼。

完颜亮崇拜的人皆是征战四方、统一天下的大英雄，像完颜宗弼、项羽、苻坚之类。完颜亮南下攻宋过乌江县时，专门祭拜项羽祠，并感叹道："如此英雄不得天下，诚可惜也。"他自己也常常口出"混一区宇，躬膺大宝"之类语，以表示其统一的决心。正隆南伐正是显示出完颜亮想要复制完颜宗弼搜山检海捉宋

结　语

高宗赵构的传奇。以往金军南下的目的只是捉拿赵构，多获土地，只有完颜亮明确提出想要一统天下。

完颜亮是金朝第一个通过政变上位的皇帝，打破了传统的继承制度，统治的合法性易受质疑。为此，完颜亮有着他的自卑，他努力提高生母大氏及其家族的地位，铲除任何一个可能比自己更适合继承皇位的人。即使如此，完颜亮依然有他的骄傲，他认为即使自己不是嫡出依然可以坐稳皇帝之位，依然比肩太祖、太宗、熙宗，甚至超越他们，带领金朝走上一统天下之路，建立不世之功。

自古以来成功之路需讲究天时、地利、人和，反映在历史发展规律上就是历史的偶然和必然。登上皇位的完颜亮将其多面的性格暴露无遗，他实际上骄傲自负、固执己见，"我执"是他做了错误决定的根源。完颜亮一统天下的执念，令他在各个转折的节点作了错误的决定。首先是南征的时间不对，动全国之力的行为不对，在前线失利、后方着火的情况下，依然选择向南进攻，没有保存实力，失去人心。打仗选择的将领基本没有问题，可仅李通一人足以搅乱整个局面。可谓一念莽夫，一念勇士！完颜亮实不该兴兵，兴兵则又太急。

纵观历史发展规律，完颜亮征宋几乎就是必败的结局，其必

正隆南伐：图治之君的"疯狂"选择

然失败的因素有以下几点。首先就是金廷内部意见不统一。完颜亮南征基本是出于自身的追求，对女真权贵一点好处也没有。按照完颜亮的性格，即使灭宋之后也会加速汉化进程，加快削弱女真贵族权力。再加上，完颜亮嗜杀专制的作风，那些女真权贵早就看他不顺眼了。所以，完颜亮率军在前方作战，后方一有机会就抓紧搞政变。

其次是军队忠诚度不高。金朝旧制由元帅府掌控军队。元帅府的都元帅、副元帅，几乎清一色为女真权贵，但完颜亮裁撤元帅府，权归枢密院，实际由他这个大金皇帝亲自掌控军队。上层、中层军官以女真权贵为主，基层军官以猛安谋克为主，皇帝与将士没有感情基础，短时间内并不能掌控他们。并且，在征兵时，朝廷派出的使者经常以权谋私，压榨地方军队、百姓，平白给完颜亮增添了几分仇恨。在南征未开始时，金朝境内已经发生多次农民起义事件了。所以，当后方有人发动政变，前方部队又被逼得走投无路时，一部分胆大的将士选择了结完颜亮的性命。

再次是金军的战斗力降低。如果我们认真观察金宋战争就会发现，但凡宋军不退缩，坚定地与金朝作战，金军通常是打不过宋军的。毕竟金朝与宋朝一样，也历经了20年的和平，也很难有完颜宗弼那样能打的人物了。并且，完颜亮征发的军队中有很

结　语

多是平民百姓，甚至从海路攻宋的军队中有很多士兵是不会游泳的壮丁。从兵器上来看，为了取胜，完颜亮重新打造兵器、铠甲，用最好的材料，结果就像采石之战时的战船建造水平一样，做工实在太差、不实用，一上战场就漏洞百出。宋朝一方虽然也没怎么发展，但在造船技术、水军战技术、武器装备等方面要比金军先进得多。当然，金朝战斗力差与女真猛安谋克的汉化有关。女真能够崛起灭辽、破宋，很重要的一个因素就是其军政合一的猛安谋克制。契丹军一直很有战斗力，打得宋军闻风丧胆，在金朝一直是镇戍地方、对外作战的重要军事力量，直到元朝统治时期依然活跃在军事舞台。尽管如此，辽朝军队遇到新兴的女真军也不是对手。然而仅仅过了几十年，女真人就失去了昔日的骁勇。女真人入主中原，为了维护其统治地位，赋予女真猛安谋克政治和经济特权。随着时间的推移，生活安逸的女真人日益汉化。随着大量军户迁入内地，上层贵族大量占田，女真人迅速腐化，导致军户两极分化严重。同时，随着政权稳固，猛安谋克制度发展到金朝后期，世袭猛安谋克官职的官员早已不复先辈的英勇，再加上猛安谋克编制不断萎缩，到了金朝末年，抵御蒙古大军的重任早已落到了金朝内部其他军事力量身上。

最后是金朝的战略失误。纵观有金一代四面八方皆未稳定，

正隆南伐：图治之君的"疯狂"选择

金朝统治者只一味地向南发展。结果却是屡战屡败，屡败屡战。就算蒙古军打过来也要往南跑，舍弃金源之地。自始至终，金朝都未想过占据草原游牧区，使西夏乘机占据了天德军辖区。对比之下，辽朝对游牧区的控制就有效得多。辽朝对北方游牧区的治理，在辽景宗以前主要是带有军事色彩的移民，用以镇抚当地部族，至辽圣宗时期逐渐形成以军事机构为依托，以边防州城为据点，以部族军队镇戍为后盾，以辽朝与诸部封授——朝贡等关系为纽带的治理模式，树立起辽朝对游牧区的有效治理秩序。辽朝统治者自始至终重视游牧区的治理与发展。作为游牧民族的契丹人始终想要开拓根基地，以为其自身和统辖范围内的游牧民族谋求更广阔的生存空间。这一思路反映在国家战略上，即草原与农耕的均衡发展。辽朝对游牧区的有效控制，使其疆域面积比同时期的北宋还要广阔，加强了游牧地区与辽朝内地之间的互动，维护了草原丝绸之路的畅通，加强了辽朝多民族国家的统治与对外交流。而金朝自太祖完颜阿骨打立国以来，便与蒙古高原诸部对立。金太宗统治时期灭辽亡宋，也并未将草原地区纳入直接统治范围。随着蒙古草原诸部的强大，双方矛盾日益突出。金世宗完颜雍甚至下令对鞑靼部族施用减丁战，即每三年出兵一次，剿杀蒙古草原各部成年男子，并在退兵之时，抓捕众多鞑靼男孩带回

结　语

金朝，贱卖给中原富人家为奴。在减丁的同时，金朝开掘修筑界壕边堡，抵御蒙古草原诸部南下。历经几次战争后，双方冲突进一步加剧。金朝对蒙古草原诸部由消极治理变为消极防御，直至1234年被统一的蒙古所灭。

从国家战略视角看，金朝对北方草原的消极态度导致其发展的单一性。从军事层面看，金朝丧失了诸多可以养马的优质牧场，这对于以骑射擅长的骑兵来说是灾难性的。战马缺失时，还需要通过与鞑靼互市以购买良马。审视中国古代历史的实践，边疆民族入主中原最终能够统一天下者，从来都是先消灭外围政权、部族，形成新的共同体，再集中兵力向中心推进，成功如蒙古—元朝、清朝，皆是如此。金朝统治者坚持南下，对高丽、西夏、北方游牧区的经营都相对松弛，导致与其相接的边界越来越向内收缩，将辽朝的游牧属性更强的因素放在一边。辽朝在攻宋不成后却积极向其他边境扩张，经略新获土地，发展周边关系，可谓明智之举。而金朝与其相比，在屡次攻宋不下的情况下仍然不改目标，仅凭一腔热血，不正视自身真实的实力，注定了失败的结局。

完颜亮南下与宋朝的这一场战争中出现的武器装备、城防建设等，体现出军事技术的进步。不仅如此，双方也互相学习研制

正隆南伐：图治之君的"疯狂"选择

新式武器，并不断地改进革新，运用到战场上。

有学者指出，金宋和议达成之前，宋朝的各支军队都拥有一定数量的水军。其隶属关系可分为沿海制置司、各地安抚使司、中央三衙、行营护军各大将4个系统。"绍兴和议"后，各大将麾下水军改隶各地都统司，撤销沿海制置司，其水军改隶殿前司。这是南宋初期的水军建设情况。完颜亮南攻，宋朝水军在海防、江防两个战场都表现出彩。宋将李宝在陈家岛海战中全歼金朝数万名水军主力。是役李宝部兵力大逊于金军，却仍能取得大捷，充分显示了南宋的水军优势。在江防战场方面具有决定意义的采石之战，宋军依靠水战优势取得了胜利。其实，完颜亮南征还专门从宋朝的福建地区征召了水手辅助造船等事宜，但是架不住人数太少，技术也比不过宋朝先进。南宋后期，宋蒙（元）之间战事增多，南宋水军愈加重视水军建设。各地增水军名额、置新军、造战船。当临安被攻陷之时，宋海上的行朝所倚靠的主要也是水军。可以说水军是南宋唯一具有长期优势的军种，在抵御金朝的战斗中立下了赫赫战功。

南宋大力发展水军的同时，相应的水战器具也有了巨大进步。较之于北宋，南宋时期的战船制造有很大进步。南宋后期临安、镇江、平江、台州、建康府、洪州、潭州、鼎州、福州、泉

结　语

州等地，每年都建造多种型号的战船。战船制造技术也有很大发展，已经出现了"大军船小样"的战船模型，并开始使用金属作为造船材料。如虞允文在采石之战后，因担心战舰数量少不够用，便聚材冶铁，改修马船为战舰，还出现了"铁头船""铁壁铧嘴平面海鹘战船"等铁船。南宋战船的器甲装备也很丰富，包括军装、旗帜、弓弩、刀、枪、斧、战鼓、火器，等等。

随着火药武器广泛用于战争，南宋水军越来越多地装备火器，并在实战中发挥作用，如金宋胶州海战、采石之战。这应该是南宋战船器甲装备的最大特点。南宋时期的火药武器进入新的发展高潮，爆炸性火器和管形火器进一步发展。

南宋在临安和重要的州郡，一般都设有火药与军器制造工厂。南宋前期的一些著名战役使用火器的记录不多。但是到完颜亮南征时及其以后，火器的使用在战场上则屡见不鲜。如在完颜亮从海上攻宋，宋将李宝指挥的胶州海战中，宋军用"火箭环射，箭所中，烟焰旋起，延烧数百艘"，又"以火炮掷之"，几乎将金朝水军全歼。采石之战又用霹雳炮等打败了金军。开禧二年（1206），襄阳守将赵淳指挥宋军以火箭、霹雳炮、火炮等成功击败金军。南宋中后期，火器越来越广泛地用于装备军队，在战争中的作用愈加重要。金朝曾首先发明和使用了铁火炮，以投石

正隆南伐：图治之君的"疯狂"选择

机发射，可飞入城池中。金军攻打宋朝的蕲州时已经将其投入战争。铁火炮以铁为弹壳，其爆炸杀伤力较霹雳炮更强，后金军又将铁火炮改制成威力更大的震天雷，并多次用于抗击蒙古的战斗中。在金宋交战过程中，南宋也逐渐掌握了铁火炮的制作技术，并规模化生产，装备部队。

针对金军的进攻，宋朝不断改进其传统的长兵器和抛射兵器。南宋的长兵器，以大刀、长枪、大斧为主。长枪的制造技术在南宋得到了改进。绍兴六年（1136）宋高宗曾颁新式"枪样"给岳飞军中，诏告岳飞"卿军中见用长枪，似未尽善"。南宋军队装备中的麻扎大刀和重型大斧是两种有效对付敌军骑兵的长兵器。著名的郾城之战中，岳飞指挥手下步卒手持麻扎刀、提刀、大斧，大破金军"拐子马"。"拐子马"是一种轻型骑兵，被布置在两翼，用以迂回包抄而后突击。他们每个骑兵通常备有两匹马，以保证作战时的机动性。其马匹和骑手都配备有一定的防护装甲，兼顾轻捷灵活。因此，宋军专门针对金军骑兵生产的武器，削弱了金军战力。

南宋弓弩的制造技术和功能有新的改进，最实用的即承袭北宋的神臂弓和新造的神劲弓等。这些弓弩威力比较大，时人有"虏人畏强弩""制其重甲则劲弓、强弩"等说法。金宋川陕战区

结　语

的宋将就曾多次使用神臂弓打败金军。

南宋朝廷长期推行防御性战略，使其城郭防御一直受到重视。由于重型石炮、火药武器等攻城器械的进步，宋朝加快了城郭防御技术的变革。自从金宋战争爆发，火炮投入战场以来，其强大的破坏力使得江南相对松软的土质不再适合建造城墙，而以砖包砌城壁，将土包在中间，以石灰或糯粥调灰砌砖，黏合力更强，而且砖块坚硬，不容易被敌军挖掘，防御功能比土垣更好。筑城防御材料、防御设施的变化，体现出南宋筑城技术的进步。

总之，金宋政权并立时期，在社会生产技术发展的背景下，军事技术也逐渐进步。金军能够多次进攻宋朝，与其军事技术进步有一定关系。南宋之所以能够抵挡金朝的攻势，与其火器、战船的迅猛发展，器甲装备的改进，军事技术的显著提高有着密不可分的关系。

金宋北南两政权并立发展进程中，基本上是金朝处于主导地位，金选择战则战，金选择和则和。无论是战争时期，还是和平时期，双方的政治、经济、文化交流都没有中断。每一次战争后的和平期，金宋之间在政治、经济、文化等各方面的交流反倒愈加频繁。因此，以完颜亮"正隆南伐"为代表的金宋战争在一定程度上是金宋交流的另一种方式，也是历史发展的大势所趋。金宋之间的战和、互动关系，促使了双方互相学习与交流。

20世纪80年代，张博泉先生提出"中华一体论"，并将其分四个阶段："前天下一体""天下一体""前中华一体""中华一体"。辽宋金时期即处于"前中华一体"发展阶段。这一时期不仅"华夷"不能从"天下一体"中分割出去，各民族在"中国"中亦不可分割。各民族先后步入"中华"行列，均以中原中华文化为其文化的精华，并通过各族共同发展中华文化。宋朝是"中国"，辽朝、金朝也是"中国"，在辽金统治下的中国正在朝着有利于"中华一体"的方向发展。同一时期，费孝通先生提出"中华民族多元一体格局"，认为中华民族作为一个"自在""自觉"的民族实体，经过了几千年的历史过程。辽宋金时期作为中华民族共同体发展的一个时期，战和互动关系作为彼此的桥梁与纽带，推动着各民族在交流、交往中，趋同性不断增强，在实现天下一统、民族融合的道路上不断演进。

后　记

　　2023年，耿元骊老师邀请我与陈俊达一同参加关于"金朝往事"的书稿撰写，我俩经过商量选择了两个衔接且都有一些想法的题目。陈俊达《吞辽灭宋：金朝建立初期的"壮举"》从东亚秩序构建视角，探讨女真——金朝反辽灭宋过程中的战和关系及其深层次意义。本书则是围绕海陵王完颜亮正隆南伐与其生平履历，从多重维度叙述这一阶段战与和的互动。

　　本书写作过程中参考了周峰先生《完颜亮评传》、赵永春先生《金宋关系史》、王曾瑜先生《辽金军制》、程妮娜先生《金代政治制度研究》、粟品孝先生《南宋军事史》等论著。限于本书篇幅，参考论著不能尽数列出，在此一并表示感谢。本书能够撰写成稿，要感谢杨军师、吴凤霞师、向燕南师，我的点滴收获都是他们平日关心和教导的结果。感谢河南大学耿元骊老师与辽宁人民出版社各位编辑老师的支持与帮助。

  本书成稿之时，我与陈俊达刚刚度过一周年纪念日。如同今年我俩共同出版的图书后记中的心情，感谢陈俊达平日里的"碎碎念"，督促我一直学习。期待未来的日子里，我们能够坚持脚踏实地，不忘初心。

武文君
2024 年 6 月 2 日于长春